W0071449

Hildegard von Bingen
Weisheit in göttlicher Liebe

Hildegard von Bingen

Weisheit in göttlicher Liebe

Texte aus dem Gesamtwerk

Herausgegeben, übersetzt und
erläutert von Helmut Werner

ANACONDA

Die Deutsche Nationalbibliothek verzeichnet diese Publikation in der
Deutschen Nationalbibliografie; detaillierte bibliografische Daten sind
im Internet unter http://dnb.d-nb.de abrufbar.

© 2010 Anaconda Verlag GmbH, Köln
Alle Rechte vorbehalten.
Umschlagmotiv: Deckenmalerei in einer alten Kirche in Moskau,
© iStockphoto.com / Vladimir Caplinskij (Muster). – Hildegard v. Bingen,
Scivias, Buchmalerei aus dem *Rupertsberger Codex* (12. Jh.),
© akg-images / Erich Lessing (Vignette)
Umschlaggestaltung: Druckfrei. Dagmar Herrmann, Köln
Satz: InterMedia, Ratingen
Printed in Czech Republic 2010
ISBN 978-3-86647-529-8
www.anacondaverlag.de
info@anaconda-verlag.de

Inhalt

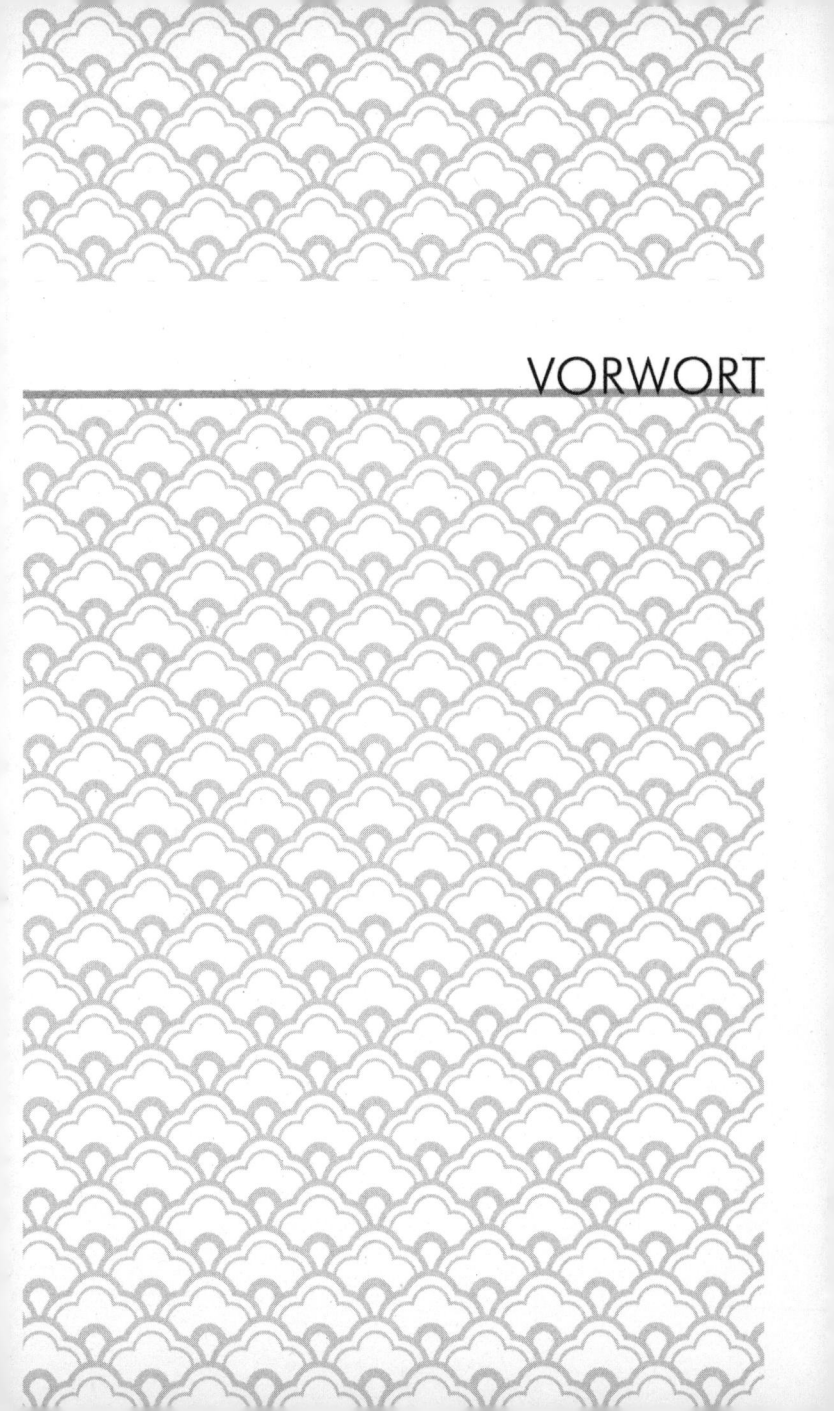

VORWORT

Die Hl. Hildegard von Bingen war die erste Universalgelehrtin in der europäischen Geistesgeschichte. Diese Textauswahl verfolgt das Anliegen, die wichtigsten Aspekte ihres Wirkens darzustellen, soweit es in literarischen Werken niederlegt ist. In der Geschichte ihres Nachwirkens, die schon bald nach ihrem Tode begann, wurden immer nur Teilbereiche ihres Schaffen hervorgehoben. In der Gegenwart schenkt man besonders ihren medizinischen Schriften große Aufmerksamkeit und versucht, diese für die praktische Lebensführung auszuwerten. Aber jede Verkürzung ihres Wirkens auf Teilbereiche wie Theologie, Medizin etc. gibt nur ein unvollständiges, meist sogar ein falsches Bild dieser Universalgelehrtin. Das vorliegende Werk würdigt die Hl. Hildegard als Theologin, Naturforscherin – sie war die erste Frau, die auf diesem Gebiet tätig war –, Ärztin, Politikerin und als Beraterin der Mächtigen ihrer Zeit. Die Texte wurden sorgfältig nach den oben dargestellten Gesichtspunkten ausgewählt. Nicht nur deren Aussagekraft und Bedeutsamkeit war ein Kriterium, sondern auch deren Verständlichkeit für ein breites Lesepublikum. Deshalb wurden in das Kapitel »Theologische Schriften« auch bisher weniger beachtete Texte aufgenommen wie beispielsweise die *38 Antworten auf Fragen des Mönches Wibert von Gembloux.*

Textgrundlage der Übersetzungen sind die lateinischen Gesamtausgaben der Werke der Hl. Hildegard von Bingen: *S. Hildegardis abbatissae opera omnia.* Hrsg. von J. P. Migne. Paris 1855 und *Analecta Sanctae Hildegardis opera spicilegio Solesmensi parata.* Hrsg. von B. Pitra. Monte Casino 1882. Soweit lateinische Ausgaben von einzelnen Werken erschienen sind, wurden sie herangezogen.

I. LEBEN UND WERK

1. DER LEBENSWEG

QUELLEN

Das Wissen und die Kenntnisse über Hildegards Leben sind aufgrund der umfassenden Quellenlage nahezu lückenlos. Über ihre frühen Jahre berichtet der Mönch Gottfried von Disibodenberg, der ab 1174 Propst des Klosters Rupertsberg und der Sekretär Hildegards war. Die von ihm begonnene Lebensbeschreibung *(Vita Hildegardis)* führte der Mönch Theoderich von Echternach nach Hildegards Tod weiter. Zusammen erstellten die beiden Mönche die Vita der Hl. Hildegard in den Jahren 1174 bis 1190. Eine eher fragmentarische Lebensbeschreibung verfasste ihr späterer Sekretär Wibert von Gembloux; sie liefert aber trotzdem weitere Details. Die Mönche Gottfried und Wibert sind Augenzeugen und enge Vertraute Hildegards gewesen, sodass ihre Aufzeichnungen einen hohen Quellenwert haben. Beide Werke, sowohl das von Theoderich als auch das von Wibert, sind auf die Heiligsprechung ausgerichtet. Es ist aber darauf hinzuweisen, dass die Lebensbeschreibung einer Heiligen nicht als authentische Biographie eingestuft werden darf. Dieser Gesichtspunkt erschwert ihre Bewertung.

HERKUNFT

Hildegard wurde im Jahre 1098 als zehntes Kind der Edelfreien Hildebert und Mechthild auf dem Gut Bermersheim geboren. Der genaue Tag ist nicht bekannt. Dort verlebte sie die ersten zehn Jahre ihrer Kindheit. Mönch Wibert berichtet, dass die Eltern bereits bei der Geburt das Kind »auf gemeinsamen Beschluss nach reiflicher Überlegung als freiwillige Opfergabe gleichsam als ihren Zehnten für Gott sonderten, da ja im Gesetz angeordnet ist, dass man ihm den Zehnten darbringe«. Also entschieden sie, dass ihre Tochter Hildegard mit angemessenem Alter in den Dienst Gottes treten solle. Mit zehn Jahren (1108) kam sie in die Obhut der Klausnerin Jutta von Spanheim. »Sie wurde hier im Kleide der Demut und Unschuld von der frommen, Gott ergebenen Frau Jutta sorgfältig erzogen.« Hildegard stand damit in der Tradition der Familie, denn ihr Bruder Hugo wirkte als Domkantor an der Mainzer Kathedrale und ihr Bruder Roricus war Kanonikus im Tholey. Die Klause Juttas gehörte zu dem Kloster Disibodenberg nahe Bingen, denn eine Frauenklause war einem Mönchskloster unterstellt.

DAS KLOSTERLEBEN IM 12. JAHRHUNDERT

Somit folgten die Nonnen in ihrem Tagesablauf dem der Mönche und verrichteten nach der Regel des Hl. Benedikt die vorgegebenen Stundengebete. Die Auslegung der *Regula Benedicti* war jedoch sehr unkonventionell, sodass sie in einem zwar frommen, aber dennoch weltoffenen, höfisch geprägten Milieu aufwuchs. Das adlige Fräulein Hildegard, dem zuweilen die körperliche Arbeit und die endlosen Litaneien schwerfielen, lehnte alle Reformvorschläge ihrer Ordensbrüder ab, die auf eine Verschärfung der Klosterzucht abzielten.

BILDUNGSWEG

Hildegards Bildungsweg begann unter der Meisterin Jutta. Nach den Aufzeichnungen des Mönchs Theoderich lernte Hildegard von ihr »nur die Lieder Davids und den Jubelgesang zum zehnsaitigen Psalterium«. Zusätzlich studierte sie die Ordensregel des Hl. Benedikt, meditierte täglich die Liturgie und las die Heilige Schrift. Theoderich berichtet: »Sie wurde bald zur Ablegung des Nonnengelübdes zugelassen und machte unter Juttas Leitung auch künftig ganz einzigartige Fortschritte.« Zur weiteren Erziehung wurde sie dem Mönch Volmar anvertraut, der später ihr treuer Freund, Vertrauter und Sekretär wurde. Die Klause Juttas entwickelte sich rasch weiter. »Nun strömten hochherzige Männer und Frauen zu ihr und brachten ihre Töchter für das Ordensleben und zur Ablegung des Jungfräulichkeitsgelübdes ins Kloster. Zu ihrem Unterhalt trugen Weinberge, Grundstücke und Landgüter bei«, wie ihre beiden Biografen erzählen.

Die Meisterin Jutta starb nach 24 Ordensjahren im Jahre 1136; ihre Nachfolgerin sollte Hildegard werden. Ihr Biograf Wibert berichtet: »Hildegard wurde aus der Mitte ihrer Schwestern übereinstimmend als Meisterin gewählt.« Mit der Übernahme der Klause begann für Hildegard in vieler Hinsicht ein neuer Lebensabschnitt.

DIE VISIONEN

Seit ihrer Kindheit hatte sie Visionen, die sie so beschreibt: »Wenn die Gewalt der Schau mich in ihrer Fülle durchströmte, sagte ich Vieles, was den Hörenden seltsam erschien. Und so schämte ich mich sehr. Ich weinte oft und wäre froh gewesen, alles wieder mit Schweigen zudecken zu können.« So verdrängte sie jahrelang, aus Angst nicht verstanden zu werden, ihre wiederkehrenden Visionen. Der Mönch Theoderich berichtet, dass sie durch dieses Verdrängen von Krankheiten geplagt wurde, die aber aufhörten, als sie anfing zu schreiben.

Da Hildegard zeitlebens mit gesundheitlichen Problemen zu kämpfen hatte, wurde oft die Frage gestellt, ob die Ursache ihrer Visionen vielleicht in einer ihrer Krankheiten läge. Unter welchen Krankheiten sie litt, darüber sind nur Spekulationen möglich, weil der Krankheitsbegriff heute ein ganz anderer als damals ist. Eine mögliche Erklärung für die Lichterscheinungen, die sie in ihren Visionen beschreibt, liefert die moderne Medizin. Seit ihrer frühesten Jugend sieht Hildegard einen Lichtschimmer, der nach ihrer Aussage eine solche Helligkeit habe, dass er noch den Glanz der Sonne übertrifft. Die Gestalten in ihren Visionen gleichen Gestirnen, die sich in einer Wasserfläche spiegeln. Selbst die göttlichen Stimmen, die ihr die Visionsbilder erläutern, werden mit Bildern optischer Erscheinungen umschrieben. Sie haben die Form von leuchtenden Flammen und Wolken an einem klaren, hellen Himmel. Da Hildegard diese Bilder bei vollem Bewusstsein erlebt und sie deutlich von bloßen Vorstellungen unterscheidet, kann diesen Bildern ein Realitätsanspruch nicht abgesprochen werden. Solche Lichterscheinungen erleben Menschen, die unter schweren Migräneanfällen leiden.

HILDEGARD BEGINNT ZU SCHREIBEN

Im Jahre 1141 begann Hildegard mit der Unterstützung des Mönchs Volmer und der Nonne Richardis, ihre Visionen niederzuschreiben. Hohe Kleriker wie zum Beispiel Bernhard von Clairvaux und der Erzbischof von Mainz ermutigten sie ausdrücklich dazu. Als sich 1148 Papst Eugen III. in Trier aufhielt, berichtete ihm der Erzbischof von Mainz von der Sehergabe Hildegards. Eine Untersuchungskommission, die sich auf seine Weisung hin zur Klause Hildegards auf den Disibodenberg begab, kehrte mit einem positiven Ergebnis zurück und übergab Eugen Teile ihres Erstlingswerks *Scivias*. Die versammelten Kirchenfürsten brachen in Beifall aus, als der Papst persönlich aus dieser Schrift vorlas. Der Erzbischof von Mainz gab Hildegard zu ihrer Abfassung sogar die kirchliche Erlaubnis. So entstand ihr erstes großes Werk *Scivias (Wisse die Wege)*, das sie 1150 beendete. Ihr Ruhm als Prophetin machte sie über die Grenzen ihrer rheinischen Heimat hinaus bekannt. In dieser Zeit zeigte ihr, so formulieren es ihre Biografen, der Heilige Geist den Ort, wo die Nahe sich in den Rhein ergießt.

DAS NEUE KLOSTER

Der Rupertsberg bei Bingen sollte die Herberge ihres neuen Frauenklosters werden, ein Ort, der ihr von Gott zugewiesen wurde. Über die Gründe für diesen Umzug lassen sich nur Vermutungen anstellen. Aber Vieles spricht dafür, dass Hildegard ihr rasch wachsendes Frauenkloster dem Einfluss des Männerkonvents entziehen wollte.

Der Abt Kuno und die Mönche vom Disibodenberg waren strikt gegen eine Abspaltung der Frauenklause. Doch die einflussreiche Markgräfin von Stade, die Mutter der Nonne Richardis, die zu den engsten Vertrauten Hildegards zählte, erhielt vom Erzbischof von Mainz trotz des heftigen Widerstands des Abts Kuno die Zustimmung zu den Umzugsplänen. Im Jahre 1150 folgte die Umsiedlung auf den Rupertsberg. Theoderich schreibt: »Die Dienerin Gottes konnte also endlich mit achtzehn Jungfrauen ihren bisherigen Wohnsitz verlassen.« Die ersten Jahre waren von Armut gezeichnet. Trotz schwieriger Rahmenbedingungen war Hildegard wissenschaftlich tätig.

Doch das Leben im neuen Kloster war nicht frei von Problemen und besonders von herben persönlichen Enttäuschungen. Die Auseinandersetzungen mit den Verwandten der ihr anvertrauten Nonne Richardis gehören zu den schlimmsten Erfahrungen in ihrem Klosterleben.

HILDEGARD KÄMPFT MIT IHREN GEFÜHLEN

Diese Auseinandersetzungen geben Einblicke in die Persönlichkeit und die geheimen Wünsche Hildegards, die nicht eigentlich zu einer Heiligen und Prophetin passen. Die Nonne Richardis, Lieblingsnonne von Hildegard, war die Enkelin der Marktgräfin von Stade, deren Bruder das einflussreiche Amt des Erzbischofs von Bremen innehatte. Als Hildegard das Kloster auf den Disibodenberg verlassen wollte und sich heftiger Widerstand gegen ihre Pläne erhob, nutzte sie die guten Beziehungen, über die Richardis verfügte. Der Erzbischof von Bremen setzte sich bei seinen Amtskollegen in Mainz für Hildegard ein, damit sie ihre Pläne verwirklichen und auf dem Rupertsberg ein neues Kloster gründen konnte. Mit der Nonne Richardis verband sie ein inniges Verhältnis, sodass sie ihrer Lieblingsnonne mehr Rechte als den übrigen Nonnen einräumte, was gegen die Ordensregel des Hl. Benedikt verstieß. Als Hildegard erfuhr, dass die Markgräfin mithilfe ihres Bruders die Nonne Richardis zur Äbtissin des Klosters Bassum bei Bremen machen wollte, war sie maßlos enttäuscht. Sie warf der Markgräfin Ämterkauf vor und war entschlossen, Richardis nicht die Erlaubnis zum Verlassen des Klosters zu geben, obwohl der Erzbischof von Mainz dies ausdrücklich anordnete. Doch ihre Lieblingsnonne hörte auf die Ratschläge ihrer Verwandten und ging nach Bassum. Hildegard, die verzweifelt und enttäuscht war, wandte sich ratsuchend an den Papst und bat ihn, den Abgang der Nonne Richardis rückgängig zu machen. Zwar lehnte der Papst dieses Ansinnen ab, aber er ordnete an, dass Richardis ins Kloster auf den Rupertsberg zurückkehren müsse, wenn sie die Ordensregel des Hl. Benedikt nicht streng beachte. Auch in diesem persönlichen Beziehungsdrama zeigte Hildegard, dass sie über Sehergaben verfügte. Schon nach kurzer Zeit bereute Richardis ihren Abgang, weil sie sich im neuen Kloster sehr unglücklich fühlte. Doch ihren Wunsch, ins Kloster Hildegards zurückzukehren, konnte sie nicht mehr verwirklichen, weil sie kurz darauf starb. Hildegard deutete diesen plötzlichen Tod als besondere Fügung und Zeichen Gottes.

EINGRIFF IN DIE HOHE POLITIK

1165 war das Kloster Rupertsberg so wohlhabend geworden, dass Hildegard ein Tochterhaus in Eibingen auf der anderen Rheinseite oberhalb von Rüdesheim gründete. Neben zahlreichen literarischen, naturwissenschaftlichen und liturgischen Niederschriften unterhielt Hildegard bis zu ihrem

Tod einen regen Briefwechsel mit hohen Persönlichkeiten, weltlichen und geistlichen Herrschern, Äbtissinnen und Äbten, Mönchen sowie Laien. Der Kreis der Briefempfänger zeugt vom großen Ansehen, das Hildegard entgegengebracht wurde und das ihren weitreichenden Ruhm sichtbar machte; besonders der Briefwechsel mit Kaiser Friedrich I. Barbarossa um 1154 verdeutlicht ihren Einfluss. Der Kaiser gewährte dem Kloster Rupertsberg in einem Edikt immerwährenden kaiserlichen Schutz, obwohl Hildegard seiner Kirchenpolitik kritisch gegenüberstand.

AUSEINANDERSETZUNGEN MIT DER ÖRTLICHEN GEISTLICHKEIT

Zwischen 1158 und 1161 begab sich Hildegard trotz Krankheit auf vier ausgedehnte Predigtreisen u. a. nach Mainz, Metz, Siegburg sowie Kirchheim, wo sie »Klerus und Volk verkündet, was Gott wollte«. Die letzten Lebensjahre der Hildegard waren von zahlreichen Auseinandersetzungen geprägt. Als im Jahre 1173 ihr enger Vertrauter und Beichtvater Volmar verstarb, blieb die Nachfolge aufgrund von Diskussionen mit den Mönchen vom Disibodenberg ungeklärt und nur durch Intervention des Papstes wurde der Mönch Gottfried als neuer Beichtvater für das Frauenkloster eingesetzt. Weiteren Konfliktstoff brachte das Interdikt von 1178, das ob der Beerdigung eines exkommunizierten Edelmanns auf dem Rupertsberger Kirchhof über das Kloster verhängt worden war. Das Mainzer Domkapitel forderte die Entfernung des Leichnams, aber Hildegard verweigerte die Exhumierung, weil sie von der Rechtmäßigkeit der Bestattung überzeugt war. Sie wandte sich an den in Rom weilenden Mainzer Erzbischof, der eine

Untersuchung anordnete und 1179 eine Aufhebung des Inter-
diktes verfügte.

TOD

Wenige Monate nach dieser Auseinandersetzung starb
Hildegard mit 81 Jahren am 17. September 1179 im Kloster
Rupertsberg. Ihr Biograf schreibt: »Ihre Töchter aber, deren
ganze Freude und Trost sie war, wohnten bitterlich weinend
dem Begräbnis der geliebten Mutter bei. Gott zeigte bei ihrem
Hinscheiden durch Wunder ganz deutlich, in welchen Würden sie bei ihm stand.«

Obwohl Hildegard von Bingen keine Gelehrte im eigentlichen Sinne war, besaß sie eine ungewöhnlich hohe Intelligenz, die es ihr ermöglichte, auch ohne Ausbildung auf einer Universität oder Domschule, in vielen Wissenschaften ihrer Zeit tätig zu sein und ihre Ergebnisse zu veröffentlichen. Ihre Mitarbeiter, der Sekretär Mönch Volmar, die Nonne Richardis und später auch Mönch Wibert standen ihr bei ihren Studien hilfreich zur Seite. Da ihre Schriften in lateinischer Sprache verfasst sind, wurde seit dem 19. Jahrhundert Zweifel erhoben, ob eine Frau, die sich selbst als »ungelehrt« bezeichnet, Autorin dieser Werke sein könne. Streitpunkt war die Frage, welche Kenntnisse Hildegard von der lateinischen Sprache hatte. Ihre Aussagen sind in diesem Punkt sehr widersprüchlich.

WAR HILDEGARD AUTORIN IHRER WERKE?

In ihrem Erstlingswerk *Scivias* behauptet sie, kein Verständnis für den lateinischen Bibeltext besessen zu haben. Dagegen erklärt sie in einem Brief an Wibert von Gembloux, den sie in ihrer späteren Lebenszeit verfasste, sie habe die »göttlichen Worte« ihrer Visionen, die ihr nicht in Latein mitgeteilt wurden, Lateinisch niedergeschrieben. Nach dem heutigen Forschungsstand wird man diese Frage so entscheiden können, dass sie mit Sicherheit durch die tägliche Bibellektüre Grundkenntnisse in Latein besaß, aber für die Niederschrift von Texten auf die Hilfe ihrer Sekretäre angewiesen war. Mit ihrer Selbstbeurteilung, »ungelehrt« zu sein, scheint auch übereinzustimmen, dass sie in ihren Werken explizit keine Quellen und Autoritäten zitiert. Sie versichert, sie sei von weltlichen Philosophen nicht belehrt worden. Diese Besonderheit ist aber nur ein Gemeinplatz und eine Eigentümlichkeit ihres Stils, da sich in ihren Schriften tatsächlich zahllose Zitate oder Anspielungen auf Stellen aus der Bibel, den Kirchenvätern und Heiligenlegenden finden. Hildegard lebte in einem Kloster, das ein Zentrum der damaligen Kultur war, sodass ihr auch das naturkundliche und medizinische Wissen ihrer Zeit vertraut war. Da es ein Verzeichnis ihrer Klosterbibliothek bzw. Listen von Bibliotheksbeständen in Klöstern, mit denen sie in Kontakt stand, nicht gibt, lassen sich genaue Angaben hierzu nicht machen. Man zieht auch in Erwägung, dass sich Hildegard ihr Wissen, besonders in der Naturkunde und Medizin, vorwiegend durch Unterhaltungen und Gespräche in ihrem Kloster und durch ihre zahlreichen Kontakte, nicht aber durch ein systematisches Bücherstudium erworben hat.

WELCHE WERKE SIND ECHT?

Mit dem Aufkommen der historischen Methode im 19. Jahrhundert, die einen Text auf sprachliche und inhaltliche Unstimmigkeiten untersucht, unterzog man auch die Werke der Heiligen einer solchen kritischen Überprüfung. Der Vergleich des Sprachstils der einzelnen Werke ergab, dass sie nicht aus einer Hand stammen konnten. Als Beweis, dass Hildegard als Autorin ausscheide, diente u. a. der schon erwähnte Widerspruch zwischen dem hohen Niveau dieser Werke und der

Selbstbehauptung Hildegards, »ungelehrt« zu sein. Eine Frau, die den traditionellen Bildungsweg an einer Domschule oder Universität nicht beschritten hatte, schied als Autorin aus. Abgesehen von dem Brief an Bernhard von Clairvaux, der sprachlich und stilistisch auf sehr geringem Niveau stehe, seien ihr alle Briefe von Dritten untergeschoben worden. Diese neue Beurteilung der Schriften Hildegards wurde von Wilhelm Preger in seinem führenden Standardwerk *Geschichte der deutschen Mystik im Mittelalter* (1874) für die kommenden Jahrzehnte festgeschrieben. Für Preger stand jedoch trotz seines ablehnenden Urteils über die Schriften Hildegards fest, dass ihre Persönlichkeit und ihre Integrität außer Frage stehe.

Dieses negative Urteil hatte in der Folgezeit keinen Bestand. Umstritten war nur noch die Echtheit zahlreicher Briefe, der medizinischen und naturkundlichen Werke als Ganzes oder einzelner Teile davon. Eingeleitet wurde diese Wende durch ein genaues Studium des Quellenmaterials zur Biografie Hildegards, das in den führenden Gesamtausgaben von Migne (1855) und Pitra (1882) aufgeführt ist. Ein wichtiges Zeugnis findet sich in einem Brief des englischen Humanisten Johannes von Salisbury (1115–1180) aus dem Jahr 1167, in dem er seinen Freund Giradus la Pucelle bittet: »Schickt mir die Visionen und Wahrsagungen der sehr berühmten Hildegard.« In der Chronik des Wilhelm Godell (1172) heißt es: »Auf Latein schrieb sie und verfasste Bücher zur katholischen Lehre.« Weitere Beweise finden sich in den Briefen Hildegards, in ihrer Biografie, die ihre Sekretäre Gottfried und Dieter verfassten, und in den Akten zu ihrer Heiligsprechung (1233), deren Zeugenaussagen und Quellen aus der Zeit Hildegards stammen. Die Echtheit speziell ihrer Hauptwerke konnte auch inhaltlich begründet werden. Diese Werke sind voneinander abhängig und bilden in ihren Aussagen ein einheitliches Gan-

zes, sodass sie von einem Autor stammen müssen. Den end-
gültigen Beweis für die nachfolgend aufgeführten Schriften
erbrachten die Untersuchungen von Marianna Schrader und
Adelgundis Führkötter (*Die Echtheit des Schrifttums der heiligen Hildegard von Bingen,* 1956). Der entscheidende Durch-
bruch gelang den beiden Forscherinnen, indem sie zwei
erhaltene Dokumente, ein Güterverzeichnis und ein Toten-
verzeichnis, aus der Zeit des Ortswechsel Hildegards vom
Disibodenberg zum Rupertsberg (um 1150) analysierten und
mit den ältesten Handschriften ihrer theologischen Werke
und Briefsammlungen verglichen. Die Übereinstimmung im
Schrifttyp bewies, dass die Dokumente und die Handschriften
ihrer Werke aus derselben Schreibstube im Kloster auf dem
Rupertsberg stammten.

DIE NACHWEISBAR ECHTEN WERKE

Aufgrund der literarischen Zeugnisse und aus inhaltlichen
Gründen kann heute als erwiesen gelten, dass Hildegard folgende Werke verfasste:

Die theologische Trilogie *Liber scivias, Liber vitae meritorum*
und *Liber divinorum operum.*
Die vier theologischen Abhandlungen *Explanatio regulae
S. Benedicti, Expositio evangelorum, Explanatio symboli
S. Athanasii, Solutiones triginta octo quaestionum.*
Zwei naturkundlich-medizinische Werke: *Liber simplicis me-
dicinae (Physica)* und *Liber compositae medicinae (Causae
et curae).*
Briefe.
Zwei Biografien: *Vita S. Ruperti* und *Vita S. Disibodi.*

Die Liedersammlung *Symphonia harmoniae caelestium reve-lationum* und das Drama *Ordo virtutum*.
Die Abhandlungen *Linqua ignota* und *Litterae ignotae*.

DIE WICHTIGSTEN DETAILS ÜBER IHRE SCHRIFTEN

A. Theologische Schriften

Das theologische Hauptwerk *Scivias* (*Wisse die Wege*, Abfas-sungszeit 1141–1151) verbindet Hildegards Welt- und Men-schenbild aufs innigste mit ihrer Gottesvorstellung. Diese Glaubenslehre, die sich mit den drei Hauptpunkten der Heils-geschichte (Schöpfung, Erlösung, Ende der Zeiten) auseinan-dersetzt, orientiert sich an der zeitgenössischen Dogmatik. Das dreiteilige Werk, das in 26 Visionen unterteilt ist, stellt das ganze Schöpfungs- und Erlösungswerk dar. Zentrales Thema ist aber der Kampf zwischen den Mächten des Guten und Bösen, zwischen denen der durch seine Freiheit leicht verführbare Mensch steht.

In der Beschreibung der Visionen zeigt sich ihr großes sprachliches Talent und stilistisches Können. So benutzt sie Stilfiguren wie z. B. bildhafte Vergleiche, ohne das sie je in Literatur und Philosophie unterwiesen wurde. Mit dem Werk *Scivias* wollte sie ihren Beitrag zur seelischen und moralischen Erneuerung der Geistlichkeit leisten, indem sie dem verwelt-lichen Klerus einen Weg zur Erlösung aufzeigte.

Die zweite Visionsschrift (Abfassungszeit 1158–1161), die den Titel *Liber vitae meritorum (Das Buch der Lebensverdienste)* trägt, versucht die enge Verbindung von Gott, Kosmos und Mensch aufzuzeigen. Hildegard beschreibt Gott als einen großen Mann, der mit den Füßen im Wasser steht und mit dem Kopf in den Äther hineinragt. Er dreht sich und schaut in die verschiedenen Himmelsrichtungen: nach Osten und Süden, nach Westen und Norden, nach Norden und Osten, nach Süden und Westen und abschließend rund um das All. Seine Körperteile sind Symbole der großen Zeitabschnitte. Aus seinem Mund strömt eine Feuerwolke, die Symbol der Gotteskräfte ist. Ihr stehen die Laster gegenüber, die Hildegard sehr plastisch schildert. So sind beispielsweise dem Zorn die Geduld oder der Hartherzigkeit die Barmherzigkeit konfrontiert. Insgesamt unterscheidet Hildegard in dieser Schrift 35 Gegensatzpaare von Lastern und Tugenden.

Im *Buch der Lebensverdienste*, das vor allem für den klösterlichen Gebrauch bestimmt ist, finden sich zahlreiche zeitgeschichtliche Bezüge, die Hildegards enge Verbindung mit der Außenwelt sehr gut dokumentieren. So heißt in der Einleitung: »Im Jahre 1158 […], da der Apostolische Stuhl bedrängt war und Kaiser Friedrich das Römische Reich regierte, da hörte ich eine Stimme vom Himmel.« Während der Abfassungszeit des Werkes kam es zu Spannungen zwischen Kaiser Friedrich I. und der Kirchenführung unter Papst Hadrian IV., die nach dem Tod Hadrians (1159) die Kirche achtzehn Jahre lang spalteten. Hildegard erkannte und rügte Missgunst, Streitsucht, Hochmut und Zwietracht der weltlichen und geistlichen Partei.

Ihre dritte Visionsschrift (Abfassungszeit 1163–1173) mit dem Titel *Liber divinorum operum (Das Buch der Gotteswerke)* wird als das reifste und monumentalste Werk eingeschätzt. Es behandelt Mensch und Welt und liefert eine umfassende Darstellung des mittelalterlichen Weltbildes. Die Schrift gliedert sich nach der Vorrede in drei Teile mit insgesamt 10 Visionen. Die vier Visionen des ersten Teils behandeln den Menschen und die Welt, der zweite Teil, der nur aus einer Vision besteht, beschreibt die Räume des Jenseits. Die fünf Visionen des dritten Teils beschäftigen sich mit der Geschichte der Schöpfung.

Die Anregung zu diesem Werk erhielt Hildegard bei der Lektüre der Einleitung zum Johannesevangelium. Sie erblickt den Menschen als Mikrokosmos, dessen Arme den von Gott getragenen Makrokosmos durchdringen. Die physikalischen Kenntnisse, die Hildegard für dieses Werk benötigte, gehörten zum Bildungsgut ihrer Zeit. Vermutlich hat sich Hildegard diese Kenntnisse durch Selbststudium angeeignet. Auch in diesem Werk finden sich zahlreiche Stilfiguren wie z. B. Allegorien, Symbole sowie eine Farben- und Zahlensymbolik.

B. Naturkundliche und medizinische Schriften

Das naturkundliche und medizinische Werk *Liber subtilitatum diversarum naturarum creaturarum* besteht aus einer Naturkunde, dem *Liber simplicis medicinae (Physika),* und einer Heilkunde, dem *Liber compositae medicinae (Causae et curae).* Durch ihre ausgezeichneten Kenntnisse der Flora und Fauna und dem Wissen von der Wirksamkeit bestimmter Pflanzen trug Hildegard wesentlich zur Erweiterung des damaligen Wissenstandes bei. Ihre natur- und heilkundlichen Schriften beruhen auf dem Gedanken, dass alle Teile der Schöpfung aufeinander bezogen sind. Der Mensch kann erst gesund sein, wenn er im Einklang mit Gott und der Natur steht.

Die *Physica* enthält folgende Abschnitte: 1. Über die Pflanzen (230 Kapitel), 2. Über die Elemente (14 Kapitel), 3. Über die Bäume (63 Kapitel), 4. Über die (Edel-)Steine (25 Kapitel), 5. Über die die Fische (37 Kapitel), 6. Über die Vögel (72 Kapitel), 7. Über die (Säuge-)Tiere (43 Kapitel), 8. Über die Reptilien (18 Kapitel), 9. Vom Ursprung der Metalle (8 Kapitel).

Sie ist eine Mischung aus eigenen Beobachtungen und bekannten Hausmitteln sowie der Klostermedizin, wobei die eigenen Beobachtungen einen besonders hohen Stellenwert einnehmen. Der umfangreichste Abschnitt behandelt die Pflanzen. Neben der genauen Beschreibung gibt Hildegard auch Anweisungen für das Sammeln und die Verarbeitung zu Arzneien. Antike Pflanzenheilbücher wie z. B. die *Materia Medica* des griechischen Arztes Dioscurides könnten als Vorbild gedient haben. Beiläufig gibt diese Schrift auch Informationen über die Nahrungsmittel der Menschen im 12. Jahrhundert. Nach Hildegards Beschreibungen wurden Weizen, Roggen, Hafer, Gerste und Spelzzucker angebaut. Im Kapitel über Tiere beschäftigt sie sich sowohl mit fremdländischen als auch mit heimischen Haustieren. Auch die Aufzeichnungen über einheimische Fische sind von sehr großer Genauigkeit.

Die medizinische Schrift *Ursachen und Behandlungen (Causae et curae)* befasst sich mit der Beschaffenheit des Menschen und seinen Krankheiten, als deren Ursache Hildegard den Sündenfall angibt. Oberster Grundsatz ist, in allen Dingen Maß zu bewahren, damit die natürliche Ordnung der Elemente, Säfte und Temperaturen nicht gestört wird. Die Grundlage ihrer Krankheitslehre ist die Viersäftelehre, deren Anfänge bis auf die griechischen Philosophen und Ärzte zurückreicht. Bei der Frage, aus welchem Urstoff sich die Welt zusammensetzt, entstand ein Viererschema, das die Elemente Erde, Wasser, Feuer und Luft umfasst.

C. Der Briefwechsel

Hildegards Briefwechsel erstreckt sich über das gesamte Abendland. Bisher sind über 300 Briefe, von denen die meisten Antwortschreiben sind, als authentisch nachgewiesen.

Von großer Bedeutung sind ihre Briefe an Kaiser Friedrich I., an die Päpste Eugen III., Anastasius IV., Alexander III. und Adrian IV., an den König und die Königin von England, Fürsten und Bischöfe, Äbte und Äbtissinnen. Besonders aufschlussreich ist der Briefwechsel, den sie mit dem berühmten Abt Bernhard von Clairvaux führte.

Der Briefwechsel mit Kaiser Friedrich I. Barbarossa, von dem vier Briefe erhalten sind, drei von Hildegard, einer von Kaiser Friedrich, beweist, dass sie über einen längeren Zeitraum in Kontakt mit dem mächtigsten weltlichen Herrscher ihrer Zeit stand. Es ist noch ein vierter Brief erhalten, bei dem zweifelhaft ist, ob Friedrich der Adressat ist, da die Anrede »Oh König« fehlt. Hildegard beginnt den Briefwechsel einem Begrüßungsschreiben zur Königswahl (1152). Darin preist sie den jungen König Friedrich I. mit überschwänglichen Worten, beobachtet zugleich aber genau und kritisch die Politik des Königs. Um 1150 war es zu einen Treffen zwischen der Äbtissin und dem Kaiser in Ingelheim gekommen, wo Hildegard ihm eine Prophezeiung unbekannten Inhalts macht. In einem Brief an Hildegard von Bingen bedankt sich Friedrich I. für ihre Sehergabe und verspricht ihr seine Unterstützung.

Doch das gute Verhältnis zwischen Kaiser Friedrich I. und Hildegard von Bingen blieb nicht ungetrübt, da Hildegard der Kirchenpolitik des Kaisers sehr kritisch gegenüberstand. Denn sie lehnte mit aller Entschiedenheit die Einflussnahme von weltlichen Würdenträgern auf die Besetzung geistlicher Ämter ab. Trotzdem bestätigt der Kaiser 1158 die unabhängige Rechtsstellung ihres Klosters und stellt das Kloster Rupertsberg unter kaiserlichen Schutz. Einen zweiten Brief schrieb Hildegard an Friedrich I. im Jahre 1164, als dieser Paschalis III. zum Gegenpapst ernannte. Mit dieser Entscheidung verlängerte Kaiser Friedrich I. die Kirchenspaltung. Schon der unerschrockene Ton in diesem Brief verrät, dass sie die Rolle einer wohlwollenden Beraterin mit der einer Kritikerin der kaiserlichen Handlungen vertauscht hatte. Als Friedrich im Jahr 1168 Calixt III. als Gegenpapst einsetzte, um Papst Alexander III. zu entmachten, schrieb Hildegard einen dritten, noch zornigeren Brief an den Kaiser. Trotz dieser schneidenden Worte hebt Friedrich I. den kaiserlichen Schutz des Klosters Rupertsberg nicht auf, was sicherlich auch auf ihre herausgehobene Stellung als anerkannte Seherin zurückzuführen ist.

D. Die Heiligenleben

Als Äbtissin des Klosters Rupertsberg verfasste Hildegard zwei Biografien, die das Leben der Heiligen Rupert und Disibod schildern. Das erste Heiligenleben ist wahrscheinlich um 1160 entstanden, das zweite zehn Jahre später um 1170. Ihr Interesse für diese beiden Heiligen ist leicht nachvollziehbar, da sie selbst fast fünfzig Jahre im Kloster auf dem Disibodenberg lebte und ihr eigenes Kloster auf dem Grab des Hl. Rupert gründete. Das Interesse für historische Ereignisse wurde durch die klösterliche Reformbewegung ihrer Zeit geweckt. Man wollte wissen, wie die Mönche in der Vergangenheit gelebt haben. In der Beschreibung der Taten der beiden Heiligen hat Hildegard zahlreiche Quellen benutzt, die heute verloren sind.

E. Die Prophezeiungen

Die eigentlichen Werke der Hl. Hildegard waren im späteren Mittelalter fast vergessen. Um 1220 jedoch stellte der Zisterzienserabt Gebeno aus dem Kloster Eberbach in der Nähe von Eibingen daraus eine populäre Sammlung von Zukunftsorakeln zusammen, die zu einem Bestseller wurde. Sie ist in über 150 Handschriften überliefert, während sich von den Werken der Hl. Hildegard nur einige Dutzend Handschriften erhalten haben. Schwerpunkt dieser Sammlung ist die Weissagung über das Ende der Welt und die Ankunft des Antichristen.

F. Künstlerische Werke

Hildegard von Bingen hat 77 Lieder und ein geistliches Singspiel hinterlassen. Sie begann nach ihrem vierzigsten Lebensjahr zu komponieren. In ihrem theologischen Erstlingswerk *Scivias* finden sich 14 Gesänge (*Scivias* III, 13). Zwischen 1150–1160 fügte sie 60 Lieder hinzu, die später zu dem Zyklus *Symphonia harmoniae caelestium revelationum (Symphonie der Harmonie der göttlichen Offenbarungen)* zusammengefasst wurden. Weitere Stücke, die zwischen 1163–1175 komponiert wurden, ergänzten diesen Zyklus. Selbstverständlich bediente sich Hildegard der musikalischen Ausdrucksmittel ihrer Zeit. Aber es finden sich auch Neuerungen bei der musikalischen Gestaltung ihrer Lieder. Das harmonische Klangbild ihrer Lieder ist einzigartig, denn zu ihrer Zeit übernahm man aus Frankreich die Mode, mehrstimmig zu komponieren. Die Quellen bezeugen, dass diese außergewöhnliche Musik weit über die Grenzen ihres Klosters hinaus bekannt war. Sogar in Paris stieß ihre Musik auf Interesse. Der Pariser Magistrat Odo schreibt ihr 1148: »Man sagt, dass du hochgehoben gen Himmel viele Dinge siehst und viel Christliches hervorbringst und dass du auch viele neuartige Lieder erfindest, obwohl es dich niemand gelehrt hat.« Die Entstehung der Kompositionen stellt man sich heute so vor, dass Hildegard zwar die Texte niederschrieb, die sie in ihrem Inneren hörte, als würde sie die Lieder von Gott empfangen, diese aber von anderen weiterbearbeitet wurden, da Hildegard keine musikalische Ausbildung erhalten hatte und nur den üblichen Kirchengesang ihrer Zeit beherrschte. Die Lieder, deren zentrales Thema die Menschwerdung des Gottessohnes ist, haben zahlreiche Parallelstellen in ihren theologischen Schriften. Adressaten der Lieder sind neben Maria, den Engeln und dem Hl. Geist biblische Gestalten wie die Propheten, die Patriarchen und die Aposteln und auch die christlichen Märtyrer. – Aus Platzgründen musste auf die Aufnahme einer Auswahl der Lieder in die vorliegende Sammlung verzichtet werden.

G. Hildegard erfindet eine neue Schrift und Sprache

Der *Riesenkodex* (12. Jahrhundert), eine Sammelhandschrift mit Werken der Hl. Hildegard, enthält auch eine Geheimschrift und neue Sprache. Geheimschriften waren im Mittelalter keine Seltenheit. Die unbekannte Sprache besteht aus 900 Wörtern, meistens Substantiven.

II. TEXTE AUS IHREN SCHRIFTEN

A. THEOLOGISCHE SCHRIFTEN

SCIVIAS (WISSE DIE WEGE)

In diesem Erstlingswerk, an dem sie seit 1141 arbeitete, schildert die Hl. Hildegard ihre Visionen, die sie auf Befehl Gottes niederschrieb. In der Vorrede sagt sie zum Aufbau von *Scivias*:

> Im Alter von 42 Jahren und 7 Monaten kam ein feuriges Licht mit Blitzzeichen vom offenen Himmel hernieder, durchströmte mein Gehirn und brachte wie eine Flamme mein Herz und meine Brust zum Glühen. Diese Flamme brannte nicht, sondern erzeugte gleichsam wie die Sonne Wärme, die auf einen Gegenstand scheint. So begriff ich den tieferen Sinn der Heiligen Schriften des Neuen und Alten Testamentes.

Scivias enthält 26 Visionen, die aufgegliedert in drei Büchern beschrieben werden. Das 1. Buch besteht aus 6 Visionen, die Gott, die Schöpfung und den Menschen behandeln. In den 7 Büchern des 2. Buches stellt Hildegard die Erlösung dar. Die 13 Visionen des letzten Buches beschreiben, wie nach dem Jüngsten Tag und dem Weltgericht mit seiner Reinigung eine neue Erde und ein neuer Himmel entstehen und das Universum seine Vollendung erreicht. Dieses Werk der Visionen, in dem das theologische, kosmologische und anthropologische

Wissen der damaligen Zeit in beeindruckender Weise zusammengeflossen ist, hat in der Kirche den Ruf der Hl. Hildegard als Heilige begründet. Hildegard, die als die bekannteste Visionärin im mittelalterlichen Deutschland gilt, steht somit am Anfang der deutschen Mystik. Sie unterscheidet sich von den anderen Visionärinnen dadurch, dass sie ihre Visionen im Wachzustand empfing. Außerdem sind ihre Visionen keine Einzeloffenbarungen, die spontan niedergeschrieben wurden, sondern der Abfassung geht eine jahrelange Bearbeitungszeit voraus.

AUFBAU EINER EINZELNEN VISION

In den Visionen ist ein einheitliches Schema erkennbar. Auf die Beschreibung der eigentlichen Schau folgt zunächst eine kurze Charakterisierung des gesamten Visionsbildes, dann eine Auslegung aller Einzelheiten des Geschauten. Diese Form der Deutung geht auf die allegorische Bibelauslegung zurück, die eine lange Tradition in der katholischen Kirche hat. Darunter versteht man die Versinnbildlichung eines Begriffes, indem man nicht auf die einfache Wortbedeutung zurückgreift, sondern nach einem tieferen Sinn sucht. So versinnbildlicht der Berg die Macht Gottes, während das Tal die Schwäche der von ihm erschaffenen Geschöpfe darstellt. So steht die Rippe für Eva bzw. eine verheiratete Frau, und der Osten, wo die Sonne aufgeht, symbolisiert das Gute, der Norden dagegen das Böse. In der Regel klingen die Visionen dann in einer allgemeinen Erörterung zu theologischen und moralischen Problemen aus. Die letzten Sätzen bestehen aus einer moralischen Ermahnung.

BILDERSPRACHE

Da sich Gott jeder sinnlichen Erfahrung entzieht und nur in der abstrakten Fachsprache der Theologen dargestellt werden könnte, bedient sich die Bibel einer Bildersprache. Jedes Bild ist mit einer Sache verknüpft. Diese Technik benutzt Hildegard auch bei ihren Visionen. So steht bei ihr die Sonne für das Augenlicht und der Wind für den Geruchssinn. Auch die Farben und Edelsteine haben eine bestimmte Symbolik. Gold bedeutet die Ewigkeit des Schöpfers. Blau weist auf den Sohn Gottes hin und Feuerrot ist das Zeichen des Hl. Geistes. Die Texte der Hl. Hildegard sind nur dann zu verstehen, wenn man sich in die Bilderwelt des 12. Jahrhunderts hineinversetzt. Aber nicht immer ist der Sinn dieser Bilder mit letzter Sicherheit zu entschlüsseln. Außerdem birgt eine Auflösung der sehr komplizierten Bilderwelt in einzelne Bedeutungsträger die Gefahr, dass die Einheit des Bildes zerstört wird. Mit diesem Problem mussten sich schon ihre Zeitgenossen auseinandersetzen. So schreibt der Abt Berthold von Zwiefalten: »Wenn ich auch durch die Tröstungen eurer Worte oft freudig gestimmt werde, so bin ich doch durch deren Dunkelheit wieder traurig geworden, weil sie sich meinem Verständnis nicht erschloss.«

Die Bilderfolge der *Scivias*-Handschrift *(Rupertsberger Codex)*, die in den Wirren des 2. Weltkrieges verlorenging und nur in einer Kopie erhalten ist, entstand nicht viel später als der Text selbst, wahrscheinlich unter den Augen der Autorin. Wie weitgehend Hildegard Einfluss darauf nahm, beschäftigt noch heute die Forschung. Sicher ist aber, dass diese Bilder manche Details enthalten, die in den Visionen nicht erwähnt werden. Bild und Text stehen sich gleichberechtigt gegenüber. Eine zweite Bilderhandschrift, der *Salemer Codex*, der vermutlich aus dem 12. Jahrhundert stammt, enthält eine vom

Rupertsberger Codex unabhängige Bildfolge. Gegenüber der prachtvollen Bilderhandschrift des *Rupertsberger Codex* sind diese Bilder in künstlerischer Technik und Texttreue nachlässiger gestaltet, und diese Ausgabe der *Scivias* scheint eher für den alltäglichen Gebrauch im Kloster Salem bestimmt gewesen zu sein.

DAS VORWORT

Siehe! Als ich im dreiundvierzigsten Jahr meiner irdischen Wanderschaft mit zitternder Aufmerksamkeit in großer Furcht einem himmlischen Gesicht hingegeben war, erblickte ich einen gewaltigen Lichtglanz, aus dem eine Stimme aus dem Himmel zu mir sprach: »Du gebrechlicher Mensch, Asche von der Asche und Staub von Staub, sage und schreibe, was du siehst und hörst. Weil du aber furchtsam bist zu sprechen und einfältig, es auszulegen, und nicht gelehrt, es aufzuschreiben, so sprich und schreibe nicht, wie es ein Mensch tut, nicht wie es die menschliche Einsicht und Erfindung macht und nicht in künstlerischer Form, sondern so, wie du es von oben her in himmlischen Wundern erblickst und hörst. Du sollst es so darstellen, wie jemand, der die Worte seines Lehrmeisters hört, in sich aufnimmt und sie sinngemäß verkündet und sie nach dessen Willen auslegt. So offenbare du, oh Mensch, was du siehst und hörst! Schreibe es auf, nicht wie du oder ein anderer Mensch es wünscht, sondern nach dem Willen dessen, der alles weiß, sieht und anordnet in den Tiefen seiner Geheimnisse!« Und wieder hörte ich eine Stimme vom Himmel, die sprach: »Verkünde diese Wunder und zeichne sie auf, wie ich dich belehrt habe, und sprich!«

Im Jahre 1141 der Menschwerdung des Sohnes Gottes Jesu Christi, als ich 42 Jahre und sieben Monate alt war, da kam vom geöffneten Himmel feuriges Licht von höchstem Glanz, durchschoss mein ganzes Gehirn und entzündete mein ganzes Hirn und meine ganze Brust wie mit einer Flamme. Sie brannte nicht, sondern erwärmte nur, so wie die Sonne einen Gegenstand, wenn ihre Strahlen darauf fallen. Sofort erfasste ich den Sinn der Psalmen, der Evangelien, und der übrigen katholischen Schriften des Alten und Neuen Testaments. Von den Worten und Silben der Texte jedoch, von der Beugung der Hauptwörter und den Zeiten der Tätigkeitswörter hatte ich kein Verständnis.

Die Macht der Geheimnisse und der geheimnisvollen Visionen fühlte ich in wunderbarer Weise von meiner Kindheit an, das heißt von meinem fünften Jahr, so wie ich sie noch heute fühle. Hiervon erzählte ich nur einigen wenigen Ordensleuten, die nach derselben klösterlichen Regel lebten wie ich. Ich verschwieg sie bis jetzt, wo sie Gott in seiner Gnade offenkundig machen will. Die Visionen aber, die ich gesehen hatte, habe ich nicht im Traum oder Schlaf, auch nicht in der Fieberhitze, auch nicht mit den menschlichen Augen oder Ohren und nicht an verborgenen Orten wahrgenommen. Vielmehr habe ich sie, indem ich wach war und um mich schaute, nur in meinem Geist mit den Augen und Ohren des inneren Menschen an offen gelegenen Orten nach dem Willen Gottes empfangen. Wie es sich damit verhält, ist für die Menschen dieser Erde schwer zu verstehen.

Ich habe mich aber geweigert zu schreiben, nicht aus Hartnäckigkeit, sondern aus Demut, da ich noch Zweifel und eine geringe Meinung von mir hatte und das Gerede der Menschen fürchtete. So wurde ich von Gottes Geißel niedergeworfen und fiel auf das Krankenlager. Endlich

fing ich an zu schreiben, nachdem ich von vielen Krankheiten bedrängt wurde und mich auf das Zeugnis eines
Mädchen von Adel und guten Sitten und eines Mannes
stützte, den ich hierfür ausgesucht und gefunden hatte.
Doch als ich mit dem Schreiben anfing, fühlte ich, wie ich
schon oben erwähnt habe, eine tiefe Einsicht bei der Auslegung der heiligen Bücher, und gewann meine Kräfte
wieder und wurde gesund. So brachte ich dieses Werk in
etwa zehn Jahren zu Ende.

Zur Zeit des Erzbischofs Heinrich, des römischen Königs
Konrad und des Papstes Eugen, als Kuno Abt auf dem Disibodenberg war, habe ich diese Visionen und Worte empfangen. Wiederum hörte ich die Stimme vom Himmel, die zu
mir sagte: »Rufe laut und schreibe dies!«

SCIVIAS I, 1: GOTT, DER LEUCHTENDE

Hildegards Vision

Ich sah etwas wie einen gewaltigen Berg, der eisenfarbig
war. Darauf saß jemand, der strahlte einen solchen Glanz
aus, dass er mein Gesicht blendete. Von diesem Wesen
breitete sich von seinen beiden Seiten ein sanfter Schatten
wie ein Flügel von merkwürdiger Breite und Länge aus.
Vor ihm stand am Fuß dieses Berges ein gewisses Bild, das
überall voll von Augen war und an dem ich wegen dieser
Augen keine menschliche Gestalt erkennen konnte. Vor
diesem Bild befand sich das Bild einer Gestalt, die das
Alter eines Kindes hatte. Sie war bekleidet mit einem blassen Gewand, aber hellweißen Schuhen. Über ihren Kopf
ergoss sich von dem Wesen, das auf dem Berg saß, ein so
gewaltiger Glanz, dass ich ihr Angesicht nicht sehen

konnte. Von diesem Wesen auf dem Berg gingen viele lebendige Funken aus, welche die beiden Bilder mit großer Anmut umflogen. Am Berg selbst waren sehr viele kleine Fensterchen zu sehen, in denen sich, teils blass, teils hellweiß, die Häupter von Menschen zeigten.

Und siehe, das Wesen, das auf dem Berg saß, rief mit mächtiger und sehr starker Stimme und sprach: »O Mensch, der du gebrechlich bist, Staub von Staub der Erde und Asche von Asche, rede laut und sprich über den Eintritt der reinen Erlösung, damit diese herangebildet werden, die das Wesen der heiligen Schriften zwar sehen, aber davon nichts sagen oder predigen. Denn sie sind zu sehr abgestumpft, um die Gerechtigkeit Gottes in die Tat umzusetzen. Diesen erschließe die Geheimnisse, die sie furchtsam in dem verborgenen Acker ohne Frucht begraben lassen. Breite dich also zu einer so reichhaltigen Quelle aus und ergieße dich so sehr in geheimnisvoller Belehrung, dass diese durch den Erguss deiner Belehrung zu Schande kommen, die dich wegen der Sünde Evas verachtet haben. Denn du nimmst ja deine Schärfe und Tiefsinnigkeit nicht von den Menschen, sondern empfängst dies von dem erhabenen und furchtbaren Richter dort oben im Himmel, wo in überaus hellem Licht diese Klarheit leuchten wird. Erhebe dich also, ruf und sprich, was dir durch die gewaltige Macht der göttlichen Hilfe offenbar wird! Denn jenes Wesen, das über jedes seiner Geschöpfe mächtig und gütig gebietet, tränkt diese Menschen, die es fürchten und ihm voll süßer Liebe im Geist der Demut dienen, mit der Klarheit der höheren Erleuchtung und führt sie, falls sie auf dem Weg der Gerechtigkeit ausharren, zu den Freuden der ewigen Anschauung hin.«

Allgemeine Charakterisierung des Visionsbildes

Wenn du siehst, dass dieser gewaltige Berg eisenfarbig ist, so verrät dies die Stärke und die Festigkeit des ewigen Reiches Gottes, das durch keinen Ansturm der hinfälligen Vergänglichkeit zerstört werden kann. Wenn aber auf dem Berg ein Wesen in einem solchen Glanz sitzt, dass sein Glanz dein Gesicht blendet, so verrät dies, dass im Reich der Seligkeit Gott selbst ist, der im Strahlenglanz seiner Herrlichkeit über den ganzen Erdkreis gebietet und dessen göttliches Wesen für den menschlichen Geist unbegreiflich ist. Aber nach seinen beiden Seiten erstreckt sich ein sanfter Schatten wie ein Flügel von wunderbarer Breite und Länge.

Genaue Deutung durch die göttliche Stimme

Denn seine Ermahnungen und seinen Züchtigungen sind mit dem milden und sanften Schirm eines gütigen Schutzes verbunden, der gerecht und liebevoll zugleich die unaussprechliche Gerechtigkeit wahrer Billigkeit zeigt.

Und vor Gott am Fuß desselben Berges steht ein Bild, das nur aus Augen besteht. Denn die »Furcht des Herrn«, die vor Gott in Demut auf das Reich Gottes hinschaut und mit der Klarheit einer guten und gerechten Meinung umgeben ist, zeigt so ihren Eifer und ihre Festigkeit unter den Menschen, dass man vor lauter Augen keine menschliche Gestalt an ihm unterscheiden kann. Denn aufgrund ihres scharfen Blickes weist sie jede Vergesslichkeit bezüglich der Gerechtigkeit Gottes von sich, was besonders die Menschen in ihrem Übermut gern machen. Deshalb können die Versuchungen der Menschen ihre Wachsamkeit nicht schwächen und erschüttern. Vor diesem Bild erscheint ein anderes Bild, das ein Kind darstellt, das mit einem blassen Gewand, aber hellweißen Schuhen bekleidet ist. Wenn nämlich die »Furcht des Herrn« vorangeht, dann folgen die Armen im Geiste nach, da die »Furcht des Herrn« in frommer Demut die seligmachende Armut des Geistes festhält. Sie strebt nicht nach eitler Prahlerei und Überheblichkeit des Herzens, sondern liebt die Einfachheit und die Nüchternheit des Geistes. Die Armut des Geistes weiht sich nämlich nicht Gott, sondern zeigt ihre gerechten Werke in der Gestalt eines blassen Gewandes. Durch die blasse Farbe soll die Unterwerfung unter Gott ausgedrückt werden. Aber sie folgt gehorsam den hellweißen Füßen des Sohnes Gottes nach. Auf das Haupt dieses Bildes ergießt sie von dem Wesen, das auf dem Berg sitzt, einen solchen Glanz, dass du sein Angesicht nicht ansehen kannst. Wenn das göttliche Wesen, das auf dem Berg sitzt und über jedes Geschöpf gebietet, von einem Menschen Besitz ergreift, dann gießt es die Kraft und die Macht seiner Seligkeit in ihn, die man mit dem schwachen menschlichen Verstand nicht erfassen kann. Denn auch der Sohn Gottes, der alle himmlischen Reichtümer besitzt, hat sich demütig der Armut unterworfen. Dass aber von dem göttlichen Wesen, das auf dem Berg sitzt, viele lebendige Funken sprühen, die jene Bilder mit großer Anmut umfliegen, deutet darauf hin, dass von dem allmächtigen Gott verschiedene und sehr gewaltige in göttlicher Klarheit strahlende Kräfte ausgehen. Die Gott wahrhaft fürchten und die Armut des Geistes wirklich fest lieben, werden von diesen Kräften unterstützt und geschützt, indem sie von ihnen innig umarmt und geliebt werden.

Am Berg sind viele Fensterchen zu sehen, in denen sich, teils blass, teils hellweiß, zahlreiche Häupter von Menschen zeigen, weil die Absichten der Handlungen der Menschen vor der tiefgründigen Erkenntnis und Weisheit Gottes nicht verheimlicht und verborgen werden können. Die Menschen sind sowohl matt als auch glänzend, je nachdem ob sie in ihrem Herzen und ihren Handlungen matt sind und schmachvoll vor sich hinträumen oder in ehrenvoller Weise wachsam sind.

Theologisch-moralische Schlussfolgerung

Diese Meinung vertritt auch Salomo, wenn er sagt [Spr 10,4]: »Armut hat eine lässige Hand geschaffen, aber die der Starken schafft Reichtümer.« Das heißt aber: Hinfällig und arm hat sich dieser Mensch gemacht, der die Gerechtigkeit nicht üben, die Ungerechtigkeit nicht austilgen und die Schuld nicht nachlassen wollte, indem er sich von den wunderbaren, selig machenden Werken zurückhielt. Derjenige aber, der die sehr mächtigen Werke des Heils hervorbringt, erfasst die Quelle der sprudelnden Herrlichkeit, aus der er sich die kostbaren Reichtümer auf Erden und im Himmel verschafft.

Moralische Ermahnung

Nun möge jeder, der die Wissenschaft im heiligen Geist und Flügel im Glauben hat, über meine Ermahnungen nicht hinausgehen, sondern sie mit Seelenwärme umfassen und in sich aufnehmen.

SCIVIAS I, 2: VON PARADIES, SÜNDENFALL UND ERLÖSUNG

Hildegards Vision

Dann sah ich eine sehr große Menge von lebendigen Leuchten, die viel Klarheit hatten. Da sie feurigen Glanz empfingen, strahlten sie sehr hell. Und siehe, ein See von großer Breite und Tiefe zeigte sich, der eine Öffnung wie ein Brunnen hatte. Aus ihm entströmte feuriger Dampf von üblem Geruch. Auch ein sehr finsterer Nebel breitete sich von dort aus, der so etwas wie eine Ader von trügerischem Glanz berührte. Durch diese hauchte er in einer sehr hellen Gegend eine hellweise Wolke an. Sie enthielt sehr viele Sterne in sich und war von einer schönen Menschengestalt ausgegangen. Der Nebel verscheuchte sowohl die Wolke als auch die Menschengestalt aus dieser Gegend. Nachdem dies geschehen war, umgab ein sehr heller Glanz diese Gegend und alle Elemente der Welt, die sich vorher in großer Ruhe befunden haben, gerieten in große Unruhe und zeigten sich entsetzlich erschreckt.

Allgemeine Charakterisierung des Visionsbildes

Diejenigen, die Gott in gläubiger Andacht folgen und mit einer Liebe, die seiner Liebe würdig ist, werden von der Herrlichkeit der übernatürlichen Seligkeit nicht durch den Ansturm der Ungerechtigkeit abgeschreckt und weggerissen. Aber diese, die Gott nur zum Schein dienen, werden nicht zu Größerem emporsteigen. Im Gegenteil sie werden auch von dem, was sie sich fälschlich einbilden zu haben, durch ein gerechtes Gericht verdrängt werden.

Genaue Deutung durch die göttliche Stimme

Dies deutet auch die sehr große Zahl von lebendigen Leuchten an, die eine starke Helligkeit haben. Es handelt sich um die Schar der höheren Geister, der heiligen Engel, die in dem seligen Leben glänzen und mit großem Schmuck und Zierde ausgestattet sind, weil sie sich trotz ihrer göttlichen Natur nicht erhoben haben gegen ihren Schöpfer, sondern in Liebe zu Gott verblieben sind. Durch den Empfang des feurigen Glanzes leuchteten sie sehr hell auf. Als Luzifer sich mit seinem Gefolge gegen den erhabenen Gott erhob und er und seine Anhänger herabgestürzt wurden, waren diese Engel voller Eifer für Gott und rüsteten sich mit der Wachsamkeit der göttlichen Liebe. Jene dagegen fielen in die Erstarrung der Unwissenheit, durch die sie Gott nicht erkennen wollten. Beim Sturz des Teufels priesen jene Engel, die bei Gott blieben, über alle Maßen ihren Herrn. Denn sie erkannten mit scharfem Blick, dass Gott unveränderlich ist und unerschütterlich in seiner Macht verharrt. Er kann nämlich von keinem Angreifer überwunden werden. Indem sie nun in unerschütterlicher Liebe bei Gott blieben, haben sie jegliche Ungerechtigkeit verachtet.

Luzifer aber, der wegen seines Stolzes die himmlische Herrlichkeit verloren hatte, stand anfangs bei seiner Erschaffung so groß und schön, dass er weder in seiner Stärke noch in seinem Schmuck Mängel aufwies. Als er aber auf seinen Schmuck und die Größe seiner Kraft sah, spürte er den Stolz, der ihm versprach, nur damit anzufangen, was er wollte, weil er alles vollenden könne, was er begonnen habe. Da sah er nun den Platz, wo er glaubte stehen zu können. Indem er dort seinen Schmuck und seine Kraft zeigte, sprach er zu sich: »Glänzen will ich dort wie Gott!« Seine ganze Heerschar spendete ihm Beifall und sprach: »Das wollen wir auch!« Da ihn nun der Stolz erhob und er seinen Plan ausführen wollte, zeigte sich der Eifer des Herrn in dieser schwarzen Wolke. Luzifer wurde mitsamt seinem Anhang herabgeschleudert. Sie waren im Gegensatz zu ihrem früheren Lichtglanz ausgebrannt und hatten statt der Helligkeit eine schwarze Farbe. Wie ist dies zu verstehen? Wenn Gott ihren anmaßenden Plan nicht vereitelt hätte, wäre er ungerecht, weil er dann die schonte, die die Unversehrtheit Gottes zerstören wollten. Aber er schleuderte sie hinab und machte ihrem gottlosen Plan ein Ende. Denn alle nimmt er vom Anblick seiner Herrlichkeit weg, die sich ihm widersetzen.

Da nun Gott die bösen Engel das nicht haben lässt, was sie wollten, mischen sie sich gequält von Schmerzen in unsinniger Wut unter die Menschen. Denn sie brennen vor Begierde, das zu besitzen, was zu verschlingen ihnen Gott nicht zusteht. Sie gleichen einer sehr nutzlosen Sache, da sie sich auf diese Weise von Gott entfernen. Denn weder Gott noch den Menschen gegenüber können sie etwas Gutes tun. Wie es Gottes Auge vorausgesehen hat, sind sie nunmehr vom Lebenskeim abgeschlossen. Sie befinden sich in einer solch elenden Lage, dass sie sich in einem gottlosen Geschrei verzehren. Von dem kommenden Regen des Hl. Geistes werden sie nichts empfangen.

Jener See von großer Breite und Tiefe, den du siehst, ist die Hölle. In ihrer Breite umfasst sie alle Laster und mit ihrer Tiefe das Verderben. Wie ein Brunnen hat sie eine Öffnung und speit feurigen Dampf von üblem Geruch. In ihrer Gefräßigkeit will sie die Seelen verschlingen, indem sie ihnen Süßigkeit und Lieblichkeit vorgaukelt. Mithilfe dieser gottlosen Täuschungen führt sie die Seelen zum Ort des Verderbens und der Qualen, wo ein Feuer mit einem abscheulichen Dampf brennt und todbringende Gerüche aufsteigen. Dem Teufel und seiner Schar sind entsetzliche Qualen bereitet, weil sie sich von Gott abgewandt haben und ihn nicht erkennen und anerkennen wollten. Diese Finsternis ist beim Sturz des Teufels erschaffen worden. Die bösen Engel nämlich haben die Ehre mit dem Elend und der Strafe und die Herrlichkeit mit der Finsternis vertauscht. Als der stolze Engel wie eine Schlange sich nach oben erhob, kam er in den Höllenkerker, weil es unmöglich ist, dass sich jemand über Gott erhebt. Denn sowenig es passend wäre, dass sich in einer Brust zwei Herzen befinden, sowenig durften im Himmel zwei Götter sein. Doch der Teufel hat mit seiner Schar einen solchen überheblichen Plan ausführen wollen, dass auf sie der See des Verderbens wartet. So werden auch jene Menschen, die den Teufel und den bösen Engel nachahmen, je nach ihrer Schuld, an deren Strafen teilhaben. Manche Seelen erfahren ein Höchstmaß an Verdammnis und sind vom Wissen Gottes ausgeschlossen. Daher müssen sie die Höllenstrafen erdulden, ohne jemals die Hoffung und den Trost zu haben, davon befreit zu werden. Andere aber sind von Gott nicht vergessen. Durch Prüfungen erreichen sie, dass ihre Seelen von den Sünden gereinigt werden, in die sie gefallen sind. Sie werden von den Fesseln der Sünden befreit und können von ihnen erlöst zur ewigen Ruhe gelangen.

Wie ist das zu verstehen? Der eigentlichen Hölle verfallen diejenigen, die Gott in ihrem Herzen vergessen haben. Und sich nicht bekehren. Die anderen Qualen der Hölle müssen die erdulden, die zwar Böses getan haben, aber dennoch nicht bis zum Ende in diesem Zustand verharrten, sondern reuig wieder zu Gott aufblickten. Deshalb sollen die Gläubigen den Teufel meiden und Gott lieben. Sie sollen die bösen Werke aufgeben und die guten zugleich mit dem Schmuck der Buße vollbringen, wie mein Diener Ezechiel, der von mir erfüllt war, forderte, indem er spricht: »Bekehrt euch und tut Buße für all eure Ungerechtigkeiten. Dann wird die Ungerechtigkeit euch nicht zum Verderben gereichen.« [Ez 18,30] Das heißt: »Oh ihr Menschen, die ihr bisher in Sünden gelebt habt, erinnert euch an euren christlichen Namen, schlagt den Weg des Heils ein und tut andere Werke an der Quelle der Buße, die ihr viele Freveltaten und unzählige Vergehen verübt habt. Wenn ihr euren schlechten Lebenswandel aufgebt, wird euch jene Bosheit, mit der ihr beschmutzt seid, nicht in das Todesverderben herabdrücken, weil ihr am Tag eures Heils sie aufgegeben habt. Deshalb werdet ihr an der Freude der Engel teilhaben, weil ihr euch vom Teufel losgerissen habt und zu Gott hingeeilt seid. Ihn erkennt ihr in den guten Werken besser als früher, wo ihr dem alten Verführer gefolgt seid.«

Der sehr dunkle Nebel, der sich aus dem See ausbreitet und etwas berührt, das täuschend ähnlich wie eine Ader aussieht, bedeutet, dass die teuflische List aus der tiefsten Verderbnis stammt und, um den Menschen zu täuschen, in die giftige Schlange eingedrungen ist. Wie? Als nämlich der Teufel den Menschen im Paradies sah, war er erschrocken und schrie: »Was? Der Mensch soll mir im Besitz der wahren Seligkeit gleichkommen, die ich verloren habe?« Er wusste nämlich, dass er die Bosheit, die er in sich trug, noch nicht bei den anderen Geschöpfen ausgeübt hatte. Er sah, wie Adam und Eva in kindlicher Unschuld im Garten der Freuden lebten. Deshalb fasste er den Plan, die beiden durch eine große List mithilfe der Schlange zu hintergehen. Warum? Er hatte nämlich erkannt, dass die Schlange ihm ähnlicher war als jedes andere lebende Geschöpf. Er bediente sich ihrer Hinterlist, um das zu erreichen, was er in seiner eigenen Gestalt niemals hätte erreichen können.

Als er nun sah, wie sich Adam und Eva mit Leib und Seele von dem verbotenen Baum abwandten, erkannte er, dass hier ein göttliches Gebot vorliegt. Hierbei glaubte er die beiden schon bei seinem ersten Versuch mit Leichtigkeit zu Fall zu bringen. Durch listige Fragen und deren Antworten hatte er sich die Kenntnis verschafft, dass jener Baum ihnen verboten war. Deshalb hat er in der hellen Gegend eine leuchtend weiße Wolke, die sehr viele Sterne enthielt und ihren Ausgang von einer schönen Menschengestalt nahm, durch die dunkle Wolke angehaucht. An diesem Ort der Wonne fiel der Teufel die Eva an, die von dem unschuldigen Adam ihren Anfang genommen hatte und gemäß göttlicher Anordnung die ganze Fülle des Menschengeschlechtes leuchtend in ihrem Körper trug. Er wollte sie mithilfe der Schlange verführen und zu Fall bringen. Weshalb machte er dies? Weil er wusste, dass das weiche Wesen der Frau leichter zu besiegen ist als die Stärke des Mannes. Da der Teufel wusste, dass Adam in großer Liebe zu Eva entbrannt war, würde dieser alles tun, was Eva sagte. Der Teufel musste nur Eva gewinnen, um an sein Ziel zu gelangen. Deshalb hat der Teufel jene hellweiße Wolke und die Menschengestalt aus jener Gegend verdrängt. So vertrieb der alte Betrüger Eva und Adam aus dem Wohnsitz des Glücks durch Täuschung und stieß sie in die Finsternis und das Unglück. Wie ist das möglich? Zuerst hat er nämlich Eva verführt, damit sie Adam überredet. Denn kein anderes Wesen konnte Adam besser zum Ungehorsam verführen als Eva, weil sie aus seiner Rippe geschaffen war.

Als Adam und Eva aus dem Paradies vertrieben worden waren, umgab, wie du siehst, diese Gegend ein leuchtender Glanz, weil nach ihrem Sündenfall die göttliche Majestät jede Befleckung von diesem Ort entfernte. Dies war auch ein Zeichen, dass einst der Sündenfall, der sich dort ereignete, in gütiger und erbarmungsvoller Weise getilgt werden sollte. So gerieten alle Elemente der Welt, die sich vorher in größter Ruhe befunden hatten, in Unruhe und zeigten sich sehr erschreckt. Die Schöpfung nämlich, die zum Dienst des Menschen erschaffen worden war, verlor ihre Ruhe. Denn der Mensch hat sich das Recht herausgenommen, ungehorsam zu sein. Diese Unruhe versetzte den Menschen viele gewaltige Schläge, damit er hierdurch gezüchtigt würde, weil er sich dem Schlechteren zugewandt hatte. Warum? Der Mensch hatte sich am Ort der Wonnen gegen Gott aufgelehnt, sodass sich auch jene Schöpfung, die dem Menschen diente und untertan war, gegen den Menschen erhob.

Das Paradies ist der Ort der Anmut. Es blüht im Blumen- und Kräuterschmuck und ist angefüllt von den Süßigkeiten der Gewürze und den besten Wohlgerüchen. Dort wohnen die glücklichen Seelen. Dort bekommt die dürre Erde eine üppige Fruchtbarkeit, denn die Erde wird ähnlich wie der Köper von der Seele mit einer gewaltigen Kraft angefüllt. Denn das Paradies wird von den Schatten und dem Verderben der Sünden nicht verdunkelt.

Theologisch-moralische Schlussfolgerungen

Darum hört und versteht mich, ihr, die ihr in eurem Herzen sagt: »Warum seid ihr, die ihr nach dem Bild Gottes geschaffen seid, so töricht in eurem Herzen?« Wie konnte eine so große Ehre und Herrlichkeit, die euch gegeben worden ist, ohne eine Prüfung sein? Es wird ja auch das Gold im Feuer geprüft, die kostbaren Steine gereinigt und geschliffen und alles dieser Art wird untersucht und geprüft. Wie sollte das, ihr törichten Menschen, was nach dem Ebenbild Gottes geschaffen worden ist, ohne Prüfung bleiben? Mehr als jedes andere Geschöpf muss der Mensch geprüft werden und sich durch jedes andere Geschöpf prüfen lassen. Wie ist dies zu verstehen? Der Geist muss sich durch den Geist bewähren, das Fleisch durch das Fleisch, die Erde durch das Wasser, das Feuer durch die Kälte, der Kampf durch den Rückschlag, das Gute durch das Böse, die Schönheit durch die Hässlichkeit, die Armut durch den Reichtum, das Süße durch das Bittere, die Gesundheit durch die Krankheit, die Länge durch die Kürze, das Harte durch das Weiche, die Höhe durch die Tiefe, das Licht durch die Finsternis, das Leben durch den Tod, das Paradies durch die Strafen, das Himmelreich durch die Hölle und das Irdische an dem Irdischen und das Himmlische an dem Himmlischen. So ist der Mensch an jedem Geschöpf geprüft worden, im Paradies, auf Erden und in der Unterwelt. Danach ist er in den Himmel versetzt worden.

Offen seht ihr nur Weniges von dem Vielen, das vor euren Augen verborgen ist. Warum verlacht ihr das, was gerecht und gut vor Gott ist? Warum ereifert ihr euch darüber? Gott ist gerecht. Das Menschengeschlecht ist infolge der Übertretung der göttlichen Gebote ungerecht, da es sich anmaßt, weiser als Gott zu sein. Jetzt sag mir, oh Mensch: »Was glaubst du gewesen zu sein, als du noch nicht Seele und Leib warst?« Du weißt nicht, wie du erschaffen wurdest. Jetzt aber, oh Mensch, willst du Himmel und Erde durchforschen und über die Richtigkeit der Entscheidungen Gottes urteilen und die höchsten Dinge beurteilen, obwohl du nicht einmal die gewöhnlichsten Dinge ergründen kannst. Denn du weißt nicht, wie du im Körper lebst und von ihm getrennt wirst. Gott aber, der dich im ersten Menschen erschaffen hat, sah dies alles voraus. Dieser sanftmütigste aller Väter hat seinen Sohn geschickt, damit er für die Menschheit stirbt und Gott die Menschen von dem Teufel befreit. So glänzt denn der erlöste Mensch in Gott und Gott in dem Menschen. Denn der Mensch, indem er eine Gemeinschaft mit Gott hat, besitzt eine prächtigere Herrlichkeit im Himmel als er sie vorher hatte. Dies würde nicht der Fall sein, wenn der Sohn Gottes nicht eine fleischliche Hülle angenommen hätte. Wenn der Mensch im Paradies geblieben wäre, hätte der Sohn Gottes nicht am Kreuz gelitten. Als aber der Mensch durch die schlaue Schlange getäuscht wurde, da wurde Gott von Erbarmen gerührt, sodass er befahl, dass sein Sohn in der reinsten Jungfrau eine fleischliche Gestalt annahm. Nach dem Sündenfall des Menschen haben sich sehr viele Tugenden am glänzenden Himmel erhoben wie die Demut, die Königin der Tugenden. Sie erreichte in der jungfräulichen Geburt ihren Höhepunkt und ebenso die übrigen Tugenden, die die Auserwählten Gottes zum Himmel hinführen. Wenn nämlich ein Acker mit vielen Anstrengungen bebaut wird, dann bringt er viele Früchte hervor. Das hat sich auch bei dem Menschengeschlecht gezeigt. Denn nach seinem Sündenfall sind sehr viele Tugenden zu seiner Erlösung entstanden.

Aber ihr Menschen seid von der Last des Körpers niedergehalten und seht folglich nicht jene große Herrlichkeit, die aufgrund der Fülle der göttlichen Gerechtigkeit für euch ohne Fehler und Unwürdigem bereitet worden ist, sodass sie niemand niederwerfen kann. Denn bevor das

Weltgebäude begründet wurde, hat dies alles Gott aufgrund seiner Gerechtigkeit vorausgesehen und geordnet.

Oh Mensch, denke über das folgende Gleichnis nach! Ein Herr, der mit viel Eifer einen Garten anlegen will, legt zuerst ein passenden Platz für den Garten fest, dann erwägt er, um den Ort jeder Anpflanzung zu bestimmen, den Ertrag der guten Bäume, ihren Nutzen, ihren Geschmack und ihren Geruch, den die verschiedenen Arten haben. Genauso legt auch derselbe Herr, der große Weise und tiefsinnige Künstler, jede seine Anpflanzung so an, dass man sie nach ihrem Nutzen gut unterscheiden kann. Dann überlegt er, mit welcher Schutzwehr er den Garten umgeben muss, damit kein Feind seine Pflanzen zerstören kann. Er sucht sich auch Salbenbereiter, die es gut verstehen, seinen Garten zu bewässern, die Früchte einzusammeln und daraus verschiedene Salben herzustellen. Erwäge, oh Mensch, sorgfältig! Wenn jener Herr voraussieht, dass sein Garten keine Frucht liefert, keinen Nutzen hat und an sich eher zerstört werden sollte, warum soll ein so großer Weiser und Künstler mit höchstem Eifer und vielen Anstrengungen einen Garten anlegen, bepflanzen, bewässern und schützen?

Höre also und erkenne! Gott, der die Sonne der Gerechtigkeit ist, hat seinen Glanz über den Unrat, nämlich die Sünden der Menschen, fallen lassen. Jener Glanz leuchtet in großer Helligkeit, weil jener Unrat abscheulich war. Die Sonne glänzte in großer Helligkeit und der Unrat verfaulte in abscheulicher Weise. Deshalb wurde die Sonne von denen, die sie sahen, mit noch größerer Liebe verehrt als vorher, wo ihr der Unrat der Sünden noch nicht entgegengestellt wurde. Wie auch der Unrat im Vergleich zur Sonne abscheulich ist, so ist die Auflehnung des Menschen gegen die Gerechtigkeit Gottes ungerecht. Darum muss man die Gerechtigkeit, weil sie schön ist, lieben, aber die Ungerechtigkeit, weil sie abscheulich ist, verwerfen.

In diese Abscheulichkeit ist nun das Schaf [d. h. der Mensch] des Herrn gefallen, das einen solchen Garten bepflanzt hatte. Dieses Schaf ist dem Herrn nicht durch dessen Nachlässigkeit, sondern durch die eigene Zustimmung des Schafes abhanden gekommen. Daraufhin hat der Herr es mit größten Anstrengungen und mit seiner Gerechtigkeit zurückgeholt. Der Chor der Engel wurde von größter Freude ergriffen, als die Engel den Menschen im Himmel erblickten.

Wie ist das zu verstehen? Als das unschuldige Lamm an das Kreuz gehängt wurde, erzitterten die Elemente, weil der edle Sohn der Jungfrau durch die Hände von Mördern getötet wurde. Aber durch seinen Tod ist das verlorene Schaf wieder zur Weide des Lebens gebracht worden. Denn nachdem der Teufel, der alte Verfolger, gesehen hat, dass er jenes Schaf wegen des Blutes des unschuldigen Lammes, das es zur Nachlassung der Sünden der Menschen vergossen hatte, entlassen musste, da erkannte der Teufel, was das für ein Lamm war. Denn früher konnte er es nicht wissen, wie das himmlische Brot [d. i. Christus] ohne männlichen Samen und ohne irgendeine Lust der Sünde von der Jungfrau durch Umschattung des Hl. Geistes zu Fleisch geworden war. Denn dieser Verfolger hat sich am Anfang seiner Erschaffung in stolzer Aufgeblasenheit erhoben und sich dann selbst in den Tod gestürzt. Aber er hat den Menschen aus der Pracht des Paradieses verdrängt. Gott wollte ihm nicht mit seiner ganzen Macht Widerstand leisten, sondern hat ihn einfach durch seinen eigenen Sohn überwunden. Da Luzifer die Gerechtigkeit Gottes verhöhnt hatte, konnte er nach dem gerechten Gericht Gottes die Menschwerdung des eingeborenen Sohnes Gottes nicht wissen. Denn nach diesem verborgenen Ratschluss wurde das verlorene Schaf zum Leben zurückgebracht.

Ihr aufrührerischen Menschen, warum seid ihr so abweisend? Gott hat den Menschen nicht verlassen wollen, sondern seinen Sohn zu dessen Erlösung geschickt. So hat Gott das Haupt des alten Stolzes in der alten Schlange zertreten. Als nämlich der Mensch dem Tod entrissen wurde, da öffnete die Hölle ihre Tore und der Satan schrie: »Ach, ach, wer wird mir helfen?« Aber die ganze Schar des Teufels wurde von einer großen Wut gepackt und war erstaunt, was das für eine Macht war, der sie mit ihrem Haupt der Bosheit nicht widerstehen konnten. Sie mussten zusehen, wie ihnen die gläubigen Seelen weggenommen wurden. So wurde der Mensch über den Himmel erhoben, weil Gott im Menschen und der Mensch in Gott durch Gottes Sohn erschien.

Derselbe Herr, der das Schaf verloren und es in so ruhmvoller Weise zum Leben zurückgeführt hatte, konnte auch mit dem Gleichnis von der kostbaren Perle [Mt 13,45 bis 46], die ihm in Schmutz und Unrat fiel, das Gleichnis vom Netz erläutern. Er hat diese Perle aber nicht so im Schmutz liegen lassen, sondern sie gnädig herausgezogen und von dem Schmutz, in dem sie gelegen hat, so gereinigt, dass sie wie das Gold im Feuerofen sauber war, und sie in die alte Ehre mit noch größerem Ruhm eingesetzt. Denn Gott hat den Menschen erschaffen, aber dieser stürzte aufgrund der Einflüsterungen bis in den Tod, aus dem ihn der Sohn Gottes mit seinem Blut entrissen und zu himmlischem Ruhm hingeführt hat. Wie? In Demut und Liebe.

Die Demut hat nämlich den Sohn Gottes aus der Jungfrau geboren werden lassen, bei der sich diese Demut nicht in wollüstigen Umarmungen, auch nicht in der Schönheit des Fleisches, auch nicht in irdischen Reichtümern, auch nicht in goldenem Schmuck oder weltlichen Ehren gezeigt hat. Vielmehr lag der Sohn Gottes in einer Krippe, weil seine Mutter arm war. Die Demut seufzte aber auch immer, jammerte und unterdrückte alle Laster, was ihre Pflicht ist. Wer auch immer den Teufel besiegen will, der umgürte und bewaffne sich mit der Demut, weil Luzifer vor ihr sehr flieht und sich wie eine Schlange vor ihr in der Höhle verbirgt. Denn wo die Demut Luzifer ergreift, da zerreißt sie ihn sehr schnell wie einen ganz schwachen Faden. Die Liebe hat den eingeborenen Sohn Gottes an die Brust des himmlischen Vaters genommen und ihn in den Schoß der Mutter auf Erden gesetzt, weil sie weder die Sünder noch die Zöllner verachtet, sondern alle zu retten versucht.

Moralische Ermahnung

Strebt darum, ihr Menschen, zur Ehre Gottes und wegen eures Heils nach Demut und Liebe. Wenn ihr mit ihnen bewaffnet seid, so müsst ihr die Nachstellungen des Teufels nicht fürchten, sondern werdet das unvergängliche Leben besitzen.

SCIVIAS 1, 4: DIE ENGEL UND IHRE KÄMPFE

Hildegards Vision

Daraufhin sah ich einen sehr großen und hellen Glanz, der gleichsam in sehr vielen Augen flammte und vier Ecken hatte, die nach den vier Himmelsrichtungen sich erstreckten. Er deutet das Geheimnis des erhabenen

Schöpfers an und wurde mir in geheimster Weise offenbart. In diesem Glanz erschien noch ein zweiter Glanz, der ähnlich wie die Morgenröte Helligkeit und einen Purpurschimmer aufwies. Und siehe, auf der Erde sah ich Menschen, die in ihren Gefäßen Milch trugen und daraus Käse bereiteten. Ein Teil der Milch war fett. Aus ihm wurde kräftiger Käse gemacht, während ein anderer Teil dünn war, sodass daraus nur ein matter Käse gemacht werden konnte. Der Rest der Milch war mit Fäulnis durchsetzt. Deshalb war der Käse, der daraus gemacht wurde, sehr bitter. Ich bemerkte eine Frau, die eine entwickelte Menschengestalt in ihrem Leib trug. Und siehe durch die geheimnisvolle Anordnung des Schöpfers zeigte diese Menschengestalt Anzeichen von Leben, sodass eine Feuerkugel, die nicht die Umrisse eines menschlichen Körpers hatte, das Herz jener Gestalt in Besitz nahm, ihr Gehirn berührte und sich durch all ihre Glieder ergoss. Als aber diese Menschengestalt, die auf diese Weise belebt wurde, aus dem Leib der Frau hervortrat, veränderte sie nach den Bewegungen der feurigen Kugel auch ihre Farbe. Weiterhin sah ich, wie auf einer solchen feurigen Kugel, die in einem menschlichen Körper weilte, viele Sturmwinde eindrangen und sie bis zur Erde niederbeugten. Sie aber raffte ihre Kraft zusammen, richtete sich mutig auf und sprach mit Seufzern: »Ich Fremdling, wo bin ich? Im Schatten des Todes. Auf welchen Weg wandere ich? Auf dem Irrweg! Und welchen Trost habe ich? Den Trost der Fremde.« Ich sollte nämlich einen Wohnsitz haben, der mit fünf Quadersteinen geschmückt war. Er sollte heller leuchten als die Sonne und die Sterne, weil eine Sonne und Sterne, die untergehen, in ihm nicht leuchten sollten. In ihm sollte nur die Herrlichkeit der Engel sein. Ein Topas sollte das

Fundament des Wohnsitzes bilden und alle Edelsteine seinen Bau. Seine Treppen sollten aus Kristall bestehen und die Böden mit Gold ausgelegt sein. Ich sollte die Gefährtin der Engel sein, weil ich der lebendige Hauch bin, den Gott in den trockenen Schmutz und Unrat gesandt hatte. Deshalb sollte ich Gott kennen und erfahren. Aber als mein Wohnsitz erkannte, dass er mit seinen Augen auf alle Wege schauen konnte, richtete er seine Kräfte nach Norden hin. Ach, ach, wo bin ich gefangen, blind und den Freuden der Erkenntnis beraubt? Ich trage ein Gewand, dass ganz zerrissen ist. Ich wurde aus meinem Erbe verdrängt und bin an einen fremden Ort gebracht worden, dem jede Schönheit und Würde fehlt, wo ich in die schlimmste Knechtschaft verfallen bin.

Es haben mich aber diejenigen, die angefangen haben, mich mit Backenstreichen zu schlagen, mit den Schweinen essen lassen. Indem sie mich in die Einöde schickten, gaben sie mir auch noch die bittersten Kräuter, die mit Honig vermischt wurden, zum Essen. Daraufhin spannten sie mich noch auf die Kelter und fügten mir viele Qualen zu. Sie beraubten mich meiner Kleider, brachten mir viele Wunden bei. Dann setzten sie mich vielen giftigen Schlangen, Skorpionen und Nattern aus, die mich mit ihrem Gift bespritzten, sodass ich davon ganz schwach wurde. Sie verspotteten mich, indem sie sagten: »Wo ist nun deine Ehre?« Ach, ich war sehr erschrocken und mit Seufzern und großem Kummer sagte ich zu mir: »Oh, wo bin ich? Ach woher und wohin bin ich gekommen und welchen Tröster soll ich in dieser Gefangenschaft aufsuchen? Wie werde ich diese Ketten durchbrechen? Oh, welches Auge wird meine Wunde schauen können? Welche Nase wird diesen üblen Geruch ertragen können? Welche Hand wird diese Wunde mit Öl salben? Wer wird sich meiner Schmerzen erbarmen? So möge denn der Himmel meinen Schmerz erhören und die Erde vor meinem Kummer erzittern, und alles, was lebt, möge sich voller Erbarmen meiner Gefangenschaft zuwenden. Denn ein gar zu bitterer Schmerz bedrückt mich, weil ich ohne Trost und Hilfe in der Fremde bin. Oh, wer wird mich trösten, da meine Mutter mich verlassen hat, weil ich vom Weg des Heils abgewichen bin. Wer wird mir helfen, wenn nicht Gott selbst? Wenn ich aber deiner gedenke, oh Mutter Sion [Anm. der Zionsberg, ein Hügel in Jerusalem mit dem Tempelheiligtum; hier Bez. für die Kirche], bei der ich wohnen sollte, dann sehe ich erst richtig, in welche große Knechtschaft ich gefallen bin. Wenn ich mir die vielen Arten von Musik ins Gedächtnis rufe, die bei dir sind, dann werden mir meine Wunden bewusst. Wenn ich aber an die Freuden und Wonnen deiner Herrlichkeit denke, dann empfinde ich Abscheu über das Gift, mit dem ich befleckt bin. Oh, wohin soll ich mich wenden oder wohin soll ich fliehen? Denn mein Schmerz ist unbeschreiblich, weil ich die Gefährtin derer werde, mit denen ich mich im Land Babylon [Anm. im Alten Testament die Heimat aller Laster] beschmutzt habe, wenn ich in diesen Übeln verbleibe. Und wo bist du, meine Mutter Sion? Wehe mir, wenn ich in unglücklicher Weise dich verlassen habe. Wenn ich dich nicht kennen würde, dann würde ich sicherlich leichter meinen Schmerz ertragen.

Jetzt aber will ich meinen sehr schlechten Gefährten entfliehen, weil das unglückliche Babylon mich auf die Bleiwaage gelegt und mit gewaltigen Balken so gedrückt hat, dass ich kaum noch aufatmen kann. Wenn ich aber meine Tränen mit meinen Seufzern zu dir ausgieße, oh meine Mutter, dann erhebt das unglückliche Babylon ein solches Brausen seiner Fluten [Anm. gemeint sind die Versuchungen], dass du meine Stimme nicht vernimmst. Deshalb will ich mit großer Sorgfalt enge Pässe aufsuchen, auf denen ich meine sehr schlechten Gefährten und meine unglückselige Gefangenschaft überwinden kann.«

Nachdem ich so gesprochen hatte, ging ich auf einen engen Pfad, wo ich mich in einem kleinen Loch nach Norden [Anm. das Land der Finsternis] hin verbarg und gar sehr bitterlich weinte, weil ich meine Mutter verloren hatte. Dort betrachtete ich auch meinen ganzen Schmerz und all meine Wunden. Ich vergoss solche Tränenströme, dass all meine schmerzhaften und eiternden Wunden von diesen Tränen durchnässt wurden.

Und siehe, ein sehr lieblicher Wohlgeruch kam wie ein sanfter Lufthauch von meiner Mutter und berührte meine Nase. Oh, wie seufzte ich und was für Tränen vergoss ich, als ich diese kleine Tröstung verspürte. Ich heulte und weinte vor Freude so sehr, dass sogar der Berg, in dessen Loch ich mich versteckt hatte, davon ergriffen wurde. Und ich sagte: »Oh Mutter, oh Mutter Sion, was soll aus mir werden? Wo ist jetzt deine edle Tochter? Wie lange entbehre ich schon deiner mütterlichen Zärtlichkeit, nachdem du mich unter Liebkosungen und mit vielen Freuden genährt hast?« Diese Tränen haben mich so beglückt, dass ich glaubte, meine Mutter zu sehen.

Aber meine Feinde hörten meine Schreie und sagten: »Wo ist diese, die wir als Gefährtin in unserer Gemeinschaft hatten und die alles nach unserem Willen tat? Siehe, jetzt ruft sie die Himmelsbewohner an! Wir müssen all unsere Künste aufbieten und sie mit einem solchen Eifer und solcher Sorgfalt bewachen, dass sie uns nicht mehr entfliehen kann. Vorher nämlich hatten wir sie ganz in unserer Gewalt. Wenn wir dies tun, dann wird sie uns wieder folgen.«

Jetzt kroch ich mich heimlich aus dem Loch, in dem ich mich verborgen hatte, um auf die Höhe zu gehen, wo meine Feinde mich nicht finden konnten. Aber sie hatten mir eine Art Meer mit einem solchen Brausen entgegengestellt, dass ich es nicht überqueren konnte. Es befand sich dort auch eine Brücke, die aber so klein und schmal war, dass ich auf ihr nicht hinübergehen konnte. Wo das Meer aufhörte, dort war eine Berghöhe mit solch gewaltigen Gipfeln, dass ich auch hier keinen Ausweg finden konnte. Und ich sagte: »Was soll ich Unglückliche jetzt machen?« Die Liebe meiner Mutter hatte ich jetzt ein wenig gespürt. Darum glaubte ich, sie wolle mich zu sich zurückführen. Aber oh weh, sie wird mich wiederum im Stich lassen. Ach, wohin soll ich mich wenden? Denn wenn ich jetzt in meine frühere Gefangenschaft zurückkehre, dann werden mich meine Feinde noch mehr als früher verspotten, weil ich nach meiner Mutter geschrien und gejammert habe. Ein wenig hatte ich ihre süße Liebe verspürt, aber sie hat mich jetzt schon wieder verlassen.

Aber durch jene Süßigkeit, die ich vorher durch die Annäherung meiner Mutter empfunden hatte, verfügte ich über so viel Kraft, dass ich mich nach Osten wandte und wiederum begann, auf sehr engen Pfaden zu gehen. Auf diesen Pfaden waren aber so viele Dornen und Disteln und andere hinderliche Dinge, dass ich dort kaum einen Schritt machen konnte. Unter größten Anstrengungen und mit viel Schweiß schaffte ich es gerade. Aber ich war so erschöpft, dass ich kaum noch atmen konnte. So gelange ich endlich in größter Erschöpfung auf den Gipfel des Berges, wo ich mich vorher verborgen hatte. Danach wandte ich mich dem Abstieg zu. Und siehe, mir versperrten Nattern, Skorpione, Drachen und andere Schlangen den Weg, die mich anzischten. Ich erschrak und fing an zu heulen. Dann sagte ich: »Oh, Mutter, wo bist du? Ich würde jetzt weniger Schmerzen empfinden, dass ich wieder in jene Gefangenschaft gehen muss, wenn ich nicht früher die Süßigkeit deiner Heimsuchung erfahren hätte. Wo ist jetzt deine Hilfe?«

Daraufhin vernahm ich die Stimme meiner Mutter, die zu mir sagte: »Tochter beeile dich! Du besitzt ja Flügel von dem allmächtigen Schöpfer, dem niemand zu widerstehen vermag. Fliege also eilig über all die Hindernisse hinweg!« Durch diesen Trost war ich gekräftigt, legte jene Flügel an und flog über die ganze giftige Todesbrut hinweg.

Nun kam ich zu einem Wohnsitz, der innen aus härtestem Stahl gefestigt war, trat ein und verrichtete die Werke des Lichts, während ich früher die Werke der Finsternis verrichtet hatte. In demselben Wohnsitz stellte ich nach Norden eine Säule von ungefeiltem Eisen auf und hängte Wedel aus Federn daran auf, die sich hin und her bewegten. Ich fand Manna [Anm. eine Speise, die Gott den Israeliten während der Wüstenwanderung schenkte] und genoss es. Nach Osten hin errichtete ich eine Vormauer aus Quadersteinen, zündete darin ein Feuer an und trank Myrrhenwein mit Most. Gegen Süden errichtete ich einen Turm aus Quadersteinen, hängte darin rote Schilde auf und stellte in die Fenster Trompeten aus Elfenbein. In der Mitte des Turm goss ich Honig aus, woraus ich eine kostbare Salbe bereitete, sodass sich ein sehr starker Wohlgeruch im ganzen Bereich des Wohnsitzes verbreitete. Gegen Westen errichtete ich keinen Bau, weil diese Seite der Welt zugewandt war.

Während ich noch intensiv mit meiner Arbeit beschäftigt war, nahmen meine Feinde ihre Köcher und schossen mit ihren Pfeilen auf meinen Wohnsitz. Da ich mit großem Eifer mit meinen Arbeiteten beschäftigt war, nahm ich ihr wahnsinniges Treiben erst wahr, als der Eingang des Wohnsitzes mit Pfeilen angefüllt war. Natürlich konnte keiner dieser Pfeile die Tür und den Stahl meines Wohnsitzes durchdringen, sodass ich von ihnen nicht verletzt werden konnte. Als sie dies endlich bemerkten, ließen sie eine große Wasserflut los, um mich und meinen Wohnsitz wegzuschwemmen. Aber auch dieser boshafte Versuch blieb erfolglos. Deshalb verlachte ich sie kühn und sagte: »Der Meister, der diesen Wohnsitz gebaut hat, ist mächtiger und weiser gewesen als ihr. Darum sammelt eure Pfeile ein und legt sie weg! Denn von nun an werden sie nicht mehr über mich siegen können. Seht nur, sie haben keine Wunden verursacht! Ich habe mit vielen Schmerzen und Anstrengungen endlose Kämpfe gegen euch durchgestanden, weil ihr mich töten wolltet. Aber dieses Ziel habt ihr nicht erreicht, weil ich durch sehr gute Waffen geschützt war und scharfe Schwerter gegen euch schwang, mit deren Hilfe ich mich tapfer gegen euch verteidigte. Weicht darum zurück, weicht zurück, denn ihr werdet mich nicht mehr in eure Gewalt bekommen.«

Aber ich gebrechliche und ungelehrte Frau sah auch, wie auf einer anderen Kugel [Anm. Seele] sehr viele Stürme hereinbrachen und sie niederwerfen wollten. Aber sie brachten es nicht fertig, weil sie sich tapfer wehrte und ihnen keinen Raum für ihr Wüten einräumen wollte. Sie brach aber in Klagen aus: »Obgleich ich ein ärmliches Wesen bin, habe ich dennoch ein wichtiges Amt. Oh, was bin ich und wie soll ich klagen und aufschreien? Ich bin nämlich der lebendige Hauch im Menschen. Mein Wohnsitz ist das Mark, die Adern, Knochen und das Fleisch. Ich gebe ihm das Leben und trage ihn überall in seinen Bewegungen umher. Ach, sein sinnliches Wesen verursacht Unreinheit, Ausgelassenheit und Sittenlosigkeit und alle Arten von Laster. Oh weh, mit welchen Seufzern muss ich dies beklagen! Wenn ich auch das Lebensglück in meinem Wohnsitz finde, belästigt mich doch immer der Teufel mit seinen Überredungsversuchen, verstrickt mich und treibt mich so sehr in Aufgeblasenheit und Selbstüberheblichkeit, dass ich öfter sage: ›Ich will wie die aufkeimenden Kräfte meiner Erde handeln! Denn in meinem Wohnsitz durchschaue ich alle Werke. Aber durch seine Begierde hindert mich der Teufel daran, dass ich schon vorher meine Werke erkenne, bevor ich hässliche Wunden erhalten habe.‹ Oh, welches Wehklagen erhebe ich! Ich sage: ›Oh Gott, hast du mich nicht erschaffen? Sieh doch, wie mich die nichtige Erde niederdrückt.‹ Und so trete ich denn die Flucht an. Wie? Wenn mein Wohnsitz die fleischliche Begierde empfindet, dann führe ich mit ihr zusammen das böse Werk auch aus, weil ich Geschmack daran gefunden habe. Die Vernunft aber, die zusammen mit dem Wissen in mir lebendig ist, zeigt mir, dass ich von Gott erschaffen bin. Die Vernunft lehrt mir auch, dass Adam, als er das göttliche Gebot übertreten hatte, vor Furcht sich verbarg. So verberge auch ich mich aus Furcht vor dem Angesicht Gottes, wenn ich merke, dass meine Werke in meinem Wohnsitz Gott zuwiderlaufen. Wenn ich aber die bleierne Last der Sünden gewogen habe, dann verachte ich all jene Werke, die in der fleischlichen Begierde brennen.

Ach, ich Fremder, wie kann ich es in diesen Gefahren aushalten? Falls der Teufel mit seiner Überredungskunst in mich dringt und sagt: ›Ist das das Gute, das du weder kennst, noch siehst, noch tun kannst?‹, was wird dann geschehen? Und wenn er wiederum sagt: ›Warum lässt du das im Stich, was du kennst, einsiehst und tun kannst?‹, was soll ich dann machen? Aber voll von Schmerz antworte ich: ›Oh, ich Unglückliche, ich habe von Adam das schädliche Gift erhalten, als er nach der Übertretung des göttlichen Gebotes und seiner Vertreibung aus dem Paradies, den fleischlichen Wohnsitz errichtet hatte.‹ Denn durch den Genuss, den er sich an dem Apfel durch Ungehorsam beschaffte, drang die schlimme Lust in das Blut und Fleisch und brachte so den Schmutz der Sünde hervor. Darum verspüre ich die Sünde des Fleisches in mir. Gott aber, den ganz reinen, verschmähe ich, weil ich durch die Schuld berauscht bin. Aber dem, wonach die Natur verlangt, darf ich nicht folgen. Gott hat Adam rein und einfältig erschaffen. Deshalb weiß auch ich, dass ich durch Adam rein und einfältig bin.

Nun aber werde ich durch die böse Gewohnheit der Sünde in Unruhe versetzt. Oh, bei all dem befinde ich mich in der Fremde! Deshalb bringen die Stürme mit ihrem Getöse viele Lügen hervor, die sich in mir erheben und so sprechen: ›Wer bist du? Was machst du? Was sind das für Kämpfe, denen du dich aussetzt? Du bist ja unglücklich! Denn du weißt nicht, ob es gut oder böse ist, was du machst. Wohin willst du dich wenden? Wer wird dich in Schutz nehmen? Was sind das für Irrtümer, die dich zum Wahnsinn treiben? Wirst du nun tun, was dir Spaß macht oder meidest du dies, was dich zurückhält? Oh, was wirst du tun? Du kennst es genau, aber tust es nicht! Was dir nämlich Freude macht, das ist dir nicht erlaubt, und was dich zurückhält, dazu veranlasst dich das göttliche Gebot. Aber woher weißt du, ob sich dies auch so verhält? Besser wäre es für dich, du existiertes nicht.‹

Nachdem sich nun diese Stürme gegen mich erhoben haben, beginne ich, einen anderen Weg zu gehen, der für mein Fleisch beschwerlich ist, weil ich endlich anfange, Gerechtigkeit zu üben. Aber ich zweifle dann wieder in mir, ob dies ein Geschenk des Hl. Geistes ist oder nicht. Dann sage ich zu mir: ›Das ist nutzlos!‹ Aber dann will ich wieder über die Wolken fliegen. Wie? Über meine Einsicht will ich fliegen und das anfangen, was ich nicht ausführen kann. Aber indem ich dies mache, wecke ich in mir eine große Traurigkeit, sodass ich weder auf dem Berg der Heiligkeit noch in der Ebene des guten Willens etwas zustande bringe. Stattdessen fühle ich in mir nur die Unruhe des Zweifels, der Verzweiflung, der Trauer und der Niedergeschlagenheit.

Und wenn die teuflische Überredungskunst mich beunruhigt, ach, was für ein großes Unheil trifft mich dann! Denn alles Böse, was es gibt und geben kann, im Schelten, im Fluchen, im Töten des Leibes und der Seele, in schändlichen Worten gegen die Reinheit, gegen das Heil und Erhaben in Gott – dies alles bedrängt mich Unglücklichen. Daher kommt für mich auch die Not, dass mir alles Glück und Übel, das in Gott und dem Menschen weilt, lästig und drückend ist und mir mehr den Tod als das Leben vorführt. Ach, was für ein unglücklicher Kampf ist das, der sich so von Mühe zu Mühe, von Schmerz zu Schmerz und von Spaltung zu Spaltung in mir vollzieht und mir alles Glück raubt!

Aber woher stammen die schlimmen Verirrungen? Die alte Schlange trägt in sich die Schlauheit, die betrügerische Verschlagenheit, die Bosheit, die den Tod bringt. Denn durch ihre Schlauheit verursacht sie in mir das hartnäckige Verlangen zu sündigen und wendet mich von der Furcht Gottes ab, sodass ich mich nicht fürchte zu sündigen und spreche: ›Wer ist Gott? Ich weiß nicht, wer Gott sein soll!‹ In ihrer betrügerischen Verschlagenheit macht sie mich verstockt, sodass ich im Bösen verharre. Durch das tödliche Gift der Bosheit raubt sie mir die geistliche Freude, sodass ich mich weder am Menschen noch an Gott erfreuen kann. So bringt sie Zweifel und Verzweiflung über mich, da ich daran zweifle, ob ich gerettet werden kann oder nicht.

Oh, was ist das für ein Wohnsitz, der durch das betrügerische Treiben des Teufels solche Gefahren aushalten muss. Wenn ich mich aber erinnere, dass ich von Gott erschaffen bin, dann antworte ich in dieser Zwangslage den teuflischen Überredungskünsten: ›Ich werde der gebrechlichen Erde nicht nachgeben, sondern entschieden mich ihr widersetzen!‹

Wie? Wenn mein Wohnsitz die Werke der Ungerechtigkeit vollbringen will, dann werde ich das Mark, das Blut und das Fleisch mit Weisheit und Geduld so niedertreten wie ein tapferer Löwe sich verteidigt oder eine Schlange in ihrer Höhle einem tödlichen Schlag entgeht und sich verbirgt. Denn ich darf mich weder den Pfeilen des Teufels aussetzen noch dem Willen des Fleisches nachgeben.

Wie? Wenn der Zorn meinen Wohnsitz in Flammen versetzt, dann schaue ich zur Güte Gottes auf, den der Zorn nicht berührt hat. So werde ich sanfter als die Luft, die mit ihrem milden Hauch die trockene Erde befeuchtet. Ich empfinde geistliche Freude, wenn die Tugenden in mir ihre Lebenskraft entfalten. So spüre ich die Güte Gottes. Wenn der Hass mich zu schwärzen versucht, dann blicke ich auf die Barmherzigkeit und Opferbereitschaft des Gottessohnes und bändige mein Fleisch, indem ich den süßen

Wohlgeruch der Rosen, die aus den Dornen sprossen, sorgfältig in mein Gedächtnis aufnehme. So erkenne ich meinen Erlöser an.

Wenn aber der Stolz den Turm seiner Eitelkeit ohne Felsengrund in mir bauen und diese Höhe in mir aufrichten will, weil er keinen seinesgleichen haben und immer höher als die Übrigen erscheinen will, wer wird mir dann zu Hilfe eilen? Denn die alte Schlange, die alle überragen wollte und deshalb dem Tod verfiel, will mich ins Unglück stürzen. Dann sage ich mich tiefer Betrübnis: ›Wo ist mein König und mein Gott? Was kann ich Gutes ohne Gott? – Nichts.‹ So schaue ich zu Gott auf, der mir das Leben gegeben hat, und eile zu jener seligen Jungfrau hin, die den Stolz der alten Höhle [Anm. des Teufels] niedergetreten hat und so der mächtigste Stein am Hause Gottes geworden ist. Der reißende Wolf, der an dem Angelhaken der Gottheit erwürgt worden war, wird mich nicht mehr überwinden können. So lerne ich dieses sehr süße Gut, die Demut vor der Höhe Gottes, kennen. Ich spüre die Süßigkeit des unvergänglichen Balsams. Indem ich so die Süßigkeit Gottes genieße, gleichsam als würde ich den Wohlgeruch aller Gewürze einatmen, besiege ich auch die übrigen Fehler mit dem starken Schild der Demut.

Daraufhin sah ich Armselige, wie eine andere Kugel [Anm. Seele] sich aus den Umrissen ihrer Gestalt [Anm. gemeint ist die Menschengestalt] zusammenzog, die Bindungen auflöste und sich unter Seufzern herauszog und ihren Wohnsitz zerriss. Und sie sprach: ›Aus meinem Wohnsitz werde ich herausgehen. Aber wohin werde ich armselig und voller Kummer kommen? Auf schrecklichen und fürchterlichen Wegen werde ich zum Gericht gehen, wo ich gerichtet werde. Denn die Werke, die ich in meinem Wohnsitz verrichtet habe, muss ich vorzeigen und werde Vergeltung nach meinen Verdiensten erlangen. Oh weh, welche Furcht und welche Angst kommt dort auf mich zu!«« Als sie sich so loslöste, kamen Geister, leuchtende und dunkle, die Gefährten ihres Wandels, je nachdem wie sie sich in ihrem Wohnsitz bewegt hatte, und warteten auf ihre Auflösung. Denn sie wollten sie nach ihrer Auflösung mit sich nehmen. Ich hörte, wie die Stimme des Lebendigen [Anm. Gott] zu ihnen sagte: »Nach ihren Werken soll sie von einem Ort zum anderen geführt werden.«

Allgemeine Charakterisierung des Visionsbildes

Wiederum hörte ich vom Himmel eine Stimme, die zu mir sprach: Die selige und unaussprechliche Dreifaltigkeit hat sich der Welt offenbart, als der Vater seinen eingeborenen Sohn, der vom Hl. Geist empfangen und von der Jungfrau geboren wurde, in die Welt schickte. Er sollte nämlich die Menschen, die sehr verschiedenartig und in viele Sünden verstrickt waren auf den Weg der Wahrheit zurückführen, sodass sie nach der Befreiung von den Banden der Körperlast gute und heilige Werke mit sich tragen und die Freuden der himmlischen Erbschaft erlangten.

Genaue Deutung durch die göttliche Stimme

Oh Mensch, damit du dies umso gründlicher verstehst und so offenkundiger darlegst, siehst du einen sehr großen und hellen Glanz, der wie aus zahlreichen Augen flammt und vier Ecken hat, die nach den vier Himmelsrichtungen ausgerichtet sind. Dies bedeutet das in seinen Geheimnissen große und in seinen Offenbarungen reine Wissen Gottes, das in großer Tiefe und Klarheit erstrahlt, und ist mit seinem scharfen, festen, vierspaltigen Blick auf die vier Himmelsgegenden gerichtet. Dort sieht es sehr genau alle Menschen voraus, die einst ins Leben treten, sowohl diese, die gerettet, als auch jene, die verworfen werden. Dieser Glanz weist auf das Geheimnis der erhabenen Majestät hin, die dir in dem großen Sinnbild der Höhe und Tiefe gezeigt wird.

In diesem Glanz erscheint dann noch ein anderer Glanz, der der Morgenröte ähnelt und die Klarheit des Purpurschimmers besitzt. Denn das Wissen Gottes zeigt auch, dass der eingeborene Sohn des Vaters, der von der Jungfrau Fleisch annahm, sein Blut im Lichtglanz der Treue für die Rettung der Menschen vergießen wollte. In diesem Wissen Gottes zeigen sich die Guten wie die Bösen, da es von keiner Dunkelheit umwölkt wird.

Du siehst dann auf der Erde Menschen, die in ihren Gefäßen Milch tragen und daraus Käse bereiten. Es sind diese Menschen auf der Welt, sowohl Männer als auch Frauen, die in ihren Körpern den menschlichen Samen haben, aus dem das Geschlecht der verschiedenen Völker hervorgebracht wird. Ein Teil der Milch ist fett und daraus wird kräftiger Käse hergestellt. Denn jener Samen, der von guter Beschaffenheit ist und eine lange Reife und Ausgewogenheit besitzt, bringt durch seine Kraft rüstige Menschen hervor. Sie weisen einen großen Glanz von geistigen und körperlichen Gaben auf, die sie von großen Vätern und erhabenen Personen erhalten haben. Sie zeichnen sich vor Gott und den Menschen durch Klugheit, Unterscheidungsvermögen und nützliche Werke aus, weil der Teufel in ihnen keinen Platz findet.

Ein anderer Teil der Milch ist dünn und daraus wird nur fader Käse gemacht. Denn infolge seiner Schwäche, da er nur halb gereift und ausgewogen ist, bringt er schwache Menschen hervor, die vor Gott und der Welt nur törichte und unbrauchbare Werke schaffen. Sie suchen nämlich nicht mit großem Eifer Gott.

Der letzte Teil der Milch ist mit Fäulnis durchsetzt. Hieraus entsteht ein sehr bitterer Käse. Denn dieser Samen erzeugt infolge der Schwäche seiner sündhaften und nutzlosen Mischung nur missgestaltete Menschen, die aus Bitterkeit, Bedrückung und Niedergeschlagenheit ihre Sinne nicht zu Höherem erheben können. Dennoch werden viele von ihnen brauchbare Menschen, weil sie siegreich die Stürme und Beunruhigungen in ihrem Herzen und ihren Sitten überwinden. Aber wenn man mich bei einer Vereinigung von Mann und Frau vergisst und sich vom Teufel zum Besten halten lässt, entsteht eine Missgeburt, damit die Eltern, weil sie meine Gebote übertreten haben, durch ihre Kinder bestraft werden und in Buße zu mir zurückkehren. Oft lasse ich eine so unwürdige Geburt zu meinem und meiner Heiligen Ruhm unter den Menschen zu, damit diese so missgestalteten Menschen durch die Hilfe meiner Auserwählten wieder gesund werden. So wird mein Name dann unter den Menschen umso mehr geehrt.

Diejenigen aber, die sich das Gesetz auferlegen, dass sie den Schmuck der Jungfräulichkeit erstreben wollen, steigen wie die Morgenröte zu den Geheimnissen des Himmels empor. Denn aus Liebe zu meinem Sohn haben sie die Lüste des Leibes von sich verbannt.

Dass du eine Frau siehst, wie sie die volle Gestalt eines Menschen in ihrem Leib trägt, bedeutet, dass das Kind nach Empfang des menschlichen Samens mit all seinen

Gliedern in dem verborgenen Gemach des mütterlichen Leibes ausgebildet wird. Und siehe durch eine geheimnisvolle Anordnung des Schöpfers macht eben diese Gestalt die erwachenden Lebensbewegungen. Denn nach dem geheimen und verborgenen Befehl und Willen Gottes empfängt das Kind im Mutterleib in der passenden und von Gott angeordneten Zeit den Geist. Durch die Bewegungen seines Leibes zeigt es, dass es lebt. Dieser Vorgang ähnelt der Erde, wenn sie sich öffnet und die Blüten ihrer Frucht hervorbringt, nachdem der Tau auf sie niedergefallen ist.

Und wie eine feurige Kugel, die nicht den Umriss eines menschlichen Körpers hat, nimmt sie das Herz jener Gestalt in Besitz. Die Seele nämlich, die im Feuer tiefer Erkenntnis glüht, kann die verschiedenen Dinge ihrer Umgebung unterscheiden. Sie hat nicht die Form menschlicher Glieder, weil sie weder körperlich noch so hinfällig wie der menschliche Körper ist. Sie stärkt das Herz des Menschen, weil sie gleichsam das Fundament des Körpers ist und den ganzen Körper regiert, wie das Firmament des Himmels, das das Niedere einschließt und das Höhere bedeckt. Die Seele berührt auch das Gehirn des Menschen, weil sie mit ihren Kräften nicht nur das Irdische, sondern auch das Himmlische versteht. Sie darf sogar Gott weise erkennen. Weiterhin ergießt sie sich durch alle Glieder des Menschen, weil sie Lebenskraft dem Mark, den Adern und allen Gliedern des Körpers verschafft, wie der Baum aus seiner Wurzel allen Ästen Saft und Lebenskraft gibt. Wenn nun diese Menschengestalt auf diese Weise belebt worden ist und aus dem Leib der Frau hervorgeht, verändert sie nach den Bewegungen, die die Kugel selbst in der Menschengestalt hat, ihre Farbe. Nachdem nämlich der Mensch im Mutterleib den Lebensgeist empfangen hat und geboren worden ist, vollzieht er die Bewegungen je nach der Tätigkeit seiner Werke, die die Seele mit dem Körper vollbringt. Danach werden auch die Verdienste der Seele bemessen, da sie sich mit Herrlichkeit umkleidet, wenn sie gute Werke vollbringt, andernfalls aber mit schlimmer Finsternis.

Je nach den Kräften des Körpers zeigt sie ihre eigenen. In der Kindheit des Menschen legt sie Einfalt an den Tag, in der Jugend Stärke, im vollen Alter aber, wenn alle Adern des Menschen angefüllt sind, gibt sie ihre sehr starken Kräfte in der Weisheit zu erkennen. Auch der Baum treibt zarte erste Sprossen, dann zeigt er, dass er Frucht bringt, und schließlich bringt er die nützlichen Früchte hervor. Wenn bei einem Menschen im Greisenalter das Mark und die Adern schwächer werden, verringern sich auch die Kräfte der Seele und sie wird des menschlichen Wissens überdrüssig ähnlich wie der Saft des Baumes, wenn die Winterzeit kommt, sich in seinen Ästen und Blättern zusammenzieht und derselbe Baum sich zu neigen beginnt, wenn er alt wird.

Oh Mensch, der du dies siehst und wahrnimmst, dass auf einer Kugel dieser Art, die sich in einem menschlichen Körper befindet, viele Sturmwinde eindringen und sie bis zur Erde niederbeugen, dies bedeutet, dass die Seele des Menschen, solange der Mensch aus einer Seele und einem Körper besteht, durch viele unsichtbare Versuchungen verwirrt wird. Durch sie wird die Seele sehr häufig aufgrund der Lust des Fleisches zu den sinnlichen Begierden verleitet. Die Seele rafft ihre Kräfte zusammen, leistet tapfer Widerstand und widersteht kräftig den Stürmen, weil der gläubige und reumütige Mensch, wenn er gesündigt hat, durch ein Geschenk Gottes zerknirscht die Sünden verlässt und seine Hoffnung auf Gott setzt. Das teuflische

Blendwerk wirft er weg und sucht voller Vertrauen seinen Schöpfer auf, wie es auch die gläubige Seele, die über ihr Elend klagt, aufrichtig darlegt.

Wenn du aber siehst, wie auf einer anderen Kugel sehr viele Stürme hereinbrechen und sie niederwerfen wollen, aber dieses Ziel nicht erreichen, so bedeutet dies, dass diese Seele vielen teuflischen Nachstellungen ausgesetzt ist, die sie zu verbrecherischen Sünden verleiten wollen. Doch mit ihren Täuschungen können sie keine Gewalt über die Seele erlangen, denn sie wehrt sich tapfer und räumt ihnen keinen Platz für ihr Wüten ein. Durch die Eingebung Gottes ist sie so sehr gefestigt, dass sie die Angriffe des Teufels abwehrt und zu ihrem Erlöser hineilt. In ihren klagenden Worten hat dies die Seele dargelegt, wie oben gezeigt worden ist.

Wenn du aber siehst, dass sich eine andere Kugel aus den Umrissen ihrer Form [Anm. das ist die Menschengestalt] zusammenzieht und deren Bindungen auflöst, so bedeutet dies, dass die Seele jene Glieder ihres körperlichen Wohnsitzes verlässt und ihre Verbindung aufgibt, weil die Zeit der Auflösung ihres Wohnsitzes eingetreten ist. Sie zieht sich aus ihnen mit Seufzern heraus und reißt traurig ihren Wohnsitz zusammen, um sich von der Beengung durch den Körper zu lösen. Sie lässt ihren Wohnsitz mit vielen Schrecken fallen, da sie sich vor dem bevorstehenden Gericht des höchsten Richters fürchtet. Denn sie wird in dem gerechten Urteil Gottes den Wert ihrer Verdienste erfahren, wie sie in ihren oben angeführten Klagen selbst mitteilt.

Wenn sich die Seele so löst, kommen helle und dunkle Geister, gleichsam die Gefährten ihres Wandels, je nachdem wie sie sich in ihrem Wohnsitz bewegt hat. Denn bei jener Trennung der Seele von dem Körper sind gemäß der gerechten und wahren Anordnung Gottes gute und böse Geister anwesend, die als Zeugen bei ihren Werken anwesend waren. Sie warten auf diese Auflösung, um die Seele mit sich fortzuführen. Denn sie müssen die Seele dorthin führen, wo sie sich nach dem Urteilsspruch des höchsten Richters über die Verdienste ihrer Werke aufhalten soll. Dies wurde dir, oh Mensch, oben genau dargestellt.

Theologisch-moralische Schlussfolgerung

Deshalb öffnet ihr, meine geliebten Söhne, eure Augen und Ohren und folgt meinen Geboten. Warum verachtet ihr euren Vater, der euch vom Tod befreit hat? Die Chöre der Engel singen: »Oh Herr, gerecht bist du!« Denn die Gerechtigkeit Gottes hat keinen Makel. Gott hat den Menschen nicht durch seine Macht befreit, sondern durch die Teilnahme am Leiden, indem er seinen Sohn zur Erlösung der Menschen schickte. Auch die Sonne wird durch keinen Schmutz verdunkelt. Aus diesem Grund kann die Gerechtigkeit Gottes durch nichts geschmälert werden. Aber du, oh Mensch, sieh im Schauen und Wissen auf das Gute und Böse. Was bist du, wenn du von zahllosen fleischlichen Begierden beschmutzt bist? Und was bist du anderes, wenn die herrlichen Edelsteine der Tugenden in dir glänzen? Der erste Engel [Anm. Luzifer] hat das Gute verachtet und nach dem Bösen gestrebt. Deshalb hat er das Böse im Tod des ewigen Verderbens empfangen und ist im Tod begraben worden, weil er das, was gut ist, von sich geworfen hat. Die guten Engel aber haben das Böse verachtet und das Gute geliebt, als sie die Verstoßung des Teufels sahen, der die Wahrheit unterdrücken und die

Lüge aufrichten wollte. Deshalb sind sie in Liebe zu Gott entbrannt. Sie sind fest im Guten begründet, sodass sie nichts anderes wollen als das, was Gott gefällt. Sie werden niemals aufhören ihn zu loben.

Aber auch der erste Mensch erkannte Gott, liebte ihn in Einfalt, nahm sein Gebet auf und beugte sich in Gehorsam. Doch danach neigte er dem Bösen zu und war ungehorsam. Als ihm nämlich der Teufel das Böse unterbreitet hatte, verließ er das Gute, verrichtete das Böse und wurde aus dem Paradies vertrieben. Darum muss man das Böse mit dem Verderben des Todes zurückweisen und das Gute aus Liebe zum Leben ausführen. Du aber, oh Mensch, wenn du das Gute und Böse vor dir hast, stehst wie an einem Scheideweg. Du nämlich musst die Finsternis des Bösen verachten und zu dem aufschauen, dessen Geschöpf du bist und zu dem du dich in der heiligen Taufe bekannt hast, wo das alte Verbrechen Adams von dir weggewaschen wurde. Wenn du sagst: »Ich will den Teufel und seinen Dienst meiden und dem wahren Gott und seinen Geboten folgen«, dann erwäge, wie man dich gelehrt hat, sich vom Bösen fernzuhalten und das Gute zu tun. Der himmlische Vater hat seinen eingeborenen Sohn nicht geschont, sondern ihn zu deiner Befreiung geschickt. Deshalb bitte Gott, dass er dir zu Hilfe kommt. Gott wird dich erhören und sagen: »Diese Augen gefallen mir!« Wenn du deine Zurückhaltung aufgibst, sodass du eifrig zu den Geboten Gottes hineilst, dann erhört er dein Schreien und deine Bitten überall. Du musst nämlich dein Fleisch bändigen und der Herrschaft der Seele unterwerfen. Du sagst aber: »Ich verspüre eine so große und gewaltige Schwere in meinem Fleisch, dass ich mich nicht zu überwinden vermag. Da aber Gott gut ist, wird er mich gut machen.«

Aber ich sage dir: »Da Gott gut ist, warum verachtest du es, seine Güte kennenzulernen, dass er nämlich seinen Sohn für dich hingegeben hat, der dich unter vielen Mühen und Leiden vom Tod befreit hat?« Wenn du aber sagst, dass du gute Werke nicht verrichten kannst, so sagst du dies zu Unrecht und mit einer schlechten Gesinnung. Denn du hast Augen zum Sehen, Ohren zum Hören, ein Herz zum Denken, Hände zum Handeln und Füße zum Gehen, sodass du dich mit deinem ganzen Körper aufrichten oder niederbeugen, schlafen oder wachen und essen oder fasten kannst. So hat dich Gott erschaffen. Darum widerstehe denn auch den Gelüsten des Fleisches und Gott wird dich dabei unterstützen.

Denn wenn du dich dem Teufel wie ein tapferer Krieger seinen Feinden widersetzt, dann findet Gott an deinem Kampf Gefallen und will, dass du ihn in allen Stunden und in all deinen Sorgen unablässig anrufst. Aber wenn du dein Fleisch nicht bändigen willst, dann gibst du dich ganz den Lastern und Sünden hin, weil du dem Fleisch die Zügel der Furcht vor Gott wegnimmst, mit der du es in Schranken halten solltest, damit es nicht zugrunde geht. Daher siehst du so zum Teufel hin, wie er zur Ungerechtigkeit hinsah, als er in den Tod fiel. Er freut sich über sein Verderben und spricht: »Siehe da, der Mensch ist uns ähnlich!« Dann fällt er über dich her und verlegt seine Wege, die umschattet sind vom Tod, ganz nach seinem Belieben in dich hinein!

Gott aber weiß, was du Gutes tun kannst, weil dir das Gesetz nach dem, was du tun kannst, gegeben ist. Gott nämlich will sich vom Beginn der Welt bis zu deren Vollendung an seinen Auserwählten erfreuen, sodass sie mit der Herrlichkeit der Tugenden auf sorgfältigste gekrönt werden. Wie? Der Mensch soll der Lust seines Fleisches so widerstehen, dass er in die Gelüste dieser Welt aufgeht. Auch soll er nicht so sicher leben wie in einem eigenen Haus, weil er in dieser Welt ein Fremder ist und sein Vater ihn im Himmel erwartet.

Darum wirst du, oh Mensch, wenn du deine Augen auf die zwei Wege, auf das Gute und Böse nämlich, hinwendest, belehrt, dass du das Große und Kleine erkennst. Wie? Durch den Glauben erkennst du den einen Gott in der Gottheit und in der Menschheit. Du siehst auch die teuflischen Werke im Bösen. Wenn du die gerechten und ungerechten Wege erkennst, dann wird dir durch mich gesagt: »Welchen Weg willst du gehen?« Falls du auf dem guten Wegen gehen und auf meine Worte sorgfältig hören willst, dann flehe ständig und aufrichtig Gott an, dass er dir zu Hilfe kommt und dich nicht verlässt, weil du schwach in deinem Fleisch bist. Beuge zur Demut dein Haupt und schüttele das in deinen Werken ab, was schlecht ist, und wirf es schnell von dir weg! Das verlangt Gott von dir. Wenn dir jemand Gold oder Blei vorhält und sagt: »Nach dem, was du willst, strecke deine Hand aus!«, dann würdest du doch das Gold nehmen und das Blei liegen lassen, weil du das Gold mehr als das Blei liebst. So sollst du auch mehr nach dem himmlischen Vaterland streben als auf die Sünden mit ihrer Last. Bist du aber in Sünden gefallen, dann erhebe dich durch eine Beichte und Buße, bevor dich der Tod ereilt. Denn dein Vater will, dass du schreist, weinst und Hilfe suchst, damit du nicht im Schmutz deiner Sünden bleibst. Hast du aber Wunden empfangen, dann suche einen Arzt auf, damit du nicht stirbst. Schickt nicht Gott oft Stürme über den Menschen, damit er umso aufmerksamer von ihm angerufen wird?

Aber du, oh Mensch, sagst: »Gute Werke kann ich nicht verrichten.« Ich aber werde dir antworten: »Du kannst!« Und du sagst: »Wie?« Und ich erwidere: »Durch Einsicht und Tätigkeit.« Du antwortest: »Es fehlt mir an Zustimmung.« Meine Antwort: »So lerne, gegen dich zu kämpfen!« Du erwiderst. »Gegen mich vermag ich nicht zu kämpfen, wenn nicht Gott mich dabei unterstützt.« Höre nun, wie du gegen dich kämpfen sollst. Wenn das Böse sich gegen dich erhebt, sodass du nicht weißt, wie du es wegschaffen sollst, dann schreie sofort, unterstützt von meiner Gnade, die dich auf den Wegen deiner inneren Augen [Anm. der Augen deines Geistes] berührt, lege ein Bekenntnis ab und weine, damit Gott dir zu Hilfe kommt. Er soll das Böse von dir wegnehmen und dir Kraft zum Guten verleihen. Denn du weißt, dass du Gott mithilfe der Eingebung des Hl. Geistes erkennen kannst.

Wenn du nämlich für jemanden arbeiten würdest, wie oft müsstest du etwas tun, was deinem Körper schwerfiele? Müsstest du nicht auch etwas Lästiges aushalten wegen des irdischen Lohns? Aber weshalb dienst du nicht Gott wegen des himmlischen Lohns, der dir sowohl die Seele als auch den Leib gegeben hat. Wenn du irgendeine zeitliche Sache haben willst, wie sehr würdest du arbeiten, um sie auch nur für kurze Zeit haben zu können! Jetzt aber ist es dir zuviel, das zu suchen, was kein Ende hat! Wie nämlich der Ochs durch den Stachel angetrieben wird, so musst auch du deinen Leib durch die Furcht vor dem Herrn in Übung halten. Wenn du so handelst, dann wird dich Gott nicht von sich wegstoßen. Falls ein Tyrann dich gefangen nimmt, dann wendest du dich doch sofort an den, der dir Hilfe leisten kann. Du würdest ihn kniefällig anflehen, ihn bitten und ihm dein Hab und Gut versprechen, damit er dir

Hilfe leistet. Genauso verhalte dich, oh Mensch, wenn dich die Ungerechtigkeit gefangen genommen hat. Wende dich zu Gott, flehe ihn kniefällig an und versprecke ihm, dich zu bessern. Gott wird dir helfen. Aber du, oh Mensch, bist blind zum Sehen, taub zum Hören und ohne Verstand, dich zu verteidigen, weil du die Vernunft, die dir Gott eingegeben hat, und die fünf Sinne deines Körpers, die er dir gegeben hat, liegen lässt im Schmutz. Hast du nicht Vernunft und Wissen? Das Reich Gottes kann man wohl erkaufen, aber nicht im Scherz erwerben. Hört also, ihr Menschen: Verachtet nicht den Eingang zum himmlischen Jerusalem, hütet euch, den Tod zu berühren, Gott zu verleugnen und den Teufel anzuerkennen! Hütet euch, in den Sünden zu wachsen und im Guten zu erlahmen! Denn ihr wollt Gott nicht hören, wenn ihr euch weigert, seine Gebote zu befolgen, und stattdessen zum Teufel eilt, indem ihr die Gelüste eures Fleisches befriedigt. Werdet vernünftig und mutig, weil das für euch notwendig ist. Ein gläubiger Mensch möge über den Schmerz nachdenken, den ihm die Sünde verursacht und den Arzt aufsuchen, bevor er stirbt. Wenn er auf seinen Schmerz sieht und einen Arzt sucht, da zeigt ihm dieser einen bitteren Kräutertrunk, durch den er wieder gesund werden kann. Es sind dies die bitteren Worte, durch die geprüft werden soll, ob seine Buße aus den Tiefen des Herzens oder von dem Wind seiner Unbeständigkeit herkommt. Wenn ihn der Arzt untersucht hat, dann gibt er ihm den Wein der Buße, um damit seine übelriechenden Wunden abzuwaschen, und reicht ihm auch das Öl der Barmherzigkeit, damit er damit diese Wunden bestreicht und heilt. Dann legt er ihm nahe, dass er sich um seine Gesundheit kümmern soll, indem er zu ihm sagt: Siehe zu, dass du dieses Heilmittel eifrig und ständig benutzt und seine Anwendung nicht vergisst, weil deine Wunden sehr gefährlich sind. Aber es gibt viele, die die Buße für ihre Sünden nur mit Mühe auf sich nehmen und sie dann doch mit vielen Anstrengungen aus Furcht vor dem Tod vollziehen. Aber ich reiche ihnen meine Hand und verwandle ihre Bitternis in Süßigkeit, damit sie jene Buße vollbringen, mit der sie unter großen Schwierigkeiten angefangen haben. Wer aber die Buße für seine Sünden vernachlässigt, weil es ihm, wie er sagt, schwerfällt, seinen Körper zu züchtigen, der ist bejammernswert. Denn er schaut nicht auf sich selbst, sucht keinen Arzt und will seine Wunden nicht heilen, sondern verheimlicht die schlimmen Beulen und verbirgt den Tod in heuchlerischer Weise, damit man ihn nicht sieht. Er will nicht in den Genuss der Buße kommen, das Öl der Barmherzigkeit schauen und den Trost der Erlösung nicht suchen. Er wird in den Tod gehen, weil er den Tod geliebt und das Reich Gottes nicht gesucht hat.

Deshalb lauft, ihr Gläubigen, in den Geboten Gottes, damit ihr nicht vom Verdammungsurteil des Todes erfasst werdet. Folgt dem neuen Adam [Anm. Jesus Christus] und legt den alten Menschen ab! Dem, der sich anstrengt, steht das Reich Gottes offen. Wer aber auf der Erde liegt, für den ist es verschlossen.

Unglückselig sind diese, die den Teufel verehren und Gott leugnen. Wie? Es sind diese, die den einen Gott in der Dreifaltigkeit nicht verehren und von der Dreifaltigkeit und der Einheit nichts wissen wollen. Wer gerettet werden will, der soll an dem einzig richtigen, katholischen Glauben nicht zweifeln. Warum? Wer den Gottessohn leugnet, der verehrt nicht Gottvater. Wer Gottvater leugnet, der liebt nicht seinen Sohn. Man kann auch nicht den Gottessohn haben, wenn man den Hl. Geist verwirft. Wer Gottvater und seinen Sohn nicht verehrt, der empfängt auch nicht den Hl. Geist. Man muss die Einheit in der Dreifaltigkeit und die Dreifaltigkeit in der Einheit erkennen. Bist du, oh Mensch, solange du lebst ohne Herz und Blut? So darf man auch nicht glauben, dass der Vater ohne den Sohn und ohne den Hl. Geist und wiederum der Hl. Geist ohne die beiden ist. Gottvater aber hat seinen Sohn zur Erlösung der Menschen in die Welt geschickt und wieder zu sich zurückgeholt, wie der Mensch die Gedanken seines Herzens ausschickt und sie wieder zurückholt. Jesaja [Jes 9,8] spricht über diese heilbringende Sendung des eingeborenen Sohnes nach dem Willen der göttlichen Majestät so: »Das Wort schickte der Herr zu Jakob und es fiel in Israel.« Dies bedeutet: Das Wort, durch das alles gemacht worden ist, also durch den eingeborenen Sohn Gottes, der im Herzen des Vaters immer ohne Anfang gewesen ist, hat der Herr, der höchste Vater, durch den Mund der Propheten zu Jakob geschickt. Denn sie sollten die Ankunft des Gottessohnes in der Welt zum Heil der Menschen mit Zuversicht verkünden, damit die Menschen, die im Voraus ermahnt und gestärkt werden, den Teufel in kluger Weise niederwerfen und seinen schlauen Täuschungen geschickt ausweichen. So fiel das Wort in Israel, als der eingeborene Sohn in die reine Jungfrau kam, zu der kein Mann seine Schritte gelenkt hatte. Sie hatte ihre Reinheit unverletzt erhalten, damit er, aus der Jungfrau geboren, diejenigen, die das Licht der Wahrheit in trügerischer Blindheit nicht kannten, auf den wahren Weg zurückführt und zu dem nie versiegbarem Heil hinbringt.

Moralische Ermahnung

Wer auch immer das Wissen im Hl. Geist und die Flügel im Glauben besitzt, der gehe nicht sorglos an meinen Ermahnungen vorüber, sondern nehme sie in seine Seele auf, damit sie ihren Genuss daran hat.

SCIVIAS I, 6: VON DEN ENGELSCHÖREN

Hildegards Vision

Darauf sah ich in der Höhe der himmlischen Geheimnisse zwei Scharen der höheren Geister, die in großer Klarheit glänzten. Die, welche sich in der ersten Schar befanden, hatten gleichsam Flügel an ihren Brüsten und ihre Gesichter glichen denen von Menschen. Unter ihnen erschienen wie in reinem Wasser auch Geister in Menschengestalt. Die aber in der zweiten Schar waren, hatten ebenfalls gleichsam Flügel an ihren Brüsten und hatten Menschengesichter, in denen auch das Bild des Menschensohnes wie in einem Spiegel glänzte. Aber weder an diesen noch an den Geistern der zweiten Gruppe konnte ich eine weitere Form unterscheiden. Diese beiden Scharen umschlossen fünf weitere Gruppen wie mit einem Kranz. Diese, die in der ersten Schar der fünf Gruppen waren, hatten gleichsam Menschengesichter und leuchteten ab der Schulter bis nach unten in einem großen Glanz. Die sich aber in der zweiten Schar befanden, besaßen eine solche Klarheit, dass ich sie nicht anschauen konnte. Die in der dritten erschienen wie in weißem Marmor und hatten Menschenhäupter, über die sich brennende Fackeln erhoben, und waren ab der Schulter wie von einer eisenfarbigen Wolke umgeben. Die in der vierten Schar hatten ebenfalls menschenähnliche Gesichter und Füße. Auf ihren Köpfen trugen sie Helme und waren mit marmorfarbigen Röcken bekleidet. Diese Geister schließlich, die sich in der fünften und letzten Schar befanden, zeigten keine Menschengestalt und waren so rot wie die Morgenröte. Keine andere Gestalt nahm ich an ihnen wahr. Übrigens hatten auch diese fünf Scharen zwei weitere wie mit einem Kranz umgeben. Die aber, die sich in der ersten von diesen letzten Scharen befanden, erschienen in einer Gestalt voller Augen und Flügel. In jedem Auge zeigte sich ein Spiegel und im Spiegel selbst das Gesicht eines Menschen. Ihre Flügel hatten sich zu himmlischen Höhen erhoben. Die in der zweiten Schar aber brannten wie Feuer, hatten sehr viele Flügel, in denen wie in einem Spiegel alle Stufen der kirchlichen Rangordnung abgebildet waren. Aber eine andere Form habe ich weder an dieser Schar noch jenen Flügeln gesehen. All diese Scharen stellten durch unzählige Musikinstrumente in herrlichen Lauten die Wunder dar, die Gott in den Herzen der Seligen hervorruft und durch diese Geister Gott preisen und verherrlichen.

Allgemeine Charakterisierung des Visionsbildes

Und ich hörte vom Himmel eine Stimme, die zu mir sagte: »Der allmächtige und unaussprechliche Gott, der vor der Welt gewesen ist, der keinen Anfang gehabt hat und nach dem Weltende nicht aufhören wird zu sein, hat jedes Wesen in wunderbarer Weise nach seinem Willen ins Dasein gerufen und ihm in wundersamer Weise nach seinem Willen seine Stelle angewiesen. Einige von ihnen hat er angewiesen, auf der Erde zu leben, anderen hat er den Himmel zum Wohnort gegeben.«

Genaue Deutung durch die göttliche Stimme

Er hat nun auch den Engel, seligen Geistwesen, sowohl die Sorge um das Wohlergehen der Menschen als auch die Verehrung seines Namens übertragen. Einigen der Engel hat er die Aufgabe übertragen, dass sie die Menschen in ihren Bedürfnissen unterstützen, andere sollen den Menschen die Geheimnisse seiner Ratschlüsse verkünden. Deshalb siehst du in der Höhe der himmlischen Geheimnisse zuerst zwei Scharen höherer Geister, die durch eine große Klarheit glänzen, weil diese beiden Scharen anzeigen, das Körper und Seele des Menschen auch dort Gott dienen sollen, wo die beiden Geisterscharen mit den übrigen Bewohnern der höheren Welt die Klarheit der ewigen Glückseligkeit besitzen. Wie dir eben gezeigt wird, kann die Höhe jener Geheimnisse nicht durch den körperlichen Blick erfasst, sondern nur durch das innere Auge durchdrungen werden. Diese Geister nun, die sich in der ersten Schar befinden, haben gleichsam Flügel an ihren Brüsten und haben Menschengesichter, in denen menschliche Körper wie in reinem Wasser erscheinen. Es sind die Engel, welche die Bestrebungen ihrer tiefen Einsicht wie Flügel ausbreiten. Jedoch nicht so, als ob sie Flügel wie Vögel hätten, sondern weil sie den Willen Gottes in ihren Absichten so schnell erkennen, wie ein Mensch eilig mit seinen Gedanken dahinfliegt. Sie erscheinen so gestaltet, weil sie weiterhin durch ihre Gesichter die Schönheit ihrer Vernünftigkeit offenbaren. In ihnen durchschaut Gott deutlich die Werke der Menschen, weil sie wie ein Knecht, der die Worte seines Herrn hört und sie nach seinem Willen erfüllt, auf den Willen Gottes in den Menschen achten und deren Handlungen jenem selbst zeigen.

Darum haben auch diejenigen Geister der zweiten Schar an ihren Brüsten Flügel und zeigen Menschengesichter, in denen das Bild des Menschensohnes wie in einem Spiegel glänzt. Es sind die Erzengel. Indem sie in den Wünschen ihrer Einsicht auf den Willen Gottes schauen und den Schmuck ihrer Vernünftigkeit offenbaren, preisen sie in reinster Weise das zu Fleisch gewordene Wort Gottes. Denn sie verkünden durch ihre Zeichen im Voraus die Geheimnisse der Menschwerdung des Sohnes Gottes, weil sie die Geheimnisse Gottes erkannten.

Aber weder an diesen Erzengeln noch an jenen Engeln kann man eine weitere Form unterscheiden, weil sowohl den Engeln als auch den Erzengeln viele Geheimnisse verschlossen sind, welche die menschliche Vernunft, solange sie vom Körper eingeschränkt wird, nicht erfassen kann. Dass aber diese beiden Scharen fünf weitere Scharen von Geistern wie ein Kranz einschließen, bedeutet, dass der Körper und die Seele eines Menschen die fünf Sinne mit ihrer Kraft umschließen sollen, die durch die fünf Wunden meines Sohnes gereinigt worden sind und auf den geraden Weg zu den inneren Geboten hinführen.

Danach haben diejenigen, die sich in der ersten Schar von diesen fünf befinden, gleichsam menschliche Gesichter von der Schulter her und von oben in großem Glanz. Es sind die Geister, die »Kräfte« genannt werden. Sie steigen in die Herzen der Gläubigen ein und bauen in glühender Liebe in ihnen einen hohen Turm auf, was ihre Werke sind. So erscheinen die »Kräfte«, weil sie in ihrem vernünftigen Wesen die Werke der auserwählten Menschen darstellen und in ihrer Kraft diese zum guten Ziel mit dem großen Glanz der Seligkeit hinführen. Wie bewirken dies die »Kräfte«? Indem die Auserwählten mit der Klarheit ihres inneren Sinnes die Schlechtigkeit ihrer Sünden durch jene Erleuchtung von sich werfen, von der sie durch diese »Kräfte« nach meinem Willen erleuchtet sind, und tapfer allen Nachstellungen des Teufels sich widersetzen. Auf diese Weise führen die »Kräfte« mir, ihrem Schöpfer, ohne Unterlass ihre Kämpfe gegen die Schar des Teufels vor. Diese Kämpfe finden in den Menschen statt, bei denen es sich um das Bekenntnis und die Verleugnung meiner Person handelt. Weshalb? Indem dieser Mensch mich anerkennt, aber jener mich verleugnet. Bei diesem Kampf erhebt sich folgende Frage: »Gibt es einen Gott oder nicht?« Diese Frage beantwortet der heilige Geist im Menschen so: Es gibt einen Gott, der dich erschaffen und auch erlöst hat. Solange eine solche Frage und diese Antwort im Menschen vorkommt, wird ihm die Kraft Gottes nicht fehlen, weil dieser Frage und Antwort die Buße anhaftet. Wenn aber eine solche Frage im Menschen nicht mehr vorkommt, gibt es auch keine Antwort des heiligen Geistes, weil dieser Mensch das Geschenk Gottes von sich stößt und sich ohne Frage nach der Buße in den Tod stürzt. Die Kämpfe in diesen Kriegen verrichten die »Kräfte« als Opfer für Gott, weil sie ein solches Siegel vor Gott sind, durch das gezeigt wird, wieweit Gott geehrt oder verleugnet wird.

Die sich aber in der zweiten Schar befinden, besitzen eine solche Klarheit, dass man sie nicht anschauen kann. Es sind die Geister, die »Mächte« genannt werden. Durch den Namen wird angedeutet, dass die Reinheit und Schönheit der Macht Gottes kein vergängliches sterbliches Wesen wird erfassen. Kein sterbliches Wesen kann sich Gott ähnlich machen, weil die Macht Gottes unerschöpflich ist.

Die aber in der dritten Schar wie weißer Marmor erscheinen und Menschenhäupter haben, über denen sich brennende Fackel zeigen und die ab der Schulter von einer eisenfarbigen Wolke umgeben sind, diese heißen »Fürstentümer«. Sie stellen dar, dass diejenigen, die durch die göttliche Gabe in der Welt Fürsten sind, die reine Tapferkeit der Gerechtigkeit besitzen sollen. Diese weltlichen Fürsten dürfen nicht hin und her schwanken, sondern müssen auf das Haupt dieser Geister, das Christus, Gottes Sohn, ist, hinblicken und ihre Herrschaft gemäß seinem Willen nach den Bedürfnissen der Menschen einrichten. Dabei sollen sie in feurigem Eifer für die Wahrheit darauf achten, dass sie die Gnade des heiligen Geistes erlangen. Nur so können sie fest und beständig die Kraft der Gerechtigkeit bis zu ihrer Vollendung besitzen.

Ebenso haben diejenigen, die sich in der vierten Schar der Geister befinden, Gesichter und Füße und tragen auf ihren Köpfen gleichsam Helme. Ihr Körper ist mit marmorfarbigen Röcken bekleidet. Diese Schar der Geister heißt »Scharen«. Sie zeigen, dass der Herr vor allem das vernünftige Menschenwesen, das verschmutzt im Staub liegt, von der Erde zum Himmel erhoben hat. Er schickte nämlich seinen Sohn auf die Erde, der den Teufel, den alten Verführer, durch sein gerechtes Wesen zermalmt hat. Deshalb ahmen die Gläubigen, deren Haupt er ist, sie getreu nach, indem sie ihre Hoffnung auf das Himmlische setzen und sich mit dem starken Verlangen nach guten Werken ausstatten.

Die Geister in der fünften Schar, die keine Menschengestalt haben, sind so rot wie die Morgenröte. Es sind die »Throne«, die zum Ausdruck bringen, dass Gott sich zum Menschen herabgeneigt hat, als sein erstgeborener Sohn zum Wohl der Menschen ihre Körpergestalt angenommen hat.

Dieser Sohn, der frei war von der Befleckung durch menschliche Sünden, hat das Fleisch des Körpers ohne irgendeinen Schmutz angenommen, weil er in der Morgenröte vom heiligen Geist in der heiligen Jungfrau empfangen wurde.

Aber keine andere Gestalt sieht man an diesen eben genannten Geistern: Kräfte, Mächte, Fürstentümer, Herrschaften und Throne, weil sie viele Geheimnisse der höheren Welt haben, welche die Menschen aufgrund ihre Schwäche nicht erfassen können.

Diese fünf Scharen von Geistern umgeben zwei weitere wie mit einem Kranz. Hierdurch wird angedeutet, dass die Gläubigen wissen, dass sie durch die fünf Wunden des Gottessohnes erlöst sind. Wenn sie die fünf Sinne ihres Körpers nach der oberen Welt ausrichten, gelangen sie zur Liebe gegenüber Gott und ihren Nächsten. Sie müssen nur ihr Herz und ihr Gemüt in vollem Maße anstrengen und die Begierden ihres Herzens verachten und die Hoffnung allein auf das Ewige setzen.

Deshalb erscheinen auch diejenigen Geister, die sich in der ersten von den zwei eben genannten Scharen befinden, mit Augen und Flügeln. In jedem Auge ist ein Spiegel und in dem Spiegel selbst ist das Gesicht eines Menschen sichtbar. Ihre Flügel erheben sie bis zum Himmel. Diese Geister heißen »Cherubim«. Sie sind das Sinnbild des göttlichen Wissens, mit dessen Hilfe sie die Geheimnisse der höheren Welt schauen. Ihre Wünsche erfüllen sie nach dem Willen Gottes. Indem sie nämlich in der Tiefe ihrer Erkenntnis sich der reinsten Einsicht erfreuen, sehen sie hierdurch in wunderbarer Weise jene voraus, die den wahren Gott erkennen und die Wünsche ihres Herzens gleichsam wie die Flügel einer guten und gerechten Erhebung mit Absicht auf Gott richten, der über allem steht. Bei die

Ausführung ihrer Wünsche zeigen sie, dass sie das Ewige mehr lieben, als dass sie das Vergängliche erstreben. Die Geister aus der zweiten Schar glühen wie Feuer. Sie haben eine große Zahl von Flügeln, auf denen alle Stufen der kirchlichen Rangordnung abgebildet sind. Es handelt sich um die Geister mit dem Namen »Seraphim«. Wie sie Gott glühend lieben und sich danach sehnen, ihn anzuschauen, so weisen sie mit ihrer ganzen Reinheit darauf hin, dass die weltlichen und geistlichen Würdenträger glühend Gott lieben und ihn mit ganzem Herzen erfassen sollen. Sie leben nämlich in den kirchlichen Geheimnissen, da in diesen die Geheimnisse Gottes wunderbar hervortreten. Dies gilt für alle, welche die Reinheit des Herzens lieben und das höhere Leben suchen, damit sie wirklich zu den Freuden jener gelangen, die sie so treu nachahmen.

Dass du aber eine weitere Form weder an den Seraphim noch an den Cherubim siehst, das bedeutet, dass viele Geheimnisse in diesen heiligen Geistern verborgen sind, die den Menschen nicht offenbart werden sollen. Denn solange er sterblich ist, wird er das Göttliche nicht vollständig begreifen können.

All diese neun Scharen lassen, wie du hörst, durch alle nur möglichen Arten von musikalischen Lauten gleichsam in einem wunderbaren Takt die Wunder ertönen, die Gott in den Seelen der Heiligen bewirkt. Hierdurch preisen und verherrlichen diese heiligen Geister Gott, weil sie gestärkt durch die Kraft Gottes im Himmel in unaussprechlichen Lauten die größte Freude ausdrücken, die Gott bei seinen Heiligen vollbringt. Dadurch preisen sie Gott in der herrlichsten Weise dort, wo sie ihn in der Tiefe seiner Heiligkeit durchforschen. Wie mein Knecht David sind sie maßlos erfreut über ihr glückliches Leben, der Einblicke in die göttlichen Geheimnisse bekam und mit diesen Worten davon Zeugnis ablegte: »Die freudenvolle Stimme über unser glückliches Leben ertönt in den Zelten der Gerechten.« Das heißt: Die Laute der Freude über jenes Glück, welches das Fleisch unterdrückt und wodurch der Geist erhoben wird, nimmt man in den Wohnungen dieser wahr, die das Unrecht aufgegeben haben und nur Gerechtigkeit üben. Das glückliche Leben dieser Geister ist ohne Ende. Durch Anstiftung des Teufels könnten sie zwar das Böse tun, aber unter Gottes Einfluss vollbringen sie das Gute.

Theologisch-moralische Schlussfolgerung durch Hildegard

Was bedeutet dies aber? Manchmal zeigt der Mensch eine unpassende Freude, wenn er eine Sünde begangen hat, die er in ungeziemter Weise wünschte zu begehen. Aber darin findet er kein Glück, weil er etwas getan hat, was dem göttlichen Gebot widerspricht. Jener aber besitzt die Siegesfreude, das Frohlocken, das wahre Glück und das glückselige Leben, der mit Feuereifer nach dem Guten strebt und es mit aller Kraft vollbringt. Dies erreicht er, wenn er noch, solange er im Körper weilt, den Wohnsitz dieser liebt, die dem Irrtum und der Lüge aus dem Weg gegangen sind, als sie auf dem Weg der Wahrheit hineilten.

Moralische Ermahnung

Daher möge jener, der die Wissenschaft im heiligen Geist hat und vom Glauben beflügelt ist, meine Ermahnungen nicht verachten, sondern seine Seele soll daran Freude empfinden und sie in sich aufnehmen. Amen.

SCIVIAS III, 13

Schluss des Werkes

Und wiederum hörte ich eine Stimme aus der früher genannten hellen Luft, die sagte: »Oh höchster König, Lob
sei dir, der du in dem einfältigen und ungelehrten Menschen [Anm. gemeint ist Hildegard] dies tust.« Aber auch
nochmals rief die Stimme vom Himmel in einem überaus
mächtigen Schall und sprach: »Hört alle aufmerksam zu,
die ihr die himmlische Belohnung und Seligkeit zu haben
wünscht. Oh, ihr Menschen, die ihr ein gläubiges Herz
habt und die himmlische Vergeltung erwartet, nehmt
diese Reden auf, legt sie tief in eure Herzen und weist diese
Ermahnung, die euch heimsucht, nicht zurück. Denn ich,
der Bezeuger der Wahrheit, der lebendige und wahre Gott,
der ich rede und nicht schweige, sage immer wieder: Wer
wird mich bewältigen können? Wer dies versucht, den
werde ich niederwerfen. Darum soll der Mensch den Berg
nicht anrühren, den er nicht erschüttern kann, sondern
im Tal der Demut bleiben. Die Tapferen freilich, die in
den Niederungen der Erde Stärke zeigen, verachten mich.
Die Stumpfsinnigen verwerfen mich im Sturmgetöse. Die
Weisen nehmen meine Speise nicht an und ebenso diejenigen, die sich den Turm nach ihrem eigenen Willen
herrichten. Aber ich werde diese mit Kleinem und Geringem zuschanden machen wie den Goliath, als der Hirten-
knabe David ihn niederschmetterte, und wie Judith den
Holofernes enthauptete [Anm. Feldherr der Assyrer, der
Palästina eroberte; wurde im Schlaf von der Jüdin Judith
enthauptet]. Deshalb werde ich, wenn jemand die geheimnisvollen Worte dieses Buches zurückweist, meinen Bo-
gen gegen ihn spannen und mit den Pfeilen meines Kö-

chers durchbohren, seine Krone von seinem Haupt herunterwerfen und ihn jenen gleichmachen, die an dem Berg Horeb [Anm. Berg in Sinai] fielen, weil sie gegen mich murrten. Wer auch immer seinen Fluch gegen diese Weissagungen schleudert, über den wird jener Fluch Isaaks kommen. Aber mit dem Segen des himmlischen Hauses wird derjenige erfüllt werden, der diese Weissagungen erfasst und in seinem Herzen hält. Wer sie kostet und in sein Gedächtnis legt, wird ein Berg der Myrrhe, des Weihrauchs und der Wohlgerüche werden und eine Ausbreitung von vielen Segnungen, indem er von einem Segen zum anderen wie Abraham emporsteigt. Die neuvermählte Braut des Lammes Gottes wird ihn als eine Säule mit dem Angesicht Gottes verbinden. Und der Schatten der Hand des Herrn wird ihn schützen. Wenn aber jemand diese Worte des Fingers Gottes in verwegener Weise verbirgt und sie durch seinen Wahnsinn verringert oder sie an einem anderen Ort wegen des Urteils eines Menschen verbirgt und so verhöhnt, der wird verworfen sein und der Finger Gottes, der sie hervorgebracht hat, wird ihn zermalmen.

Lobet also Gott, ihr glücklichen Herzen, in all den Wundern, die er in der weichen Gestalt getan hat!«

LIBER VITAE MERITORUM – DAS BUCH DER LEBENSVERDIENSTE

Tugenden und Gotteskräfte

Hildegard beschreibt die Tugenden als Wesen, die in einer Feuerwolke aus dem Mund Gottes sprühen. Ihnen stehen die Laster gegenüber, die sie sehr ausführlich in eindrucksvollen, drastischen und abschreckenden Bildern darstellt. Die wichtigsten Gegensatzpaare sind:

	Tugend	Laster
1.	Liebe zum Himmlischen	Weltliebe
2.	Zucht	Ausgelassenheit
3.	Schamhaftigkeit	Vergnügungssucht
4.	Barmherzigkeit	Hartherzigkeit
5.	Gottes Sieg	Feigheit
6.	Geduld	Zorn
8.	Sehnsucht nach Gott	Ausschweifung
9.	Weltverachtung	Habsucht
10.	Eintracht	Zwietracht
11.	Ehrfurcht	Spottsucht
12.	Stetigkeit	Umherschweifen
13.	Verehrung Gottes	Zauberei
14.	Genügsamkeit	Geiz
15.	Himmlische Freude	Weltschmerz

Der Mensch bedarf zu seiner Lebensführung der Tugenden als Richtschnur. Aber sie bergen auch Gefahren in sich, wenn man bei den Tugenden das Maß verliert. Wer z. B. die Tugend der Genügsamkeit übertreibt, verfällt sehr schnell ins Gegenteil, nämlich in den Geiz. Hildegard begründet dies so: »Alles, was in der Ordnung Gottes steht, entspricht einander. Die Sterne funkeln vom Licht des Mondes, und der Mond leuchtet vom Feuer der Sonne. Jedes Ding dient einem höheren, und nichts überschreitet sein Maß.« Diese göttliche Weltordnung dient dem Menschen zur allgemeinen Orientierung, deren praktische Umsetzung konkrete Lebensregeln oder Tugenden sind.

Vorrede

Es geschah im neunten Jahr, nachdem das wahre Gesicht des Herrn die wahren Visionen, unter denen ich mich zehn Jahre abmühte, mir, dem einfältigen Menschen, offenbart hatte. Es war das erste Jahr, nachdem dasselbe Gesicht mir die Feinheiten der verschiedenen Naturen der Geschöpfe und die Antworten und Ermahnungen für sehr viele, sowohl niedrigere als auch höhere Personen und die Symphonie und Harmonie der himmlischen Offenbarungen und die unbekannte Sprache und die Briefe mit gewissen anderen Darlegungen zum Erklären gezeigt hatte, worin ich es nach den eben genannten Visionen, von einer großen Schwäche und vielen Anstrengungen niedergedrückt, acht Jahre lang ausgehalten habe. Als ich sechzig Jahre alt war, sah ich eine mächtige und wunderbare Vision, mit der ich mich fünf Jahre lang abmühte. Im einundsechzigsten Jahr also, welches ist das Jahr 1158 der Menschwerdung des Herrn, unter der Regierung des Kaisers Friedrich, als der Papst bedrängt wurde, hörte ich eine Stimme vom Himmel, die zu mir sagte: »Du, die du von Kindheit an durch den Geist des Herrn, nicht mit körperlichen, sondern mit geistigen Visionen belehrt worden bist, sprich das, was du siehst und hörst aus.«

Anmerkung: Ihre frühe Visionsschrift *Scivias* entstand zwischen 1141–1150; im neunten Jahr, also 1158, erhielt Hildegard von Gott erneut den Auftrag, ihre Visionen niederzuschreiben. In der Zeit von 1150 bis 1158 entstanden die »Feinheiten verschiedener Naturen« (Physik, *Physica,* und Heilkunde, *Causae et Curae*), die *Antworten und Ermahnungen* (Briefe und Sendschreiben), *Symphonie und Harmonie* (Lieder), *Eine unbekannte Sprache* (Erfindung einer neuen Sprache) und »Briefe mit Darlegungen« (theologische Erläuterungen). Fünf Jahre lang, von 1158 bis 1163, arbeitete sie am *Liber vitae meritorum*.

LIBER VITAE MERITORUM V, 27–28: DAS LASTER DER ZAUBEREI GEGEN DIE TUGEND DER VEREHRUNG GOTTES

Und die dritte Gestalt hatte das Haupt eines Wolfes und einen Löwenschweif, während der übrige Körper dem eines Hundes glich. Und sie spielte mit der vorigen Gestalt (Laster des Umherschweifens) und sprach: »Wir sind uns in allem einig.« Ein heftiges Getöse von Winden klang in den Ohren dieser Gestalt. Sorgfältig nahm sie diese in sich auf und horchte, was das für Töne seien und woher sie kämen. Sie jubelte ihnen zu, gleichsam als ob es ihre Götter wären. Dann erhob sie ihren rechten Vorderfuß und streckte ihn dem gewaltigen Wind entgegen, der von Mitternacht kam, während sie mit dem linken Vorderfuß das Toben der Winde aus den Elementen an sich zog. Und sie sprach:

»Von Merkur und den übrigen Philosophen will ich vieles erzählen. Durch ihre Untersuchungen konnten sie die Dinge so verbinden, dass sie jedes Ding, das sie wollten, erfanden. Diese gelehrten und weißen Männer hatten ihre Erfindungen teils von Gott, teils von den bösen Geistern. Welchen Schaden haben sie dadurch erlitten? Sie nannten sich selbst Planeten, weil sie von der Sonne, dem Mond und den Sternen ihre große Weisheit und Erfindungen erhielten. Wo immer ich will, herrsche ich in diesen Künsten, nämlich in den Sternen des Himmels, in den Bäumen, in den Pflanzen, schließlich in allem, was auf der Erde grünt, in den Tieren und Lebewesen auf der Erde und dem Gewürm auf und unter der Erde. Wer kann mir auf diesen Wegen Widerstand leisten? Gott hat alles erschaffen und deshalb tue ich ihm mit meinen Künsten kein Unrecht. Er selbst will es, dass man ihn aus seinen Schriften und in all seinen Werken beweist. Was hätte es für einen Nutzen, wenn seine Werke so unverständlich wären, dass man darin keine Ursachen zum Gegenstand von Untersuchungen machen dürfte. Das wäre doch wertlos.«

Die Antwort der Verehrung Gottes

Und wiederum hörte ich, wie aus der Sturmwolke dieser Gestalt eine Antwort gegeben wurde: »Was gefällt Gott mehr, als wenn man ihn selbst oder seine Werke anbetet? Geschöpfe, die aus ihm hervorgehen, können keinem Ding Leben geben. Aber wo gibt es ein Leben, das nicht ein Geschenk Gottes ist? Natürlich ist der Mensch mit Vernunft begabt und jedes Ding besteht aus den Elementen. Was heißt das? Der Mensch ist durch die Flügel der Vernunft lebensfähig wie jedes geflügelte und kriechende Wesen durch die Elemente lebensfähig ist und dadurch sich bewegt. Durch die Vernunft empfängt der Mensch den Ton der Stimme, während die Welt der Kreaturen stumm ist und weder sich selbst noch anderen helfen kann. Sie erfüllen nur ihre naturnotwendige Aufgabe. Du aber, Kunst der Zauberei, hast den Kreis ohne Mittelpunkt. Im Kreis der Natur stellst du zwar viele Forschungen an, aber die Schöpfung wird dir Ehre und Reichtum entziehen und dich wie einen Stein in die Tiefen der Hölle werfen, weil du ihr den Namen ihres Gottes weggenommen hast. Daher werden auch alle Völker der Erde über dich klagen, weil du sie durch Gotteslästerung verspottest und sie von der Verehrung Gottes wegführst, wobei sie doch Gott dienen sollten. Für dich bleibt nur der Teufelslohn.«

LIBER DIVINORUM OPERUM – DAS BUCH DER GÖTTLICHEN WERKE

In diesem Werk der Welt- und Menschenkunde zeigt Hildegard, wie innig der Mikrokosmos mit dem Makrokosmos und besonders diese beiden Bereiche des Kosmos mit Gott verbunden sind. Die umfangreiche Thematik »Gott-Welt-Mensch« wird durch zahlreiche Einzelthemen aufgelockert. Besonders die Menschwerdung Christi, die die Verbindung Gottes mit der Schöpfung symbolisiert, nimmt einen großen Raum ein.

Vorwort

Und es geschah im sechsten Jahr, nachdem mir, dem überaus unwissenden Menschen, das nicht abnehmende Licht der wunderbaren und wahren Visionen, an denen ich fünf Jahre gearbeitet hatte, die Verschiedenartigkeit der Sitten gezeigt hatte.

Es war am Anfang des ersten Jahres der gegenwärtigen Visionen. Ich war gerade fünfundsechzig Jahre alt. Damals sah ich eine so geheimnisvolle und mächtige Vision, dass ich am ganzen Körper zitterte und wegen meiner Gebrechlichkeit krank zu werden begann. Diese Vision habe ich, indem ich sieben Jahre daran schrieb, nur mit Mühe zu Ende gebracht.

Im Jahre 1163 der Menschwerdung des Herrn, da die Bedrängnis des Papstes noch nicht aufhörte, unter dem Kaiser Friedrich, empfing ich eine Stimme vom Himmel, die zu mir sprach: »Oh ärmliche Gestalt, die du die Tochter vieler Anstrengungen und durch viele und schwere Erkrankungen des Körpers erschöpft, aber von den verborgensten Geheimnissen Gottes erfüllt bist, übergib das, was du mit den inneren Ohren der Seele vernimmst, in einer dauerhaften Schrift den Menschen zu ihrem Nutzen. Hierdurch sollen sie ihren Schöpfer erkennen und nicht zögern, ihn in würdiger Weise zu verehren. Schreibe dies also nicht nach deinem Herzen, sondern nach meinem Zeugnis, der ich ohne Anfang und Ende das Leben bin. Diese Vision ist nicht von dir erfunden oder von einem anderen Menschen ausgedacht, sondern dies ist von mir vor dem Beginn der Welt festgelegt worden. Wie ich den Menschen schon vor seiner Schöpfung gekannt habe, so auch dies, was für ihn nötig ist.«

Ich arme und schwächliche Gestalt habe nach dem Zeugnis jenes Menschen [Anm. ihres Sekretärs Volmar], den ich, wie ich bei meinen früheren Visionen gesagte habe, heimlich gesucht und gefunden hatte, und nach dem Zeugnis desselben Mädchens [Anm. ihrer Lieblingsnonne Richardis], das ich ebenfalls in den früheren Visionen erwähnte, mit zitternder Hand, niedergedrückt von vielen Krankheiten, zum Schreiben angesetzt. Als ich das aber tat, blickte ich zu dem wahren und lebendigen Licht, indem ich suchte, was ich schreiben sollte. Denn alles, was ich vom Anfang meiner Visionen geschrieben hatte oder was ich nachher wusste, habe ich in den himmlischen Geheimnissen mit wachem Körper und Geist gesehen und mit innerem Ohr gehört, aber nicht im Schlaf und in Ekstase, wie ich schon in meinen früheren Schriften gesagt habe. Auch habe ich nichts zum Zeugnis der Wahrheit aus der menschlichen Empfindungswelt vorgebracht, sondern nur das, was ich in den himmlischen Geheimnissen vernommen habe. Und wiederum hörte ich eine Stimme vom Himmel, die mich so belehrte und sagte: »Schreibe alles nach mir in der folgenden Weise!«

Anmerkung: 1163 war Hildegard 65 Jahre alt, sodass sie dieses Werk, an dem sie nach eigenem Zeugnis sieben Jahre arbeitete, 1670 vollendet hatte. Aber ihr Hinweis »ich habe es nur mit Mühe zu Ende gebracht« deutet daraufhin, dass sie an der Endfassung arbeitete. In einem Brief an den Tierer Abt Ludwig aus dem Jahr 1173 erwähnt sie, sie sei noch mit Verbesserungen beschäftigt, weil ihr Sekretär Volmar gestorben war.

LIBER DIVINORUM OPERUM I, 2: DER AUFBAU DES KOSMOS

Hildegard beschreibt den Bau der Welt, in dessen Mittelpunkt der Mensch steht: Auf der Brust der soeben beschriebenen Gestalt, die ich in der Mitte des südlichen Himmels schaute, erschien ein Rad von merkwürdigem Aussehen. Es hatte Zeichen, die jenem Bild glichen, das ich vor achtundzwanzig Jahren gesehen hatte. Es hatte die Form eines Eies, wie ich es in der dritten Vision von *Scivias* geschildert hatte.

Erläuterung des Bildes: Die Welt ist ähnlich wie ein Ei in übereinanderliegenden Schichten aufgebaut. Jeder Schicht wird eine spezifische Naturerscheinung zugeordnet. Diese Vorstellung Hildegards geht bis auf die Antike zurück. In den weiteren Ausführungen vergleicht sie jedoch das Weltall mit einem Rad, weil nur die Kugel eine vollkommene Gestalt habe, überall rund und ohne Anfang und Ende und in ständiger Bewegung sei. Da das Weltall eine Schöpfung des ewigen und vollkommenen Gottes ist, müsse es eine Form haben, welche die Eigenschaften der Kugel habe.

Ganz oben rund um die Rundung des Eies war ein Kreis von hellrotem Feuer sichtbar und darunter ein zweiter von schwarzem Feuer. Der oberste von diesen Kreisen, der helle, war zweimal so dick wie der darunterliegende schwarzfeurige. Doch beide Kreise waren so verbunden, als ob sie nur ein Kreis wären. Unter dem schwarzfeurigen erschien ein weiterer Kreis, der aus reinstem Äther war. Seine Dicke übertraf die der beiden anderen Kreise. Unter dem Ätherkreis war ein Kreis von wasserhaltiger Luft, der die gleiche Dicke wie der lichthelle Kreis hatte. Darunter war ein Kreis von starker, heller und weißer Luft, der in seiner Härte wie eine Sehne im menschlichen Körper aussah. Seine Dichte glich der des schwarzen Feuers. Auch diese beiden letzten Kreise verbanden sich, als ob sie eine Einheit wären. Unter dem starken, weißen Luftkreis befand sich dünne Luft, die schien bisweilen hohe, helle, dann wieder tief hängende, dunkle Wolken in die Höhe zu tragen und sich über diesen ganzen Kreis hin auszudehnen. Ohne Zwischenraum waren all diese sechs Kreise miteinander verbunden. Der unterste Kreis übergoss die übrigen mit seinem Licht, der wasserhaltige befeuchtete sie. Vom Anfangspunkt der Ostseite des Rades dehnte sich gegen Norden bis zum Ende der Westseite eine Linie, welche die Nordseite von den restlichen Teilen abschnitt. Außerdem sah man in der Mitte der sechsten Kreises, der aus dünner Luft bestand, eine Kugel, die ringsum von dem Kreis aus der starken, weißen und hellen Luft gleichweit entfernt war. Die Querausdehnung der Kugel entsprach der Ausdehnung des Raumes vom obersten Teil des ersten Kreises bis zu den äußersten Wolken.

In der Mitte dieses Kreises erschien die Gestalt eines Menschen, dessen Scheitel nach oben und dessen Fußsohlen nach unten zu dem Kreis aus starker, weißer und heller Luft reichten. Von der rechten Seite waren die Fingerspitzen der rechten Hand und von der linken Seite die Fingerspitzen der linken Hand nach beiden Seiten in Kreuzform in Kreisrundung ausgestreckt. In derselben Form hielt diese Gestalt die Arme ausgebreitet. In Richtung der vier Seiten waren vier Köpfe sichtbar, und zwar der eines Leoparden, eines Wolfes, eines Löwen und eines Bären. Über der menschlichen Gestalt, in der Sphäre des reinen Äthers, sah ich, wie das Haupt des Leoparden aus seinem Mund Hauch ausblies. Dieser Hauch krümmte sich an der rechten Mundseite etwas zurück, zog sich dann in die Länge und nahm schließlich die Gestalt eines Krebskopfes mit zwei Scheren an, die gleichsam zwei Füße bildeten. In der linken Mundseite entstand aus dem Hauch die Figur eines Hirschkopfes. Aus dem Mund des Krebses ging wieder Hauch heraus, der sich bis zur Mitte des Raumes, der zwischen dem Leoparden- und dem Löwenkopf war, ausdehnte. Der Hauch aus dem Hirschkopf aber drang bis zur Mitte des Raumes vor, der zwischen dem Leoparden und dem Bären war. Die Ausdehnungen dieses Hauches hatten immer die gleiche Länge. Oberhalb des

Hauptes der menschlichen Gestalt waren die sieben Planeten, von denen drei im Kreis des leuchtenden Feuers, einer im Kreis des schwarzfeurigen Kreises und die drei restlichen im Kreis des reinen Äthers sich befanden. Alle Planeten sandten ihre Strahlen in Richtung der Tierköpfe und der Menschengestalt. Im Kreis des leuchtenden Feuers erschienen sechzehn Hauptsterne, von denen sich jeweils vier zwischen den Köpfen des Leoparden und Löwen, des Löwen und Wolfes, des Wolfes und Bären und des Bären und Leoparden zeigten.

Erläuterung des Bildes: Der Kosmos in der Sichtweise der Hl. Hildegard

In ihren Visionen entwirft die Hl. Hildegard folgendes Bild vom Aufbau der Welt: Die Erdkugel wird von sechs Kreisen umgeben, von denen je drei enger miteinander verbunden sind. Diese beiden Gruppen von Kreisen bilden mit der Erdkugel den Kosmos. Von den drei oberen Kreisen besteht der äußerste aus lichtem Feuer (lat. *luridus ignis*). Der nachfolgende, der in ihren Visionen als Ort gilt, wo die Blitze und Hagel entstehen, ist schwarzfarbig und höllenartig (lat. *niger ignis*), während der dritte und letzte dieser Gruppe nur reinen Äther (lat. *purus aether*) enthält und die Aufgabe hat, die Kreise über und unter ihm abzugrenzen. Die drei nachfolgenden Kreise gehören deshalb enger zusammen, weil sie den Charakter von Luftschichten haben. Der obere von ihnen, der viel Feuchtigkeit enthält, besteht aus den Wassern des Firmamentes (lat. *aquosus aer*). Dem Kreis unter ihm ist eine sehr große Spannkraft eigen, damit er die Wasser über ihm zurückhalten kann (lat. *fortis aer*). In ihm befindet sich Luft von heißer und heller Farbe. Der letzte Kreis (lat. *aer tenuis*) verbindet die obere Welt mit der Erde. Die Wolken, die er trägt, sind Ausscheidungen aus dem wasserhaltigen Kreis, so wie die zarte Luft, die ihn erfüllt, aus den oberen Kreisen wie ein Hauch hervorgeht. Dieser Hauch durchströmt die ganze Welt, besonders die Erde. Die Bedeutung des sechsten Kreises kommt auch durch seine Größe zum Ausdruck. Der Durchmesser der Erdkugel ist diesem Luftkreis gleich, dem wiederum an Abmessung der Feuer-, Äther- und obere Luftkreis als Ganzes entsprechen.

Die sieben Planeten sind auf die drei oberen Kreise verteilt. Zusätzlich finden sich in dem obersten Kreis, der aus lichtem Feuer besteht, noch 16 Hauptsterne, von denen acht Sterne mit ihrem Licht den sechsten Kreis und der Rest den zweiten erhellen. Weitere Sterne enthält der dritte und vierte Kreis, deren Feuer das Firmament erwärmt und erleuchtet. Den Raum in der Mitte des Kosmos nimmt eine Menschengestalt (»Kosmosmensch«) ein, deren ausgebreitete Arme und ausgespreizte Füße bis in die obere Luftschicht reichen. Ein System von vier Hauptwinden mit je zwei Nebenwinden hält mit der Kraft der Sterne den Kosmos in einem Gleichgewichtszustand. Die Kreisbewegung der 12 Winde nämlich ist nicht nur die Ursache für die Bewegung der Sterne, sondern beeinflusst auch das Leben auf der Erde. Denn die Kreisbewegung dieser Winde läuft direkt auf die Erde zu, wo ihre Kräfte teils eine förderliche, teils eine verderbliche Wirkung haben. Eine unterschiedliche Wirkung für das Leben der Menschen geht auch von den sechs Kreisen aus, die die Erdkugel umgeben. Die beiden oberen Kreise schaden dem Menschen, weil aus dem obersten dieser Kreise Feuer auf die Erde fällt und der darunter liegende Kreis durch Nebel die Vegetation der Erde zum Austrocknen bringt. Diese verderbliche Wirkung mildert der Ätherkreis ab. Besonders schädigend ist der fünfte Kreis, der ebenfalls Nebel erzeugt, die bei Menschen und beim Vieh die Pest hervorrufen können. Durch ihre Ausdünstungen schwächen der vierte und sechste Kreis diese schädliche Wirkung ab. Überdies geht von dem sechsten Kreis eine lebensfördernde Luft und Flüssigkeit aus, wodurch die Früchte auf der Erde zum Keimen gebracht werden.

Außer diesen Einflüssen aus der Atmosphäre wird das Leben der Menschen noch durch kosmische Kräfte beeinflusst, die durch die Zuordnung der menschlichen Organe zu Teilen des Kosmos entstehen. Symbolisiert wird diese Verbindung vom Mikrokosmos (»kleine Welt«) zum Makrokosmos (»große Welt«) durch den Kosmosmenschen, der in der Mitte der Welt steht.

Es bestehen folgende Zuordnungen:

Mensch	Kosmos
1. Hirnscheibe bis zum unteren Rand	1. Kreis (lichtes Feuer)
2. Gehirn	2. Kreis (dunkles Feuer)
3. Augenhöhe bis zum Nasenende	3. Kreis (reiner Äther)
4. Nase bis Kehle	4. Kreis (wasserhaltig)
5. Zähne/Zunge	5. Kreis (gespannte Luft)
6. Kehle bis Nabel	6. Kreis (zarte Luft)
7. Bauch	7. Erde mit Sternen
8. Knie bis Knöchel	8. Ozean
9. Füße	9. Flüsse

Hat die jüdische Mystik diese Vorstellungen vom Kosmos beeinflusst?

Eine Fragestellung, die Hans Liebeschütz in seiner berühmten Hildegard-Monographie 1930 anregte. Liebeschütz kam nach einer eingehenden Analyse der theologischen Werke zu dem Ergebnis, dass das Weltbild der Hl. Hildegard erheblich von Vorstellungen aus dem Orient beeinflusst ist. Hildegards Deutung der Schöpfung als ein wohlgegliedertes Ganzes (Makrokosmos), in dem der Mensch als Mikrokosmos nicht nur einen bestimmten Platz hat, sondern auch nach dem ganzen Kosmos geformt ist, geht auf solche Gedanken zurück. Diese Kosmosmystik, die ab dem 12. Jahrhundert in Europa Einzug erhält, hat auch bei der Ausbildung der jüdischen Mystik, der »Kabbala«, einen nachhaltigen Einfluss ausgeübt. Liebeschütz geht deshalb davon aus, dass der Hl. Hildegard eine Art »präkabbalistisches Handbuch« vorgelegen haben müsse, da es schwerlich vorstellbar sei, dass sie ihr Wissen direkt aus den orientalischen Quellen genommen habe. Hildegard hat nach Aussagen ihrer Biografen mit jüdischen Gelehrten diskutiert, sodass sie diese neue Strömung der jüdischen Mystik kannte, die seit 1150 in Südfrankreich entstand und sicherlich auch in den großen jüdischen Gemeinden des Rheintales verbreitet war. Der jüdische Reisende Benjamin von Tudela, der in seinem Buch *Massot R. Benjamin* über 300 Orte von der Provence bis Indien beschrieb, besuchte zwischen 1160 und 1173 auch Bingen, wo sich nach seinem Bericht eine jüdische Gemeinde befand. Von dem Gelehrten Charles Singer (Oxford) wurde die Meinung vertreten, dass Hildegard ein gespanntes Verhältnis zu dieser jüdischen Gemeinde in Bingen hatte. Als Beweis verwies er auf das Synagogenkapitel in der Schrift *Scivias*. Dort sagt sie von dem jüdischen Glauben (I, 5):

Die Synagoge hat den Sohn Gottes verlassen, als sie ihn aus Verstocktheit verachtete und seine Lehre verwarf. Nachdem aber die Kirche Gottes erstarkt war, verstieß der Sohn Gottes die Synagoge mit seiner Kraft und enterbte ihre Kinder. Der Eifer Gottes zermalmte sie durch die Heiden, die Gott nicht kannten. Die Synagoge hatte sich nämlich mit Schmach bedeckt, war durch viele Verirrungen gespalten und hatte sich mit allen Arten von Sünden bedeckt. Aber der Sohn Gottes wird die Synagoge am Ende der Zeiten wieder aufnehmen. Dann wird sie den Irrweg ihres Unglaubens verlassen und zum Licht der Wahrheit zurückkehren.

Epilog: Hildegard ist die Dienerin Gottes

Und wiederum hörte ich eine Stimme, die mich diese Worte lehrte: Nun sei Lob Gottes wegen seines Werkes, dem Menschen, für dessen Erlösung er die gewaltigsten Kämpfen auf Erden auf sich genommen hat und den er für würdig gehalten hat, sich über den Himmel zu erheben, damit er zusammen mit den Engeln sein Antlitz in jener Einheit lobt, nach der er in der Person Jesus Christus sowohl der wahre Gott als auch Mensch ist. Er, der allmächtige Gott, möge sich herablassen und die armselige weibliche Gestalt, durch die er diese Schrift herausgegeben hat, mit dem Öl seiner Barmherzigkeit salben. Diese Frau lebt nämlich ohne jede Sicherheit und besitzt auch nicht die Wissenschaft, sich aus den Schriften zu stärken, die der Hl. Geist zur Unterweisung der Kirche vorgelegt hat. Diese Schriften sind nämlich wie eine Mauer, die eine große Stadt schützt. Denn von den Tagen ihrer Geburt an leidet sie an den Schmerzen der Krankheiten, gleichsam als ob sie in einem Netz verstrickt wäre. In allen Adern, dem Mark und ihrem Fleisch wird sie von beständigen Schmerzen gequält. Doch hat es dem Herrn bis jetzt noch nicht gefallen, sie aufzulösen, weil sie durch das Gehäuse ihrer vernünftigen Seele einige Geheimnisse Gotte sieht, die den Menschen nützen. Diese Schau dringt so durch die Adern dieser Frau, dass sie unter häufigen Erschöpfungen leidet. Doch sie erträgt diese Erschöpfungen, manchmal leichter, manchmal schwerer. In ihrem Verhalten unterscheidet sie sich von den übrigen Menschen. Sie ist gleichsam ein Kind, dessen Adern noch nicht ausgereift sind, dass es das Verhalten der Menschen unterscheiden kann.

Denn sie steht unter dem Einfluss des Hl. Geistes und ist seine Dienerin. Deshalb hat ihr Körper eine Beschaffenheit von der Luft. Dies hat zur Folge, dass sie von der Luft, dem Regen, dem Wind und schließlich von jedem Wetter Krankheiten bekommt, sodass ihr Körper keine Sicherheit besitzt. Sonst könnte sie nicht die Eingebungen des Hl. Geistes haben. Bisweilen weckt sie der Geist Gottes mit der großen Macht seiner Güte aus dieser Krankheit vom Tod gleichsam wie der Tau einer Erquickung, damit sie unter dem Einfluss des Hl. Geistes als seine Dienerin auf Erden tätig sein kann. Der allmächtige Gott aber, der die Last ihrer Leiden gut kennt, soll sich herablassen und seine Gnade in ihr so vollenden, dass seine Güte darin verherrlicht wird. Wenn ihre Seele aus der Welt scheidet, soll sie sich freuen, in die ewige Herrlichkeit Gottes aufgenommen und gekrönt zu werden.

Das Buch des Lebens, die Schrift des Wortes Gottes, durch das jedes Geschöpf ins Dasein kam und das das Leben aller nach dem Willen des ewigen Vaters, wie er es vorher in sich bestimmt hatte, ausgehaucht hat, hat diese Schrift nicht durch die Lehre des menschlichen Wissens, sondern durch eine einfache und ungebildete Frau in wunderbarer Weise, wie es ihm gefiel, hervorgebracht. Deshalb soll sich niemand von den Menschen erkühnen, den Worten dieser Schrift etwas beizufügen und hinzuzusetzen oder etwas wegnehmen und sie so verkürzen, damit er nicht aus dem Buch des Lebens und dem Glück, das unter der Sonne ist, ausgetilgt wird. Ausgenommen hiervon ist nur die Ausfeilung der Buchstaben und Sätze, die unter Eingebung des Hl. Geistes zu einfältig vorgetragen wurden. Wer sich anderes herausnimmt, der sündigt gegen den Hl. Geist. Deshalb werden wir ihm weder hier noch in der anderen Welt jemals vergeben.

Nun sei abermals Lob dem allmächtigen Gott in seinen Werken von der Zeit und in Ewigkeit, weil er der erste und der letzte ist. Diese Worte sollen die Gläubigen mit der Demut ihres Herzens aufnehmen, weil sie durch ihn, der der Erste und Letzte ist, zum Nutzen der Gläubigen gegeben wurden.

38 ANTWORTEN AUF FRAGEN DES MÖNCHES WIBERT

Diese kleine Sammlung von Antworten auf Fragen ihres Sekretärs Wibert führt den Leser in das theologische Denken der Hl. Hildegard ein. Die Antworten beziehen sich auf die Erklärung bekannter Bibelstellen und die Lösung kniffliger theologischer Fragen.

> *Frage 1:* Welcher Art Sprache bediente sich Gott und in welcher Gestalt erschien er zuerst den Menschen, als er das Verbot gab, von dem Baum der Erkenntnis zu essen, und in welcher Gestalt, als er nach der Sünde der Menschen im Paradies wandelte?
>
> *Antwort:* Der allmächtige Gott sprach zu Adam in der Sprache der Engel, die dieser kannte und verstand.

Durch seine Weisheit, die er von Gott empfangen hatte, und durch den Geist der Weissagung begriff sein Wissen damals vollständig alle Sprachen, die von den Menschen später erfunden worden sind, und auch das Wesen aller Geschöpfe. Gott erschien ihm in einer unbeschreiblichen Klarheit, obwohl er nicht die Gestalt eines erschaffenen Dinges annahm. Als er nach dem Sündenfall wieder im Paradies wandelte, erschien er in einer Feuerflamme.

Frage 11: War das Feuer, das Moses im Dornbusch erschien oder das Pfingsten auf die Apostel in Gestalt von Zungen sich herabließ, wirkliches Feuer?

Antwort: Das Feuer, das Moses aus dem entflammten und nicht brennenden Dornbusch erschien, war der Hl. Geist. Die hervorsprühenden Funken waren die Gaben verschiedener Tugenden. Das Feuer hat seine Ursache nicht in dem Herableuchten der oberen elementarischen Stoffe, sondern stammt von dem Feuer, welches das Leben ist und das Gegenstände, die sich ihm nähern, nicht verbrennt, sondern kräftig und lebendig macht.

Frage 14: Was bedeuten die Worte des Paulus [1 Kor 13,1]: »Wenn ich die Sprache der Menschen und Engel sprach«? Was sind die Sprachen der Engel?

Antwort: Die Engel, die Geister sind, reden nur um des Menschen willen in den Worten der Vernünftigkeit, denn ihre Zungen sind ein tönendes Lob. Der Mensch, der alles, was tönt, am Klang erkennt, zeigt die Freude seines Herzens im Ton seiner Stimme, welche er mit dem Atmen seiner Seele erhebt.

Frage 23: Ist das Feuer der Hölle körperlich oder unkörperlich?

Antwort: Keineswegs. Denn es gehört nicht zu den Elementen und ist nicht von dem körperlichen Feuer genommen, da es unsichtbar ist. Körperliche und geistliche Strafen sind nicht gleich, da ja auch der Leib der Seele nicht ähnlich ist und die Seele dem Leib nicht gleicht. Als Folge der körperlichen Strafen dörrt der Leib aus und stirbt. Aber im geistigen Feuer der Hölle werden Geister und Seelen gequält. Sie sterben aber darin nicht. Auch das Fegefeuer, in dem die Seelen, die erlöst werden sollen, leben und gestraft werden, hat seine Flammen nicht vom Feuer der Hölle, sondern steigt nach dem Ratschluss Gottes je nach den Sünden der Menschen auf. Viele, die in Ekstase geraten waren, sind deshalb darüber erstaunt.

B. NATURKUNDLICHE UND MEDIZINISCHE SCHRIFTEN

1. NATURKUNDE (PHYSIKA)

Zusammenfassend kann man sagen, dass bis ins 13. Jahrhundert die Beschäftigung mit der Botanik fast ausschließlich aus medizinischen Gründen erfolgte, während das Interesse an der Tierkunde stärker moralische Gründe hatte, um den Menschen Anregungen für ihr Leben zu geben. Von den 230 Kapiteln des Pflanzenbuches befassen sich die meisten mit Kräutern, aber auch mit Gemüsen, Gewürzen und Blumen. Die Aussagen zur Heilwirkung der Pflanzen beruht jedoch oft nur auf dem Aberglauben ihrer Zeit.

1. BUCH: ÜBER DIE PFLANZEN (VORWORT)

Bei der Erschaffung des Menschen wurde von der Erde eine andere Erde genommen, die der Mensch ist. Alle Elemente dienten ihm, weil sie fühlten, dass Leben in ihm war. Sie unterstützten ihn bei seinen Tätigkeiten und beide wirkten zusammen. Die Erde gab ihre Lebenskraft, ihr Grün, nach der Art, dem Wesen, dem Charakter und dem Verhalten des Menschen. Die Erde zeigte in ihren nützlichen Kräutern, was die feineren Charaktereigenschaften der Menschen sind, während die schädlichen Kräuter die schlechten und teuflischen Eigenschaften darstellen. Einige Pflanzen fördern die Verdauung, wenn sie mit bestimmten Speisen zusammen gekocht werden. Sie sind leicht, weil sie gut verdaut werden können. Man kann sie mit dem Fleisch der Menschen vergleichen. Der Obstsaft ist ungekocht schädlich, aber leicht verdaulich, wenn man ihn kocht. Er gleicht dem Blut des Menschen. Bäume, die keine Früchte tragen, sind nichts anderes als Gehölz. Ihre Blätter sind für den Menschen nutzlos. Wenn man sie trotzdem isst, so haben sie nur einen geringen Nutzen und schaden nicht viel. […] Manche Pflanzen wachsen in der Luft. Sie sind gut verdaulich und haben eine fröhliche Natur, weil sie die Menschen nach ihrem Genuss in gute Stimmung versetzen. Sie gleichen den Haaren der Menschen, weil sie immer leicht und luftig sind. Einige Pflanzen sind windig, weil sie im Wind wachsen. Sie sind aber trocken, schwerverdaulich und haben eine traurige Natur. Wie der Schweiß des Menschen machen sie denjenigen, der sie verzehrt, traurig. Der Saft der nutzlosen Kräuter, der ungenießbar ist, ist für den Menschen tödlich. Man kann ihn mit dem Auswurf des Menschen vergleichen. Die Erde enthält Schweiß, Feuchtigkeit und Saft. Der Schweiß lässt die nutzlosen Kräuter, die Feuchtigkeit die nützlichen wachsen, die man essen und auch sonst verwerten kann. Der Saft lässt die Weinrebe und die Obstbäume wachsen. Pflanzen, die bei der Aussaat dem Menschen Mühe bereiten und nur langsam wachsen, wie Haustiere, die der Mensch in seinem Haus mit Sorgfalt aufzieht, verlieren durch die Arbeiten des Pflügens und Säens die Herbheit und Bitterkeit ihrer Säfte. Die Feuchtigkeit ihrer Säfte ähnelt der des menschlichen Saftes. Deshalb sind sie für Speise und Trank nützlich. Pflanzen aber, die ohne das Zutun des Menschen plötzlich und schnell wie ein ungezähmtes Tier wachsen, sind für den Menschen keine zuträgliche Speise. Denn er wird durch Saugen von Milch und anderen Speisen in der richtigen Zeit ernährt, was bei diesen Pflanzen nicht der Fall ist. Wenn man diese Pflanzen aber als Arznei benutzt, so können sie die schädlichen und krankhaften Säfte im Menschen unterdrücken. Jede Pflanze ist entweder kalt oder warm und wächst so, weil die Wärme die Seele und die Kälte den Körper darstellt. Je nach ihrer Natur gedeihen sie gut, wenn sie reichlich Kälte oder Wärme haben. Wenn alle Pflanzen warm wären und keine kalt bzw. umgekehrt alle kalt und keine warm, dann würden sie den Menschen Schaden zufügen, indem sie das Gegenteil bewirken, weil die warmen Pflanzen dem Kalten im Menschen und die kalten dem Warmen im Menschen Widerstand leisten und ihn somit krank machen. Einige Pflanzen tragen die Kraft der stärksten und die Strenge der bittersten Gewürze in sich. Sie unterdrücken auch sehr viele Übel, weil die bösen Geister diese verursachen. Schließlich gibt es Pflanzen, die den Schaum der Elemente in sich haben. Aus ihnen versuchen Menschen, die bereit sind, sich Täuschungen hinzugeben, ihr Schicksal abzulesen. Da der Teufel solche Pflanzen liebt, dringt er in sie ein.

Das Grüne – Die Lebenskraft

Das »Grüne«, das dem lateinischen Wort *viriditas* im Text entspricht, bedeutet die »Grünheit« und kann je nach Zusammenhang mit Lebenskraft, Fruchtbarkeit oder Keimkraft übersetzt werden. In der Gedankenwelt Hildegards ist das »Grüne« ein zentraler Begriff. Alles, was die Schöpfung am Leben erhält und letztlich von Gott selbst stammt, wird hierdurch bezeichnet. So ist die Seele das »Grüne« für den Körper, weil sie ihn belebt. Im übertragenen Sinn ist das »Grüne« Symbol für das Gute. Wenn der Mensch diese göttliche Kraft aufgibt oder verliert, dann befällt ihn Dürre und Niedergang. Diese Lebenskraft tritt in den Pflanzen in sichtbare Erscheinung. Es ist eine Lebenserfahrung, dass frische, grüne Kräuter eine größere Heilkraft haben als dürre, vertrocknete. Deshalb ist es auch von Wichtigkeit, wenn man in den Genuss der Lebenskraft der Pflanzen kommen will, wann sie gesammelt werden. Es gibt eine Abstufung der Lebenskraft, die je nach Tages- und Jahreszeit verschieden ist.

Der Wermut

ist sehr warm und wirksam gegen Krankheiten, besonders bei Schwächezuständen. Ein hinreichende Menge gießt man in Wein und befeuchtet damit den Kopf des Menschen, falls er Schmerzen hat, bis zu den Augen, Ohren und dem Nacken. Dies macht man zur Nachtzeit, wenn man schlafen geht. Der Kopf muss bis zum Morgen mit einer wollenen Mütze bedeckt sein. Dann werden die Schmerzen, die von einem angeschwollenen Kopf und von der Gicht im Kopf verursacht werden, geheilt. Auch der innere Kopfschmerz vergeht. Man gieße zu einem Teil Wermutsaft zwei Teile Olivenöl und lasse die Mischung in einem Glasgefäß in der Sonne warm werden und bewahre sie ein Jahr lang auf. Wenn jemand Schmerzen in der Brust hat oder hustet, salbt man ihn dort mit der Mischung ein.

3. BUCH: ÜBER DIE BÄUME

In 63 Kapiteln beschreibt Hildegard die Bäume, die getrennt von den Pflanzen behandelt werden. Bei der Bezeichnung der Baumarten benutzt sie die einheimischen alt- bzw. mittelhochdeutschen Namen. Da der Baum im Kult der Germanen eine wichtige Rolle spielte, enthalten ihre Beschreibungen sehr viele heidnische Vorstellungen. Im ersten Kapitel wird der Apfelbaum beschrieben, der in der biblischen Erzählung vom Sündenfall eine wichtige Rolle spielt.

Der Apfelbaum

ist warm und feucht und würde sich sicherlich auflösen, wenn die Wärme ihn nicht zusammenhielte. Wenn ein junger Mensch an Verdunklung der Augen leidet, dann nehme man in der Frühlingszeit Blätter vom Apfelbaum, ehe er Früchte angesetzt hat, zerstoße sie, drücke sie aus und gebe ebensoviel Saft von der Weinrebe hinzu. Bevor man sich schlafen legt, befeuchte man eine Feder mit dieser Mischung und salbe die Augenlider ein. Aber man achte, dass dabei nichts in das Auge selbst eindringt. Danach lege man die etwas ausgedrückten Blätter mit etwas Rebensaft auf die Augen und binde ein Tuch darüber. Die Böden von Apfelbäumen, die bereits im Frühjahr blühen, kann man zur Heilung von Schmerzen an den Schultern, Lenden und im Bauch verwenden, wenn man vorher die Erde um die Wurzeln etwas im Feuer erwärmt hat. Die erwärmte Erde legt man an die schmerzhafte Körperstelle. Wenn jedoch die Früchte schon angesetzt haben, hat die Erde ihre Heilkraft verloren, weil die Erdfeuchtigkeit und der Baumsaft zu den Früchten hochgestiegen sind. Die

Früchte dieses Baumes sind leicht und gut verdaulich, sodass sie gesunde Menschen auch ungekocht essen können, ohne Schaden zu nehmen. Die Äpfel nämlich wachsen vom Tau, wenn er seine Kraft am stärksten entfaltet, also zur Nachtzeit. Da sie vom starken Tau gekocht sind, schaden sie Kranken, die schwächlich sind. Deshalb müssen diese Menschen sie vorher braten oder kochen. Wenn im Winter die Äpfel zusammengeschrumpft sind, sind sie für Gesunde wie Kranke in gleicher Weise bekömmlich.

Der Kirschbaum

Er ist mehr warm als kalt. Er ähnelt dem Scherz, der zwar meistens Freude bereitet, aber auch Schmerz verursachen kann. Da der Saft und die Blätter in sich Schwäche enthalten, haben sie keine Heilkraft. Seine mäßig warme Frucht nützt und schadet nicht viel. Ein Kranker, wenn er schlechte Säfte hat, bekommt Schmerzen, falls er davon zuviel isst. Die Kerne der rohen Kirsche zerstoße man, vermische sie mit Bärenfett, knete die ganze Mischung und stelle daraus eine Salbe her. Die Lepra zwar nicht, aber alle anderen Formen von Aussatz kann man damit behandeln. Wer unter Bauchkrämpfen leidet, falls nicht Würmer die Ursache sind, soll häufig rohe Kerne essen. Bei Wurmbefall helfen Körner, die man in Essig gelegt hat. Sie müssen nüchtern verzehrt werden.

3. BUCH: ÜBER DIE STEINE

In diesem Buch behandelt Hildegard die Heilwirkung der Edelsteine und Halbedelsteine. Ein dritter Teil beschäftigt sich mit den nicht heilkräftigen Steinen. Das Steinbuch kann als Höhepunkt dieser Literaturgattung gelten, weil die frühmittelalterlichen Steinbücher mehr oder weniger nur Auszüge aus antiken Werken, besonders des Römers Plinius des Älteren (23–79 n. Chr.) sind. Hildegards Steinbuch zeichnet sich durch seine detaillierten Beschreibungen aus und hat einen hohen Quellenwert, weil es offenbar auf verlorengegangen Werken über die Steinkunde beruht.

Der Saphir

Er ist warm und wächst zur Mittagszeit, wenn die Sonne so stark brennt, dass sie die Luft dadurch verbaut und der Sonnenglanz nicht klar erscheint. [...] Ein Mensch, der ein Häutchen in seinem Auge hat, halte einen Saphir in seiner Hand und erwärme ihn darin oder am Feuer und berühre das Häutchen mit dem feuchten Stein. Das mache er drei Tage lang morgens und abends und es wird kleiner werden und verschwinden. [...] Wer dumm ist, weil jegliche Wissenschaft ihm fehlt, und klug sein möchte, aber es nicht sein kann, und dabei nicht Bosheit erhofft und sich nicht nach ihr ausstreckt, der bestreiche oft nüchtern seine Zunge mit einem Saphir, sodass dessen Wärme und Kraft mit der warmen Feuchtigkeit des Speichels die schädlichen Säfte unterdrücken, die das Verständnis im Menschen verscheuchen. Auf diese Weise gewinnt der Mensch ein gutes Verständnis. Wer im Zorn sich sehr aufregt, nehme sofort einen Saphir in den Mund und der Zorn wird erlöschen und aufhören. Wenn ein Mensch von einem bösen Geist besessen ist, dann lasse er von einem anderen einen Saphir auf den Boden legen und nähe die Erde, wo der Stein lag, in ein Säckchen. Dem Besessenen soll er das Säckchen um den Hals hängen und sprechen: »Schändlicher Geist verlasse diesen Menschen! Schon bei deinem ersten Fall ist deine Herrlichkeit und dein Glanz schnell von dir gewichen!«

Der Teufel

Hildegard glaubt fest an die leibliche Existenz des Teufels, der als Widersacher Gottes auf Erden die Menschen zum Bösen verführt. Er wohnt im Norden und hat die Gestalt eines pechschwarzen Vogels oder Bären. Der Teufel, auf dessen Verstoßung im Abschnitt über den Saphir angespielt wird, hat Furcht vor den Edelsteinen, weil sie Feuer und Feuchtigkeit enthalten. Sie erinnern ihn nämlich an seine Pracht und seinen Glanz, als er noch neben Gott im Himmel sich aufhielt. Auch entstehen Edelsteine in dem Feuer, in dem er seine furchtbaren Strafen erdulden muss.

Der Luchsstein

ist warm. Er entsteht aus einer ganz bestimmten Art des Urins des Luchses. Der Luchs ist nämlich kein unzüchtiges, geiles und unreines Tier, sondern hat immer das gleiche Temperament. Seine große Kraft ist so groß, dass sie auch Steine durchdringt. Deshalb hat er auch immer ein scharfes Gesicht, sodass er nicht leicht erblindet. Aus seinem Urin entsteht nicht immer der Luchsstein, sondern nur, wenn die Sonne sehr heiß brennt und eine linde, einschmeichelnde und wohlgemäßigte Luft weht. Denn dann erfreut sich zuweilen das Tier an der Wärme, Reinheit der Sonne und Lieblichkeit der schönen Luft. Wenn er Urin lassen will, dann gräbt er mit dem Fuß ein Loch in die Erde und lässt Urin hinein. Von der Wärme der Sonne gerinnt und wächst hiernach der Luchsstein. Hat jemand ein starkes Magenleiden, so lege er diesen Stein für eine kurze Zeit in Wein, Bier oder Wasser und nehme ihn dann heraus. Die Flüssigkeit wird von den Kräften des Steines durchdrungen und keinerlei Fieber oder Seuche, vom Tod abgesehen, ist im Magen so stark, dass sie nicht hierdurch gereinigt oder geheilt würden, es sei denn, der Tod stünde diesem Menschen unmittelbar bevor.

6. BUCH: ÜBER DIE VÖGEL

Die Vögel, die in 72 Kapiteln dargestellt werden, spielen in der Vorstellungswelt der Hl. Hildegard eine wichtige Rolle, weil sie viele Gemeinsamkeiten mit der Seele haben. Sie bewegen sich nämlich im Luftraum wie die Seele, die »luftig« ist und von der Luft emporgehoben wird. Wie die Vögel durch das Gefieder in der Luft schweben, so wird die Seele von den Gedanken emporgehalten.

Vorrede

Die Vögel sind kälter als die Tiere auf der Erde, weil sie nicht mit so heißer Leidenschaft erzeugt werden. Auch ihr Fleisch ist reiner, da sie nicht nackt aus der Mutter herauskriechen, sondern mit einer Schale bedeckt sind. Einige leben von feuriger Luft, sodass sie wie das Feuer nach oben streben. Auch haben diese Vögel, die sich in den höheren Luftschichten aufhalten, mehr feurige Luft in sich als diejenigen, die sich auf der Erde aufhalten. Aber Vögel, die sich auf der Erde, im Wasser und in der Luft aufhalten, fliegen nicht in die höheren Luftschichten, sondern bleiben in diesen Schichten, wo sich die Luft der Erde und des Wassers ausdehnt. Vögel, die ein dichtes Gefieder haben, sind wärmer als jene, die einen Mangel an Federn haben. Da die Luft für die Vögel notwendig ist, spüren sie jede Bewegung und Veränderung der Luft. Gemäß den Luftveränderungen lassen sie ihre Stimme erschallen. Der Hahn kann nicht nur die Tages- und Nachtstunden unterscheiden, sondern er beginnt auch zu krähen, wenn sich die Luft in irgendeiner Weise zu verändern scheint. Die Vögel symbolisieren die Fähigkeit des Menschen, die Dinge zu erwägen und vorher zu bedenken, bevor sie in die Tat umgesetzt werden.

Der Geier

ist von kalter Natur und kennt die Künste der Tiere und Vögel. Er ist gleichsam der Prophet unter den Vögeln. Dieser Vogel fliegt so hoch, wie die Feuchtigkeit der Luft aufsteigt. Er greift keinen anderen Vogel an und achtet auch darauf, dass keinem anderen etwas passiert. Zu seiner Nahrung gehört Aas, bisweilen auch Erde, die vom Blut getöteter Tiere getränkt ist. Da sein Fleisch kalt ist, wäre es für den Menschen tödlich. Sein Gehirn aber hat die Eigenschaft, dass es vom Menschen jede Krankheit fernhält, vorausgesetzt man könnte es unverletzt bekommen. Doch diese Kraft ginge sofort verloren, weil bei seinem Tod sofort die Gehirnhaut platzt und mit der Gehirnflüssigkeit diese Kraft herausfließt. Wenn man einen Geier erlegt hat, muss man ihn aufschneiden, solange er noch warm ist, dann rupfen und zusammen mit seinen Eingeweiden außer den Gedärmen kochen. Dann gibt man Schmalz, Öl und Bisenkrautöl dazu und stellt daraus eine Salbe her. Einen Wahnsinnigen heilt sie, wenn man sie auf seinen Kopf schmiert. Auch gegen andere Krankheiten ist diese Salbe ein vorzügliches Heilmittel, weil sie die Haut schnell durchdringt. Das Herz des Geiers teilt man in zwei Teile und trägt es in einem Gürtel aus Hirschleder um die Lenden. Wenn dich jemand vergiften will, erkennst du dies daran, dass du anfängst zu schwitzen und zu zittern. Wie nämlich der Geier das Gift unschädlich macht, so flieht auch jedes Verderben vor ihm. Er kennt nämlich sehr genau die Zeiten der Luftströmungen, vor allem in welchen Jahreszeiten sie auftreten. Wenn man das Geierauge in einen Ring schmiedet und diesen Ring immer bei sich trägt, dann ist man vor Gicht und Paralyse geschützt.

Die Fliege

ist kalt. Wenn ein Mensch im Sommer von einem kleinen Wurm gestochen oder verletzt wird, dann soll er eine zerquetschte Fliege darüberlegen. Die Wärme, die die Fliege im Sommer angesammelt hat, wird das Gift ein wenig abschwächen. Im Winter aber ist die Fliege Gift und für den Menschen gefährlich, wenn ihn nicht Gott beschützt. Falls ein Mensch eine Fliege verschluckt oder getrunken hat, soll er Salbei zerstoßen, in Wein einlegen und diesen so lange trinken, bis er die Fliege erbrochen hat, denn das Fliegengift darf nicht im Körper bleiben. Wenn jemand einen gefährlichen Ausschlag bekommen hat, dann macht er einen Kreis aus zerdrückten kopflosen Fliegen um das Geschwür und das Gift wird nicht weiter in den Körper eindringen. Dann nehme er eine schalenlose Schnecke, zerdrücke sie und mache damit wieder einen Kreis an der Stelle, wo er den Kreis mit den Fliegen gemacht hat. Mit Liliensaft reibt er danach die umliegende Haut ein. Danach muss man Saft der Mariendistel auf das Geschwulst bringen und darüber ein Törtchen aus reinem Weizenmehl binden, damit sich die Geschwulst erweicht und aufbricht. Wenn sie von selbst nicht aufbricht, dann steche man sie mit einem hölzernen, aber auf keinen Fall eisernen Dorn auf. Überhaupt wenn ein Mensch an einer Geschwulst leidet, sei es durch Feuer oder Kälte, durch Wind oder feuchte Luft, dann darf er keine fetten und warmen Speisen essen oder Wein trinken. Auch isst man kein Obst oder Oliven.

7. BUCH: ÜBER DIE TIERE

Das Standardwerk über die Tierwelt zur Zeit Hildegards war der *Physiologus*, das um etwa 150 n. Chr. von einem Griechisch schreibenden Autor in Alexandrien verfasst wurde. In 48 Kapiteln werden exotische Tiere und Bibeltiere wie Löwe, Panther, Antilope, Elefant, Strauß und Fabeltiere wie der Drachen, Phönix, Basilisk etc. behandelt. Dieses Werk wurde in alle Kultursprachen übersetzt und schon im 11. und 12. Jahrhundert gab es eine altdeutsche Übersetzung mit Illustrationen. Dieses Volksbuch enthält zunächst eine Aussage über das betreffende Tier, an die sich eine theologische Erörterung anschließt. Den Schluss bildet ein Bibelzitat. Zentrale Themen dieser Erörterungen sind die Taufe, die Menschwerdung

Christi, seine Auferstehung und die Erlösung der Menschheit. Im Gegensatz zu dieser allegorischen Tierbeschreibung bringt Hildegard hauptsächlich einheimische Tiere mit deutschen Namen und hinterließ so eine eindrucksvolle Beschreibung unserer Tierwelt. Natürlich sind ihre Berichte entsprechend dem damaligen Stand der Zoologie mit Fabeln durchsetzt. Verglichen mit anderen Werken ihrer Zeit geht sie jedoch sehr kritisch mit diesem Fabelgut um.

Vorrede

Die Vögel in der Luft versinnbildlichen die Fähigkeit des Menschen, die Dinge bei sich zu erwägen und vorher zu bedenken, bevor sie zum leuchtenden Werk werden. Die Tiere aber, welche auf der Erde umherlaufen und wohnen, versinnbildlichen die Werke, die der Mensch wirklich ausführt. Und wie die Ausführung den Erwägungen folgt, wenn ihr der rechte Wille, gerechte Wünsche und fromme Seufzer vorangegangen sind, so verwirklicht sie auch der Schöpfer der Welt im Himmel nicht, bevor sie nicht in der Welt einem geistigen Verlangen entsprungen sind. Aber der Löwe und die ihm ähnlichen Tiere bezeichnen den Willen des Menschen, Taten zu vollbringen, der Panther und die ihm ähnlichen Tiere das glühende Verlangen, das im beginnenden Werk liegt, die übrigen Tiere aber die verschiedenen Ausführungen und zeigen so an, wie es in der Macht des Menschen liegt, Nützliches und Böses zu vollbringen. Die zahmen Tiere der Erde aber zeigen die Sanftmut des Menschen an, der an sich in ihm wohnt. So kam die Vernunft des Menschen dazu, zu diesem oder jenem Menschen zu sagen, du bist dieses oder jenes Tier, weil die Tiere gewisse menschenähnliche Eigenschaften aufweisen. Die Tiere nun, die andere verschlingen, sich von unreinen Speisen ernähren und zahlreiche Jungen zeugen wie der Wolf, der Hund und das Schwein sind wie die nutzlosen Kräuter für den Genuss untauglich, der Natur des Menschen zuwider, weil der Mensch es nicht so macht. Tiere aber, die von reinen Speisen wie Heu und ähnlichem Futter sich nähren und nicht viele Jungen zeugen, sind dem Menschen wie die nützlichen Kräuter ein gutes Nahrungsmittel. Unter diesen gibt es auch gewisse Arzneimittel.

Der Bär

Er hat fast die Wärme eines Menschen, aber zeitweilig ist er auch kalt. Wenn er warm ist, hat er eine laute Stimme und ist freundlich. Ist er aber kalt, so hat er eine leise Stimme und ist zornig. Wenn er lüstern ist, ist er freundlich und nicht zornig. Diejenigen Bären, die der Sinnenlust nicht frönen, sind von Natur aus zornig.

Als Gott den Menschen erschuf, stellte er Verbindungen her, Organe, den Verlauf der Adern und alle Wege, welche die Seele zu durchlaufen hat. Zwar schuf er zuerst die Vögel, Fische und Tiere, die erst etwas taten, nachdem der Mensch etwas begonnen hatte. Sie warteten, was er wohl tun würde. Als der Mensch vom Apfel gegessen hatte und wegen seiner Tat ins Schwitzen kam, erhielt das Blut seine jetzige Natur und auch die anderen Wesen erhielten die ihnen eigene Natur. Daher stammt die Sinnenlust des Bären. Wenn ein Mensch sinnlich erregt ist, was sich nicht schickt, so riecht das der Bär schon in einer Entfernung von einer halben Meile. Sicherlich würde er zum Menschen hineilen, der Bär zur Frau und die Bärin zum Mann, um sich mit ihm zu paaren. Wenn der vernunftbegabte Mensch dem unvernünftigen Tier nicht zu Willen wäre, müsste er damit rechnen, dass er vom Bären zerrissen wird. Eine trächtige Bärin ist so ungeduldig, dass sie eine Frühgeburt erleidet, ehe die Jungen ausgereift sind. Obwohl diese Jungen von der Mutter einen Lebenshauch empfangen und die entsprechenden Formen eines Bären aufweisen, sind sie nach der Geburt unbeweglich wie ein Stück Fleisch. Die Mutter, die darunter sehr leidet, leckt ihre Jungen oder legt sich über sie, bis sich ihre Glieder erwärmen. Durch die Körperwärme der Mutter wachsen sie in fünf bis sechs Tagen zu kleinen Tieren heran. Sie weicht nicht von ihren Jungen und trägt sie sogar auf drei Klauen vor den Jägern davon.

Das Bärenfleisch ist ungeeignet für den Genuss, weil es die Sinneslust der Menschen verstärkt. Ein solcher Mensch würde das gleiche Schicksal erleiden wie einer, der aus Durst Wasser trinkt, aber stattdessen noch durstiger wird. Dieselbe Eigenschaft hat übrigens auch das Schweinefleisch.

Wenn einem jungen Menschen die Haare ausfallen, dann soll er Bärenfett mit Getreide- und Strohasche zu einer Salbe vermischen und damit die Stellen auf seiner Kopfhaut einreiben, wo die Haare ausfallen. Aber er darf seinen Kopf nicht waschen. Wer Angst hat und unter Furcht leidet, der schneide ein kleines Stück von dem Fell des Bären zwischen den Ohren heraus, gerbe es mäßig und lege es auf sein Herz, bis man heiß wird und ins Schwitzen kommt. Sorgfältig muss man darauf achten, dass dieses Bärenfell auch gegerbt ist, weil sonst Saft daraus in die Haut des Menschen eindringen kann. Die Folge wäre eine größere Lüsternheit. Geringe Mengen von Bärenfett, die

Salben und Arzneien beigemengt werden, machen diese kostbarer.

Die Ameise

Sie ist warm und entsteht aus jener Feuchtigkeit, welche die guten Gerüche hervorbringt. Auch legt sie wie die Vögel Eier. Wer im Kopf und in der Brust verschleimt ist, der nehme einen ganzen Ameisenhaufen zusammen mit den Ameisen und koche ihn in Wasser, schütte dieses über einen heißen Stein und inhaliere den Dampf durch Mund und Nase fünf bis zehn Mal. Der Schleim in diesem Menschen wird vermindert. Wer Überfluss an schlechten Säften hat, also gichtleidend ist, bereite sich auf diese Weise ein Ameisendampfbad, in das er bis zum Hals hineinsteigt, und lege ein in diesem Wasser getränktes Tuch über seinen Kopf. Wenn er nämlich den Kopf auch in dieses Bad stecken würde, könnte er wegen der Stärke des Wassers leicht Schaden erleiden. Wenn er das Tuch wieder aufmacht, wird die Gicht von ihm weichen. Wer an Skrofeln [Anm. Schwellung der Lymphdrüsen am Hals] leidet, der streiche Hühnerkot auf ein grünes Eichenblatt, lege Ameiseneier darauf und trage das Ganze warm öfters auf die Skrofeln auf und sie werden schwinden. Wer aber zürnt und gedrückt ist, nehme junge Ameisen, denen die Eier noch anhängen, gebe sie in einen Beutel, und auch wenn er sich beschwert fühlt, lege er sich diesen so lange aufs Herz, bis der Schweiß ausbricht und er wieder fröhlichen Mutes ist und einen freien Kopf hat.

8. BUCH: ÜBER DIE REPTILIEN

Die Reptilien, zu denen Hildegard die Amphibien, Spinnen, Würmer und Schlangen zählt, sind für den Menschen giftig und können ihm Schaden zufügen. Dieses Kapitel enthält auch die Beschreibung einiger Fabeltiere wie Drachen und Basilisk, die Hildegard aus der Überlieferung kannte. Dieses Buch über Reptilien verfolgt weniger naturkundliche bzw. medizinische Zwecke, sondern soll vor möglichen Gefahren durch diese Tiere warnen.

Vorrede

Am Anfang hat Gott alle Wesen fehlerlos erschaffen. Aber nachdem der Teufel den Menschen verführt hatte, sodass er aus dem Paradies verstoßen wurde, sind die Geschöpfe zusammen mit dem Menschen zum Schlechten verwandelt worden, damit sie daraus den göttlichen Willen erkennen. Damals entstand die Saat der giftigen und grausamen Reptilien als Rache für den Sündenfall der Menschen. Sie sollen durch ihre Grausamkeit zeigen, dass es auch Höllenstrafen gibt und auf diese Weise dem Menschen die Furcht vor der Hölle verdeutlichen. Mit Gottes Erlaubnis können sie auch die Menschen mit ihrem Gift töten, denn vor dem Sündenfall hatten die Tiere keine tödlichen, sondern nur erquickende Säfte in sich.

Als aber die Erde mit Abels Blut getränkt wurde, flammte in der Hölle ein neues Feuer empor, durch das die Menschen gestraft werden sollten. Auch wurde aus der Hölle nach dem Willen Gottes Nebel ausgespien, der sich über die Erde ausbreitete und diese mit einer schlimmen Feuchtigkeit tränkte, sodass die bösen, giftbringenden Reptilien massenweise aus der Erde hervorquollen. Sie sollten das menschliche Fleisch peinigen, weil der Mensch das Fleisch des Menschen getötet hatte.

Als später während der Sintflut als Strafe Gottes die Menschen zugrunde gingen, wurden die Reptilien, die im Wasser nicht leben konnten, ersäuft, ihre Körper wurden durch die Überschwemmung über die ganze Erde verstreut und die giftigen Körper verpesteten nach der Sintflut das ganze Land. Aus dieser Fäulnis entstand ein neues Geschlecht von giftigen Reptilien, das sich über die ganze Erde verbreitete. Teils töteten diese Reptilien Menschen und Tiere durch ihr Gift, teils nur Menschen. Die Reptilien, die teuflischer Natur sind, töten Tiere und Menschen, während die anderen, die nicht über Teufelskünste verfügen und folglich auch nur schwächere Gifte haben, zwar dem Menschen bisweilen Krankheiten und Todesgefahren bringen, aber für die Tiere unschädlich sind.

Der Drache

Der Drache besitzt eine trockene und außergewöhnliche Wärme und ein feuriges Temperament, aber sein inneres Fleisch ist nicht feurig. Sein Atem aber ist so scharf und stark, dass er, wenn er ausgestoßen wird, sofort erglüht, wie der Funke, der aus dem Stein geschlagen wird. Den Menschen hasst er sehr, auch hat er eine teuflische Natur. Wenn er zeitweilig einen Gifthauch ausstößt, bewegen die Geister dadurch die Luft. Was an Fleisch und Knochen an ihm ist, ist für die Menschen als Arzneimittel schädlich. Dies gilt nicht für sein Fett. Wenn der Drache ausatmet, trocknet sein Blut aus und fließt nicht. Wenn er aber den Atem anhält, ist sein Blut feucht, fließt und ist dann für

Arzneien nicht zu gebrauchen. Wer an Steinen leidet, nehme Drachenblut und bewahre es an einem feuchten Ort auf, damit es mäßig Feuchtigkeit anzieht. Dann muss es knapp eine Stunde in ein wenig Wasser gelegt werden, damit es etwas von seiner Wärme anzieht. Man entfernt dann das Blut und trinkt das Wasser nüchtern. Man muss aber darauf sofort etwas Speise zu sich nehmen. So verfahre man neun Tage lang! Durch die Kraft des Blutes wird der Stein im Körper zerbrechen und der Mensch wird davon befreit. Niemand aber soll nur reines Blut trinken, denn sonst würde er sofort sterben.

Die Schlange

Es gibt eine sehr warme Schlangenart, die sich auf der Erde und im Wasser aufhalten kann. Sie stellt dem Menschen mit teuflischer Hinterlist nach, weil sie den Menschen hasst. Deshalb schickt sie auch ihren Gifthauch gegen ihn. Dadurch ist ihre Haut verdickt, zieht sich zusammen und bekommt durch die Hitze der Sonne Risse. Wenn dies eintritt, sucht sie, gleichsam von Geschwüren geplagt, einen engen Felsspalt auf und reibt sich so lange daran, bis sie etwas davon abgestreift hat. Sie ist jetzt weniger bösartig, da sie sich von ihren Geschwüren befreit hat. Ihre Haut ist jetzt dünn und leuchtend. Darüber freut sich die Schlange und sie ist mit ihrem Gift und ihren Nachstellungen weniger bösartig. Wenn man sie in diesem Zustand findet, dann tötet man sie und bewahrt ihr Herz in einer dünnen Metallkapsel auf, nachdem man es vorher getrocknet hat. Diese Kapsel nimmt man in die Hand und hat ein wirksames Heilmittel gegen Traurigkeit. Wer diese Kapsel in der Hand hält, ist auch gegen Gift geschützt. Durch

Schweiß, Erbrechen oder auf natürlichem Weg tritt das Gift aus seinem Körper heraus, falls er es getrunken hat. Aber keinesfalls darf man ihre Leber für Arzneien verwenden, weil sie giftig ist. Es gibt noch eine andere Art von Schlange, die ebenfalls warm ist, aber nicht im Wasser leben kann. Da sie weniger giftig ist, hält sie sich manchmal in den Häusern der Menschen und an trockenen Orten auf. Wenn sie merkt, dass ein Mensch sie töten will, dann züngelt sie, als wollte sie ihn anflehen. Sie gehört zu der Art von Schlangen, die einst Adam verführt haben.

2. URSACHEN UND BEHANDLUNGEN

Die Echtheit dieser Schrift

Das Werk *Causae et Curae (Ursachen und Behandlungen)*, wurde im 13. Jahrhundert aus verschiedenen Notizen Hildegards zusammengestellt. Aus ihrer Hand stammen vermutlich nur Teile des 1. und 2. Buches, die sich mit Fragen der Weltentstehung, dem Aufbau des Kosmos, der Erschaffung des Menschen, Paradies, Sintflut, den Elementen und Säften, dem Menschen etc. beschäftigen.

Die Medizin im 12. Jahrhundert

Nach dem Untergang des römischen Reiches dauerte es Jahrhunderte, bis die medizinische Bildung an den Gelehrtenschulen im Reich der Karolinger wiederbelebt wurde. Während dieser Zeit wurde das medizinische Wissen aus der Antike und der arabischen Welt in den Benediktinerklöstern bewahrt und durch das fleißige Abschreiben von Handschriften der Nachwelt überliefert. Die eigentlichen medizinischen Aktivitäten begannen im 11. Jahrhundert in der medizinischen Schule von Salerno, einer italienischen Stadt auf Sizilien, wo die Überlieferungsströme aus der Antike und dem arabisch-persischen Raum zu grundlegenden Standardwerken und Mustersammlungen medizinischer Lehre zusammengefasst wurden. Auch die lateinische Medizinfachsprache wurde hier entwickelt. Die aus der Antike überlieferte Lehre von den vier Säften bzw. der Entstehung von Krankheiten durch das gestörte Gleichgewicht dieser Säfte wurde weiter ausgebildet und verfeinert. Krankheiten wurden hauptsächlich mit Heilkräutern behandelt. In Deutschland, wo medizinische Schulen nicht vorhanden waren, wurde die Medizin in den Klöstern betrieben, denen oft sogenannte Hospize angeschlossen waren, wo Kranke, besonders wenn sie Fremde oder arm waren, gepflegt wurden. In jedem Kloster gab es einen medizinkundigen Frater Medicus, der erkrankte Mitbrüder heilen musste. In Frauenklöstern, wo weder ein fremder Mönchsarzt noch ein Laienarzt die Krankenpflege der Nonnen übernehmen durfte, musste eine erfahrene Nonne, meistens die Äbtissin selbst, dieses Amt übernehmen. Von der Hl. Hildegard ist bekannt, dass sie nicht nur erkrankte Nonnen, sondern auch Laien heilte. In ihrer Lebensbeschreibung, die aus der Feder ihrer Sekretäre stammt, werden Wunderheilungen beschrieben:

In dem Kloster diente mit großem Eifer eine Magd namens Bertha. Sie wurde von einem Geschwulst am Hals und an der Brust heftig gequält. Die Schmerzen hatten so zugenommen, dass sie weder Speise und Trank zu sich nehmen noch den Speichel herunterschlucken konnte. Als man sie zu Hildegard führte, hat sie mehr durch Zeichen als durch Worte um ein Mittel gegen die Krankheit gebeten, die sie bereits nahe an den Tod gebracht hatte. Aus Mitleid, weil die Nonne so lange treu gedient hatte, bezeichnete Hildegard die Stelle mit dem Zeichen des heiligen Kreuzes. So gab sie der Kranken die Gesundheit wieder.

1. BUCH
EINLEITENDE ABSCHNITTE ÜBER
WELTENTSTEHUNG UND -AUFBAU

Von der Erschaffung der Welt

Gott war und ist ohne Anfang vor der Erschaffung der Welt. Er ist und war das Licht und die Leuchte der Welt und war das Leben. Als Gott die Welt erschaffen wollte, hat er sie aus dem Nichts gemacht, aber in seinem Willen lag die Materie der Welt.

Von den Elementen und dem Firmament

Auch die Elemente der Welt hat Gott erschaffen; sie sind im Menschen und der Mensch wirkt mit ihnen. Es sind: das Feuer, die Luft, das Wasser und die Erde, und diese vier Elemente sind untereinander so eng verbunden, dass keines vom anderen getrennt werden kann. Sie halten sich gegenseitig so fest, dass sie das Firmament genannt werden.

Von der Sonne und den Sternen

Die Sonne, nahezu das Höchste unter ihnen, sendet durch sie ihr Licht und ihr Feuer. Um sie herum stehen einige

Sterne von solcher Größe und Helligkeit, dass sie gleichsam wie Berge durch das Firmament hindurch zur Erde hin ausgebreitet sind. Daher kommt es, dass sie umso heller scheinen, je näher sie der Erde sind. In der Umgebung derselben Sonne finden sich aber noch andere Sterne von geringerer Größe und Helligkeit. Im Vergleich zu der Größe der vorher erwähnten Sterne bilden sie die Täler und sind deshalb auch weniger gut sichtbar.

Vom Blitz

Er donnert ein wenig und hört wieder auf, geradeso wie wenn ein Mensch über etwas erzürnt, aber seinen Zorn nicht ausbrechen lässt, sondern ihn unterdrückt und so beherrscht. Zuweilen aber wird das Donnerfeuer durch die allzu große Hitze der Sonne sehr erregt und in große Erschütterung versetzt, sodass es große, starke und gefährliche Blitze aussendet und seine Stimme gewaltig erhebt, einem Menschen vergleichbar, der, in heftigen Zorn versetzt, diesen in einer gefährlichen Tat ausleben lässt. Dann kommt es auch zuweilen vor, dass das oberste Feuer des Donners, vom Sonnenfeuer berührt, die Kälte, die im Donner steckt, an einem Punkt sich sammeln lässt, so wie das Wasser das Eis auf einen Ort zusammentreibt; und diese Kälte treibt dann den Hagel zu den Wolken hin; die Wolken nehmen ihn auf, verteilen ihn und senden ihn zur Erde.

Von den Fischen

Die Fische empfangen ihr Leben von der Wasserluft der Flüsse, halten sich aus diesem Grund auch in den Gewässern auf und können die Trockenheit nicht aushalten.

Wenn sie sterben, schwindet bei ihnen allen ihr Leben mit dem Fleisch dahin wie der Schnee in der Wärme. Was übrigbleibt, geht entweder in die Luft oder in den Erdsaft oder in die Wasserluft der Flüsse über, woher es gekommen ist. Von jetzt an bringt aber das, was so vergangen ist, kein anderes Geschöpf, das bereits verdorrt ist, mehr zum Leben. Ebenso wie der Saft und die Fähigkeit zu ergrünen bei Bäumen und Kräutern, die abgeschnitten sind, eingetrocknet und ausgedörrt wird und andere Pflanzen nicht mehr zum Ergrünen bringt, weil er ausgetrocknet ist; ebenso auch kann die Lebenskraft der unvernünftigen Tiere, wenn sie in ihnen verdorrt und ausgetrocknet ist, kein anderes Tier mehr lebendig machen, weil sie nicht mehr existiert, sondern gänzlich verschwunden ist.

2. BUCH

Von Adams Fall

Gott hat den Menschen so geschaffen, dass alle Lebewesen ihm unterworfen sind. Mit der Übertretung des göttlichen Gebotes aber verfiel der Mensch einer körperlichen und geistigen Umwandlung. Die Reinheit seines Blutes wurde in eine andere Beschaffenheit verkehrt, sodass er statt der früheren Reinheit den Schaum seines Samens ergießt. Wäre der Mensch im Paradies geblieben, hätte er in seinem frühen Zustand weitergelebt.

Vom Samen

Das menschliche Blut, das in der brennenden Glut der Leidenschaft siedet, scheidet einen Schaum aus, den wir

Samen nennen, wie ein auf dem Feuer stehender Topf unter der Hitze des Feuers den Schaum aus dem Wasser wirft.

Wodurch entsteht die Menstruation?

Wie ein starker Wind Unwetter auf einem Fluss erregt, so wird auch in allen Säften der Frau eine stürmische Bewegung hervorgebracht, sodass diese Säfte sich mit dem Blut vermischen. Sie werden dabei bluthaltig und werden dann zusammen mit dem Blut gereinigt. Auf diese Weise kommt bei der Frau die Menstruation zustande. In dieser Zeit wird auch der Kopf der Frau krank, ihre Augen matt und der ganze Körper schwach. Jedoch werden die Augen dadurch nicht schwächer, wenn die Regelblutung zur rechten Zeit und in einem richtigen Mengenverhältnis ausfließt. Vor dem Eintritt dieses Ergusses öffnen sich die zur Aufnahme des männlichen Samens bestimmten Körperteile, sodass sie jetzt leichter zur Empfängnis bereit sind als vorher. Deshalb werden die Frauen leichter schwanger, wenn die Regel zu Ende geht oder bereits nachlässt, weil ihre Gliedmaßen noch geöffnet sind. Zu einem anderen Zeitpunkt werden sie nicht so schnell schwanger, denn ihre Gliedmaßen sind ziemlich fest verschlossen. Sie ähneln hierbei einem Baum, der zur Sommerzeit seine Lebenskraft zur Blütenbildung ausströmen lässt, während er sie im Winter wieder in sein Inneres zieht.

Vom Mark und seinen drei Kräften

Das Mark in den Knochen des Menschen bildet die Grundlage für seinen ganzen Körper. Dieses Mark ist sehr fest, fließt nicht auseinander und besitzt in den Knochen des Menschen so große Kraft und Stärke wie das Herz im übrigen Körper. Dabei brennt es mit so gewaltiger Hitze, die sogar die Wärme des Feuers übertrifft. Denn Feuer kann ausgelöscht werden, aber das Feuer des Marks besteht so lange, wie der Mensch lebt. Mit seiner Wärme und seinem Schweiß durchdringt es die Knochen und stärkt sowohl die Knochen als auch den gesamten Körper des Menschen. Die Wärme des Feuers im Mark verhält sich wie das Feuer in einem Stein und hat drei Kräfte. Mit der einen Kraft entzündet es das Blut, damit es strömen kann, die andere lässt bisweilen beim Mann und der Frau Blut austreten, die dritte erzeugt den brennenden und süßen Genuss und den brennenden Sturm des Zeugungstriebes.

Von der Empfängnis

Entsteht ein Mensch aus dem Samen eines schwächlichen Menschen oder aus einem solchen Samen, der dünn und ungekocht und mit irgendwelchen Krankheitsstoffen und fauliger Materie durchsetzt ist, so wird dieser Mensch in der Mehrzahl der Fälle Zeit seines Lebens ebenfalls schwach sein und unter Fäulnis leiden wie ein Stück Holz, das von Würmern zerfressen ist. Daher ist dieser Mensch voll von Geschwüren und zieht sich zu der Fäulnis, die er an sich hat, leichter das Verdorbene und die Fäulnis aus den Speisen zu. Ein Mensch der davon frei ist, lebt gesünder.

Von den Nieren

Auch ist der Wind in ihnen [d. h. Männern] mehr feuriger als luftiger Art. Ihm unterstehen zwei kleine Behälter, in die er hineinbläst wie in einen Blasebalg. Diese beiden Behälter umgeben den Stamm aller männlichen Kraft und helfen ihm geradezu wie kleine, neben einem Turm errichtete Bollwerke, die diesen verteidigen. Es sind deswegen zwei, damit sie desto wirkungsvoller jenen eben erwähnten Stamm umgeben, festigen und halten und mit umso größerem Nachdruck in möglichst geeigneter Weise den oben genannten Windhauch aufnehmen, an sich ziehen und ihn ebenmäßig wieder ausgeben wie zwei Blasebälge, die gleichmäßig in das Feuer blasen. Wenn sie dann diesen Stamm in seiner Kraft aufrichten, halten sie ihn kräftig fest, und auf diese Weise grünt der Stamm in seiner Nachkommenschaft.

Weshalb gibt es zwei Nieren?

Die Nieren bilden das Firmament und den Speicher für die Wärme des menschlichen Körpers und halten wie bewaffnete Soldaten, die ihren Herrn verteidigen, die Lenden eines Menschen zusammen. Sie sind in der Zweizahl, damit sie das Feuer umso kräftiger und zweckentsprechender zusammenhalten können. Dies tun sie bei der Frau wie beim Mann, weil sie sich in der Nähe der männlichen Lenden befinden und auch mit der weiblichen Gebärmutter verbunden sind. Sie sind in Fett eingehüllt, damit sie durch keinerlei Kälte zu Schaden kommen und ihre Kraft behalten. In den Nieren liegen sehr starke Gefäße, die sie kräftig festhalten und durch die auch der gesamte menschliche Körper gestützt wird. Wenn aber ein Mensch an ihnen Schmerzen empfindet, kommt dies von der Schwäche des Magens her.

Erläuterung: Makrokosmos und Mikrokosmos –
Die Viersäftelehre

Da der Mensch als Mikrokosmos ein Abbild des Makrokosmos ist, lässt sich bei ihm ebenfalls das Viererschema nachweisen. Den vier Elementen nämlich entsprechen die vier Säfte des menschlichen Körpers. Es ergibt sich folgende Zuordnung:

Element	Saft
Erde	schwarze Galle
Wasser	Phlegma (Schleim)
Feuer	gelbe Galle
Luft	Blut

Wenn sich im menschlichen Körper die Säfte in einem richtigen Mischungsverhältnis befinden, dann erfreut er sich bester Gesundheit. Dieses richtige Mischungsverhältnis ist ein Idealzustand, den nur wenige Menschen in der Realität aufweisen. Obwohl bei der Mehrheit der Menschen der eine oder andere Saft überwiegt, sind diese Menschen dennoch nicht krank. Dies führt nur dazu, dass Körperbeschaffenheit und Charakter eine bestimmte Ausprägung erlangen. Deshalb können die Menschen nach der Viersäftelehre in vier Temperamente oder Charaktere eingeteilt werden.

Von der Mischung der Elemente

Gott hat die Welt aus vier Elementen zusammengefügt, sodass keines vom anderen getrennt werden kann. Denn die Welt würde zugrunde gehen, wenn ein Element vom anderen getrennt existieren könnte.

Warum sind die Elemente im Menschen?

Nun befinden sich im Körper des Menschen, wie schon gesagt wurde, die Elemente: Feuer, Luft, Erde und Wasser. Sie wirken in ihm durch ihre Eigenkräfte und laufen bei seinem Tun wie ein Rad geschwind im Kreis umher. Das Feuer hat seinen Sitz im Gehirn und im Mark des Menschen, weil bei der Erschaffung des ersten Menschen aus Lehm [d. i. das Element Erde] rotleuchtendes Feuer aus der göttlichen Kraft in seinem Blut entbrannt und folglich das Blut rot ist. Die Luft ist im Atem und in der Verstandestätigkeit des Menschen. Sie dient dem lebendigen Atem, der Seele des Menschen, weil sie ihn trägt und gleichsam der Flügel für seinen Flug ist, wenn der Mensch den Atem einzieht und ausstößt, damit er leben kann. Das Wasser ist in der Flüssigkeit und dem Blut des Menschen enthalten.

Von der verschiedenen Beschaffenheit der Säfte

Aus der Wärme des Feuers wird ein trockenes, aus der Feuchtigkeit der Luft ein feuchtes, aus dem wässrigen Blut ein schaumiges und aus dem erdhaften Fleisch ein lauwarmes Phlegma [d. i. Saft] ausgezogen und ausgeschieden. Entwickelt sich eines übermäßig im Menschen und wird es von den anderen Säften nicht in Schranken gehalten und gemäßigt, so richtet es den Menschen zugrunde und schwächt ihn. Bewahrt hingegen jedes Phlegma sein Maß, dann bleibt der Mensch gesund. Denn wenn nur ein Saft die Oberhand hat, unterliegt ihm der andere in Knechtschaft und die beiden restlichen folgen zögernd und langsam nach.

Erläuterung: Die Lehre von den Temperamenten

Vorherrschender Saft	Temperament	Merkmal
schwarze Galle	Melancholiker	depressive Verstimmung
Phlegma	Phlegmatiker	Trägheit
gelbe Galle	Choleriker	Reizbarkeit
Blut	Sanguiniker	Lebhaftigkeit

Dieses Einteilungs- und Zuordnungsschema brachte jedoch Probleme mit sich, weil nicht einzusehen ist, dass das Blut als absolut notwendiger Bestandteil des menschlichen Körpers überschüssig vorhanden sein soll. Völlig anders wurde der Überschuss an schwarzer Galle gedeutet, weil nach Ansicht der antiken Ärzte bei den Melancholikern viel häufiger Krankheiten vorkommen. Zwar lassen sich bei allen vier Menschentypen eine Veranlagung zu bestimmten Krankheiten nachweisen, aber am auffälligsten ist dies bei den Melancholikern. Der westgotische Bischof Isidor von Sevilla (560–636 n. Chr.), den Hildegard als Quelle für ihre naturkundlichen und medizinischen Schriften benutzt, formuliert es so: »Die Gesunden werden von den Säften beherrscht, die Kranken aber leiden darunter.« Diese bis zum Ende des 2. Jahrhunderts n. Chr. ausgebildete Lehre wurde im 12. Jahrhundert von den mittelalterlichen Ärzten wiederentdeckt und mit der christlichen Moral verbunden.

Von den Phlegmatikern

Wenn in diesen Menschen die Säfte, die Phlegma führen, aufgeregt werden, wenn sie durch Unmäßigkeit im Essen und Trinken, durch ungeeignete Vergnügen, Trauer, Zorn und ungezügelte Begierde in diesen Menschen durcheinandergebracht werden, dann sieden sie auf, wie das Wasser im Warmbad, wenn das Feuer untergelegt ist, sprühen gewissermaßen glühendheiße Tropfen aus und treiben diese wie Pfeile in das Fleisch, das Blut und die Gefäße. Sie bohren sich so fest in die Menschen hinein, wie wenn ein beizender Rauch die Augen trifft. Die so veranlagt sind, brausen öfters im Zorn auf, übergeben ihn aber rasch wieder der Vergessenheit, weil sie die Gutherzigkeit lieben. Gleichsam wie wenn ein Unwetter aufzieht und danach die Sonne wieder scheint. Die Kraft einer derartigen phlegmatischen Veranlagung zeigt sich darin, dass ihre Besitzer leicht zum Zorn und leicht zur Fröhlichkeit neigen. Sie gelangen aber nicht bis zum vollen Greisenalter.

Von den Melancholikern

Es gibt aber andere Menschen, die ein trauriges Gemüt und furchtsam und unentschlossen sind, sodass keine rechte Ordnung und Bestand in ihnen ist. Sie sind wie ein heftiger Wind, der allen Pflanzen und Früchten schadet. Daher kommt es auch, dass sich in ihnen ein Saft bildet, der weder feucht noch dick ist, sondern ein Mittel davon. Er verhält sich wie ein zäher Schleim, der sich wie Gummi lang auszieht und die schwarze Galle entstehen lässt, die am Anfang der Welt aus Adams Samen entstanden ist.

Erläuterung: Wie entstehen Krankheiten?

Hildegard übernimmt auch diese Lehre, aber sie verändert die Bezeichnungen und setzt entsprechend ihrem christlichen Weltbild andere Schwerpunkte. Alle vier Säfte werden von ihr als Phlegma bezeichnet und so näher beschrieben:

Element	Saft	Eigenschaft	Temperament
Erde	schwarze Galle	lauwarm	Melancholiker
Wasser	Phlegma	schaumig	Phlegmatiker
Feuer	gelbe Galle	trocken	Choleriker
Luft	Blut	feucht	Sanguiniker

Das Zusammenwirken dieser Säfte stellt sich Hildegard so vor: Je zwei Säfte, die dominierenden Phlegma, beherrschen die beiden übrigen abhängigen Säfte, die Hildegard als *livores* bezeichnet. Das Verhältnis der Säfte ist so durch eine Rangordnung bestimmt, dass der oberste Saft den zweiten, dieser wiederum den dritten und schließlich der dritte den vierten und untersten beherrscht. Da die beiden oberen Säfte wegen ihres Überschusses eine erregende, die beiden unteren wegen des Mangels eine abschwächende und hemmende Wirkung haben, entsteht im Körper ein Gleichgewichtszustand.

Wenn die beiden unteren Säfte ihre hemmende Wirkung verlieren, gerät das Gleichgewicht der Säfte außer Kontrolle und der betreffende Mensch erkrankt.

Die Verbindung mit der christlichen Lehre stellt Hildegard durch den Sündenfall her, der für die Entstehung krankhafter Säfte verantwortlich ist. Besonders schlecht beurteilt Hildegard den Überschuss an schwarzer Galle, weil solche Menschen von höllischen Begierden gequält werden und sich wie Sadisten benehmen. Denn dieser Saft ist aus dem Bauch der Schlange entstanden, auf deren Rat Adam den Apfel verzehrte. Bevor Adam diese Sünde beging, leuchtete die Galle wie ein Kristall. Eine bessere Beurteilung erfährt der Sanguiniker, den sie als maßvoll und pflichtbewusst beschreibt.

Von den Krebskranken

Sind aber das Trockene oder das Lauwarme, die in einem solchen Fall den Schleim des feuchten und des Schaums bilden, über ihre Grenze hinausgegangen, so erzeugen sie beim Menschen geräuschvolles Aufstoßen und den Schluckauf, lassen in ihm den Krebs entstehen und bewirken, dass die Würmer ihn verzehren und das Fleisch seines Leibes zu missgestalteten Geschwüren anschwillt, sodass auch durch die wachsende Geschwulst einer seiner Arme oder eines seiner Beine größer wird als das andere. Dies tun sie so lange, bis sie von dieser Pestilenz abgelassen haben. Daher kann er nicht lange leben.

Von der Gicht

Bei wem aber das Feuchte das Trockene überschreitet und das Lauwarme das Trockene und den Schaum, die hier noch übrig sind, so muss er wie auch die anderen Menschen das Übel erdulden und hat eine traurige Gemütsart, aber er ist nicht sehr zornig. Was seine Gesinnung anbelangt, ist er brauchbar. Zwar ist er nicht sehr kränklich, aber er wird zuweilen von seiner Krankheit geplagt, die man Gicht nennt. Er wird ein hohes Alter erreichen.

Zahnschmerz

Äußerst feine Gefäßchen umgeben die dünne Haut, in der das Gehirn liegt, und breiten sich aus bis zum Zahnfleisch und zu den Zähnen selbst. Sind sie mit schlechtem, überreichlichem und faulem Blut gefüllt und werden sie durch den Schaum, der bei der Reinigung des Gehirns auftritt, verunreinigt, so tragen sie die verfaulte Materie mit dem Schmerz vom Gehirn zum Zahnfleisch und in die Zähne selbst. Dadurch schwellen bei einem solchen Menschen das Fleisch, das die Zähne umgibt, und ebenso auch die Wange an und dann hat der Mensch Schmerzen im Zahnfleisch. Wenn aber ein Mensch durch Spülen mit Wasser nicht häufig zwischendurch reinigt, wächst dadurch zuweilen ein Schleim in dem Fleisch um die Zähne und häuft sich an. Dadurch wird dieses Fleisch krank und aus dem um die Zähne herum alt gewordenen Schleim entstehen manchmal in den Zähnen Würmer, und so schwillt das Zahnfleisch an und der Mensch hat deshalb Schmerzen.

Vom Schnupfen

Wenn ein allzu großer Schmerz durch den starken Fluss in der Nase eines Menschen eingetreten ist, so soll er Fenchel und viermal so viel Dill nehmen und auf einen am Feuer erhitzten Dachziegel aus Stein oder einen dünnen Ziegelstein legen, den Fenchel und den Dill hin und her wenden, bis sie rauchen, und dann den Rauch und ihren Geruch durch Nase und Mund in sich aufziehen, außerdem auch denselben Fenchel und denselben Dill, auf dem angegebenen Stein erwärmt, mit Brot zusammen essen. Dies soll er drei, vier oder fünf Tage hintereinander tun, damit der Fluss in Kopf und Nase umso leichter sich löst und die ausfließenden Säfte umso leichter entfernt werden. Denn die Wärme und die Feuchtigkeit des Fenchels sammelt die widernatürlich ergossenen und zu Unrecht ausgeschiedenen Säfte und zieht sie zusammen. Die trockene Kälte des Dills trocknet diese ein, wenn beide Kräuter gleichzeitig auf dem heißen Stein wegen dessen heilsamer Wirkung erwärmt werden.

Vom Wirken der Seele

Wie die Sonne das Licht des Tages so ist die Seele das Licht des wachenden Körpers, und wie der Mond das Licht der Nacht so ist auch die Seele das Licht des schlafenden Körpers. Wenn nämlich der Körper des schlafenden Menschen die richtige Wärme hat, sodass sein Mark ihn in richtigem Verhältnis und Maß erwärmt und er frei ist vom Ansturm des Lasters und des sittlichen Widerspruches, dann sieht er Wahres, weil das Wissen seiner Seele in Ruhe ist. Er verhält sich wie der Mond, der sein Licht hell und voll ausstrahlt, wenn er in der Nacht frei von den Wirbeln der Wolken und Winde ist. Wenn aber ein Wirrwarr von verschiedenen und entgegengesetzten Gedanken den Geist und den Körper eines wachen Menschen beherrscht und er dann einschläft, dann ist das, was er im Schlaf sieht, fast immer falsch, denn das Wissen seiner Seele ist unter diesen Widersprüchen so sehr verdunkelt, dass er das Wahre nicht sehen kann. Auch der Mond kann im Sturm der Wolken nicht hell scheinen. Weil die Seele Feuer ist, lässt sie bei schlafenden Menschen den Atem in verminderter Stärke ein- und ausgehen, damit der Körper nicht zerstört wird. So gibt der Töpfer auch auf sein Gefäß acht, wenn er es am Feuer hat, damit es nicht zu heiß und zu kalt ist. Wenn es nämlich übermäßig warm wäre, würde das Gefäß zerbrechen und zerstört werden.

Vom Schlaf

Wenn der Mensch schläft, erholt sich sein Mark und nimmt zu. Wenn er aber wach wird, verdünnt sich sein Mark und wird geschwächt. Ein solcher Mensch gleicht dem Mond, der bei der Zunahme wächst und beim Abnehmen kleiner wird. Auch die Wurzeln der Pflanzen behalten im Winter ihre Lebenskraft in sich, die sie im Sommer als Blüten aussenden. Wenn das Mark des Menschen durch Arbeit müde geworden oder durch Nachtwachen erschöpft ist, wird der Mensch vom Schlaf überwältigt und er schläft leicht ein, gleichgültig ob er steht, sitzt oder liegt, weil seine Seele dieses körperliche Bedürfnis spürt. Denn wenn das Mark durch Nachtwachen verdünnt und schwach geworden ist, dann holen die Seelenkräfte bald einen sehr angenehmen und sehr süßen Hauch aus dem Mark hervor, der die Halsgefäße und den ganzen Nacken des Menschen durchzieht, zu den Schläfen hinübergeht, die Gefäße des Kopfes erfüllt und so den Lebenshauch des Menschen herabdrückt. Der Mensch liegt dann da, gleichsam als ob er gefühllos wäre, von sich selbst nichts wüsste, die Gewalt über sich verlöre und keine Einsicht, Gedanken und Gefühle mehr hätte. Nur die Seele lässt seinen Lebenshauch noch ein- und ausgehen, wie sie es bei einem wachenden Menschen auch tut. Denn sie hält ihn im Wach- und Schlafzustand zusammen und ist in ihm, wenn er schläft oder wach ist. Wie eben geschildert wurde, schläft der Mensch ein. Dann lässt die Seele, nachdem sie ihre Kräfte in sich vereint hat, sein Mark zunehmen und stärkt es. Hierdurch macht sie seine Knochen fest, lässt das Blut zusammenrinnen, kocht das Fleisch, vereint die einzelnen Glieder und vermehrt bei dem Menschen den Verstand und das Wissen, während sich das eigentliche Leben verborgen hält. So besitzt die Seele, wenn der Mensch schläft, mehr innere Wärme, als wenn er im Wachzustand ist. In diesem Zustand nämlich ist das Mark des Menschen dünn, schlüpfrig und unruhig. Dies sind die Ursachen des Schlafes. Im Schlaf nämlich erwärmt sich sein Mark, weil es dann zunimmt, fett und sehr klar wird.

Von den Träumen

Da die Seele des Menschen von Gott abstammt, sieht sie manchmal Wahres und Zukünftiges, während sie im Körper schläft. Auch weiß sie, was dem Menschen bevorsteht und gelegentlich eintrifft. Aber es kann auch vorkommen, dass die Seele durch Vorspiegelungen des Teufels geschwächt oder durch Trübung des Geistes behindert wird, sodass sie diese Dinge nicht deutlich sehen kann und der Täuschung unterliegt. Sehr häufig wird die Seele durch Gedanken, Meinungen und Absichten, die den Menschen im Wachzustand beschäftigen, auch in den Träumen belastet und dann wie ein Sauerteig aufgebläht, den eine Mehlmasse auftreibt. Hierbei ist es gleichgültig, ob es sich um gute oder schlechte Gedanken handelt. Wenn diese gut und heilig sind, so zeigt Gottesgnade oft dem Menschen die Wahrheit in den Träumen. Sind sie dagegen schlecht und bemerkt dies der Teufel, so erschreckt oft die Seele eines solchen Menschen und mischt die Lügen des Teufels unter die Gedanken des Menschen. Sogar heilige Menschen lässt er oft unter höhnischem Gelächter schändliche Dinge sehen. Wenn nämlich ein Mensch einschläft, der in seinem Geist sich mit unpassender Freude oder

Trauer, Zorn oder Angst, Herrschsucht oder anderen derartigen Dingen beschäftigt, so führt ihm dies der Teufel mit seinen Betrügereien sehr häufig in seinen Träumen vor. Denn er hat dies bei ihm wahrgenommen, als er wachte. Aber auch wenn ein Mensch unter wollüstigen Gedanken einschläft, so halten ihm dies bisweilen die teuflischen Gaukeleien so vor, dass er lebendige Gestalten im Traum sieht und manchmal auch die Körper von Toten, mit denen er einmal Verkehr hatte. Manchmal zeigt ihm der Teufel auch Gestalten, die er nie mit leiblichen Augen gesehen hat, sodass es ihm vorkommt, als ob er sich mit ihnen in schändlicher Lust mit Samenergüssen vergnüge, als wäre er wach. Auch glaubt er, dass die bereits Verstorbenen noch lebendig sind, sodass auch sein Samen von der Schande getroffen wird. Wie der Teufel in seinen Betrügereien mit dem Menschen im Wachzustand sein tolles Spiel treibt, so lässt er ihm auch in seinen Träumen keine Ruhe. Da die Seele mit dem Körper eng verbunden ist, stimmt sie sehr oft, wenngleich auch unwillig, im Schlaf und Wachzustand bei und ruft verschiedene Unruhen in ihm aus. Wie die Luft im Wasser das Mühlrad bewegt und mahlen lässt, so regt auch die Seele den Körper des schlafenden und wachenden Menschen zu verschiedenen Tätigkeiten an.

Erläuterung: Die Frauen- und Sexualmedizin der Hl. Hildegard

Ein umfassender Teil der *Causae et curae* behandelt Anatomie und Funktion der menschlichen Zeugungsorgane, das Geschlechtsleben, Schwangerschaft und Geburt. Bemerkenswert ist besonders Hildegards Wissen über Frauenleiden, denn die

Kenntnisse über den weiblichen Körper und seine Krankheiten waren im Allgemeinen sehr gering. Religiöse und gesellschaftliche Tabus untersagten z. B. die Obduktion von menschlichen Körpern. Hildegards gynäkologische Kenntnisse, die auf eigenen Beobachtungen, dem überlieferten Wissen der Klostermedizin und Informationen von Hebammen beruhen, haben einen hohen Stand. Denkbar sind Kontakte mit Hebammen, die in der Nähe des Klosters praktizierten. Sie unterscheidet z. B. zwischen Befruchtung und Menschwerdung des Embryos innerhalb der Gebärmutter. Erstaunlich sind auch ihre Kenntnisse über die Gefahren in der Schwangerschaft und Geburt bei Krankheit der Mutter. Bei der Behandlung von Krankheiten anderer Körperteile und Krankheitssymptomen wie Fieber, Krämpfe und Blutspucken beruft sie sich auf ihre eigenen Beobachtungen und Erfahrungen. Es gehörte zu den Aufgaben der Benediktinermönche, sich um erkrankte Mitglieder des Klosters und um Laien zu kümmern.

Von der Geschlechtsreife des Mannes und der Frau

Vom 15. Lebensjahr an spürt der Jüngling in sich das Bedürfnis nach geschlechtlichem Verkehr und schwitzt dann leicht den Schaum des menschlichen Samens unter nichtigen Vorstellungen aus. Aber das Lustgefühl und auch der Samen sind bei ihm noch nicht vollständig ausgereift. Da zu dieser Zeit der Samen noch unreif ist, muss der junge Mann sehr streng bewacht werden, damit es nicht zu einem Geschlechtsverkehr mit einer Frau kommt oder er auf andere Weise seine Lust stillt. Denn dadurch kann er sehr leicht unvernünftig und einsichtslos werden. Sein Verstand nimmt ab und sein Gemüt wird zügellos, weil er noch nicht die Fähigkeit erlangt hat, reifen Samen auszuscheiden.

Falls der junge Mann kräftig ist, gelangt er mit dem 16. Lebensjahr zu der Reife, seine Begierden erfüllen zu können. Ist sein Körper aber schwach entwickelt, erreicht er diese Fähigkeit erst mit dem 17. Lebensjahr. Von nun an hat er einen völlig ausgebildeten Verstand und einen besseren, gleichmäßigeren Charakter als in der Zeit vor seiner Geschlechtsreife. Nach dem 15. Lebensjahr gibt der Mann seine kindlichen und unbeständigen Gewohnheiten auf und nimmt einen gleichmäßigen Charakter an.

Wenn der Mann von einer kräftigen Natur ist, nimmt der Geschlechtstrieb erst um das 70. Lebensjahr ab. Bei einem Mann mit einer schwächlichen Natur wird der Geschlechtstrieb schon um das 60. Lebensjahr schwächer und verminderte sich weiter bis zu seinem 80. Lebensjahr, wo er dann völlig ausgelöscht ist.

Das Mädchen spürt ab dem 12. Jahr den Geschlechtstrieb und schwitzt dann leicht als Folge unzüchtiger Gedanken den Schaum der Lüsternheit aus, obwohl diese Lust noch nicht zur Aufnahme des Samens bereit ist. In dieser Zeit muss das Mädchen streng bewacht werden, damit sie sich nicht den Ausschweifungen hingibt, weil es jetzt mehr als vorher ihren Gedanken freieren Lauf lässt. Da es im unreifen Alter noch zeugungsunfähig ist, verliert es, wenn es nicht überwacht wird, sehr leicht das Gefühl für Ehre, Scham und rechte Einsicht durch den vorzeitigen, hemmungslosen Geschlechtsgenuss. Deshalb ahmt es wegen dieser üblen Eigenschaften eher die Sitten des Viehs als die der Menschen nach.

Im 15. Lebensjahr, wenn es eine lebensfrische und feuchte Natur hat, ist die Geschlechtsreife bei ihr vollständig entwickelt und es ist zeugungsfähig. Mädchen, die von Natur aus schwach und kränklich sind, gelangen erst mit dem 16. Lebensjahr zur Geschlechtsreife. Von nun an haben sie einen voll entwickelten Verstand und ausgebildeten Charakter. Etwa vom 15. Lebensjahr an legt die Frau ihren mädchenhaften Charakter und ihr unausgeglichenes Wesen ab und zeigt von nun an eine wohlgeordnete und gleichmäßige Haltung.

Bei einer Frau, die von feuchter, lebensfrischer und kräftiger Natur ist, schwindet die Geschlechtslust mit dem 70. Lebensjahr. Doch wenn sie eine zarte und kränkliche Natur hatte, dann verringert sich dieser Geschlechtstrieb schon im Alter von 60 Jahren und hört im 80. Lebensjahr wie beim Mann gänzlich auf.

Wer aber den Samen so leidenschaftlich wie ein Esel verspritzt, bekommt danach rote Augen und eine dicke Haut an den Augen. Diese Männer werden auch schwachsichtig. Wer aber den Geschlechtstrieb mit Maß und Zucht praktiziert, muss nicht befürchten, dass sich seine Augen trüben.

Vom Lustgefühl der Frau

Die fleischliche Lust der Frauen erinnert an die Sonne, die mit ihrer Wärme die Erde andauernd mild und sanft durchdringt, damit sie Früchte hervorbringen kann. Würde sie anhaltend und stärker auf sie niederbrennen, so würde sie die Früchte mehr schädigen, als sie hervorbringen. So ist auch die fleischliche Lust bei den Frauen einschmeichelnd und sanft; dafür besitzt sie die anhaltende Wärme, Nachkommenschaft zu empfangen und zu gebären, weil, wenn die Frau andauernd im Brand der Lust verbliebe, sie zur Empfängnis und Zeugung ungeeignet wäre. Wenn die Lust bei der Frau beginnt, ist sie weniger stark als beim Mann, weil dieses Feuer bei der Frau nicht so heftig brennt wie bei ihm.

Erläuterung: Die Sexualbiologie Hildegards

Das Wissen über Anatomie und Physiologie der männlichen und weiblichen Sexualorgane ist zusammengefasst im *Canon* des Arztes Avicenna (985–1036), einem der bedeutsamsten Lehrbücher der Schule von Salerno. Avicenna benutzte als Quelle die Schriften der griechischen Ärzte Hippokrates (460–370 v. Chr.) und Galen (129–199 n. Chr.). Avicenna vertritt die Vorstellung, dass die Geschlechtsorgane von Mann und Frau analog aufgebaut sind. Auch die Frauen haben Samengefäße, die beim Geschlechtsverkehr den weiblichen Samen in die Gebärmutter schleudern.

Vom Lustgefühl des Mannes

Erhebt sich beim Mann der Sturm der Leidenschaft, so wälzt er sich in ihm wie ein Mühlrad herum, weil seine Lenden einer Werkstatt vergleichbar sind, in die das Mark sein Feuer entsendet. Dann befördert diese Werkstatt das Feuer zu den männlichen Geschlechtsteilen und lässt es heftig brennen. Geht dagegen der Wind der Lust aus dem Mark der Frau hervor, so versinkt er in der Gebärmutter, die am Nabel hängt, und erregt das Blut der Frau zur Lust. Weil die Gebärmutter im Bereich des weiblichen Nabels einen weiten und offenen Raum hat, breitet sich jener Wind in den Bauch der Frau hinein aus. Deshalb entbrennt dort die geschlechtliche Lust weniger heftig, wenngleich aber wegen der Feuchtigkeit öfter. Daher kann sich die Frau, sei es aus Scham oder Furcht, leichter des Geschlechtsgenusses enthalten als der Mann. Es wird deshalb von der Frau der Schaum des Samens seltener ausgeschieden als vom Mann und im Verhältnis zum männlichen Samen in geringerer Menge. So wenig wie ein Bissen im Vergleich zum Brotlaib. Dennoch kommt es oft vor, dass der eben erwähnte Schaum nach dem Genuss nicht ausgeschieden wird, weil er sich mit dem Inhalt der glänzend weißen und starken Gefäße der Gebärmutter vermischt, um schließlich mit dem Monatsfluss ausgeschieden zu werden. Das, was zurückbleibt, wird von der Gebärmutter entleert, manchmal auch, wenn der Geschlechtstrieb ohne Berührung durch den Mann erregt wird, in ihr verteilt und verrieben und völlig zunichte gemacht. Überhaupt ist die fruchtbare Veranlagung der Frau kälterer und blutigerer Art als die des Mannes. Ihre Kräfte sind geringer als die des Mannes und deshalb entbrennt sie weniger in Geschlechtslust als der Mann. Denn die Frau ist nur ein Gefäß, um Nachkommen zu empfangen und zu gebären, und der Wind ist bei ihr luftig, ihre Gefäße sind offen und ihre Glieder leichter beweglich als die des Mannes. Zeugungsfähige Männer, die sich des Umgangs mit Frauen enthalten, werden leicht krank, aber nicht so sehr wie die Frauen, weil sie mehr Samen ausscheiden als die Frauen. Unfruchtbare Frauen sind gesund, wenn sie keinen Verkehr mit Männern haben. Haben sie aber Männer, dann sind sie kränklich. Wie sich manchmal eine Überschwemmung von Regen und Unwetter erhebt und dann wieder still ist und wie der Most beim Gären bald aufschäumt und bald niedersinkt, so erheben sich auch die schlechten Säfte manchmal und nehmen dann wieder ab, weil, wenn sie in

schlechter Ausübung ihrer Kraft dauernd in einer Über-
aktivität sich befänden, der Mensch es nicht ertragen
könnte, sondern in Kürze zugrunde gehen würde. Denn
das Blut nimmt bei jedem Menschen zu und ab mit der
Zu- und Abnahme des Mondes.

Von den geschlechtlichen Begierden

Wenn sich die Geschlechtslust im Menschen regt, wird sie
vom Feuer des Markes angeregt. Das im Mark enthaltene
Feuer entsteht im Menschen aus verschiedenen Gründen,
zum Beispiel durch törichte Vergnügungssucht, unmä-
ßiges Essen und Trinken oder auch durch eitle und aus-
schweifende Gedanken, und bringt so den Menschen außer Fassung. Das Feuer im menschlichen Mark entzündet
die Geschlechtslust mit ihrem Beigeschmack von Sünde.
Danach erregt die Lust mit ihrem Beigeschmack im Blut
die Leidenschaft wie ein Sturmwind, sodass das Blut
Schaum aufwirft. Diesen milchähnlichen Schaum leitet
sie dann mit einem angenehmen Gefühl zu den Hohlräu-
men der Geschlechtsorgane, weil er dann durchgekocht
und reif ist. Jede Speise nämlich ist nach dem Kochen und
nachdem sie vollständig gargekocht wurde angenehmer
als vor dem Kochen. An der Stelle, wo sich die meisten
Gefäße befinden, spürt der Mensch das Lustgefühl, weil
sie aus den Adern hervorgeht. Auch beim Wein treten der
Duft, der Geschmack und die ganze Kraft an einer Stelle
des Fasses heraus. Wird ein Mensch gelegentlich von lüs-
ternen Gedanken gequält, so scheidet er ohne jede gegen-
seitige Berührung so viel Schaum in den Geschlechtsor-
ganen aus, wie das vom Wind bewegte Wasser Schaum
aufwirft. Wenn aber ein Mann durch bloße Berührung

zur Wollust erregt wird, entleert er einen dünnen, trüben und nur halbgekochten Schaum, der der Dünnmilch ähnelt, weil er vom Feuer eines Partners nicht gekocht wurde. Wie nämlich eine Speise durch ihr natürliches Feuer nicht gekocht wird, wenn man kein anderes Feuer hinzufügt, so wird auch der Samen eines Menschen nicht völlig fest gekocht ausgeschieden, wenn nicht das Feuer eines anderen Menschen dabei mitwirkt. Daher kommt es auch, dass ein Mann, wenn er mit einem anderen Mann oder einem lebendigen, fühlenden Wesen sich in Lust verbindet, einen Samen entleert, der durch das beiderseitige Feuer gargekocht ist und einem fetten, vollwertigen Mark ähnlich ist. Wenn aber ein Mann bei der Ejakulation mit einer Frau vereinigt ist, dann ergießt er seinen Samen an den richtigen Ort. Genauso handelt der, der fertig gekochtes Essen zum Verzehr aus dem Topf in eine Schüssel legt. Wenn er aber nicht mit einer Frau schläft, sondern mit einem anderen, seiner Natur entgegengesetzten Wesen, dann vergießt er in schändlicher Weise seinen Samen an eine unpassende Stelle wie derjenige, der sein Essen aus dem Topf auf die Erde schüttet. Das ist der Schmutz, aus dem die Menschen erschaffen sind.

Von der fleischlichen Lust

Die Blutgefäße, die sich in der Leber und im Bauch des Mannes befinden, treffen in seinen Geschlechtsteilen zusammen. Wenn der Sturm der Lust aus dem Mark des Mannes heraustritt, sinkt es in seinen Lenden herab und erweckt im Blut die Lust zur Versuchung. Weil die Lendengegend sehr beschränkt, eng und abgeschlossen ist, kann sich dieser Sturm nicht weiter ausdehnen und erhitzt sich dort in einem starken Lustgefühl, sodass ein solcher Mann die Kontrolle über sich verliert und sich nicht zurückhalten kann, seinen Samen austreten zulassen. Wegen der Abgeschlossenheit der Lenden entbrennt das Feuer der Lust beim Mann heftiger. Aber im Gegensatz zur Frau brennt es seltener. Denn wie ein Schiff gefährdet ist in den großen Wellen, die in den Flüssen bei starken Winden und Stürmen auftreten, sodass es nur mit Mühe seine Fahrrichtung halten kann, so kann auch beim Ansturm der Lust nur schwer die Natur des Mannes gebändigt und zurückgehalten werden. In den Wellen aber, die durch einen schwachen Wind oder in Unwettern durch schwache Wirbelwinde entstehen, kann sich ein Schiff, wenngleich auch mit Mühen, halten. Genauso verhält sich auch die Geschlechtslust der Frau, weil diese leichter beherrscht werden kann als die Lust des Mannes. Denn seine Lust gleicht einem Feuer, das bald erlischt und bald wieder aufflackert, weil ein Feuer, das dauernd brennen würde, auch viel verbrauchen würde. So erhebt sich bisweilen das Lustgefühl des Mannes und sinkt dann wieder, denn wenn es ständig in ihm brennen würde, könnte der Mann es nicht ertragen.

Der Ehebruch

Wenn ein Mann oder eine Frau, die ihre Ehe vergessen, in brennender Leidenschaft sich einer anderen Verbindung zugewandt haben, sodass sie in einer unrechtmäßigen Verbindung mit einer Frau oder einem Mann verkehren, dann hat der Mann sein Blut, das doch das Blut seiner rechtmäßigen Gattin ist, mit einer fremden Frau verbunden und ebenso die Frau sein Blut, das das Blut ihres rechtsmäßigen Gatten ist, mit einem fremden Mann zusammengebracht. Deshalb werden auch die Kinder aus solchen Verbindungen häufig unglücklich sein, weil sie den Grund ihrer Empfängnis abweichenden Sitten und verschiedenem Blut sowohl von der Vater- wie von der Mutterseite her zu verdanken haben. Solche Eltern heißen vor Gott Übertreter der gerechten Ordnung, die Gott in Adam und Eva aufgestellt hat. Wie Adam und Eva als Übertreter des göttlichen Gebotes sich und all ihre Nachkommen dem Tod preisgegeben haben, so beflecken auch alle diejenigen, die auf solche Weise die göttliche Einrichtung entweihen, sich selbst und die, welche so von ihnen gezeugt werden. Sie schicken sie ins Unglück, weil die ihnen innewohnende Vernunft besudelt ist und weil sie sich in ihrem sittlichen Verhalten auf die Stufe des Viehs gestellt haben.

3. BUCH

Vorbemerkung

Die nachfolgenden Arzneien für die bisher besprochenen Krankheiten sind von Gott verordnet. Sie werden den Menschen entweder gesund machen oder aber er muss sterben, weil Gott nicht will, dass er von seiner Krankheit geheilt werde.

Von der geistigen Verwirrung

Wenn durch vieles Hin- und Herdenken bei einem Menschen Bewusstsein und Gefühl vernichtet werden, sodass er in geistige Verwirrung verfällt, dann soll er Balsamkraut und dreimal so viel Fenchel nehmen, beide Kräuter vermischen, dann in Wasser kochen und nach Entfernung der Kräuter das abgekühlte Wasser trinken. Der Saft des Balsamkrautes unterdrückt die schlechten Säfte und hält sie zurück, damit sie ihre Wirkung nicht zu stark entfalten. Der Kranke ist wieder bei Verstand. Der Saft gibt ihm wieder eine angemessene fröhliche Stimmung. Wenn man diese beiden Kräuter in einem richtigen Verhältnis nimmt und sie mit weichem Wasser kocht, bewirken sie, dass der Kranke seine früheren Verstandeskräfte zurückerhält. Doch muss dieser Mensch trockene Speisen vermeiden, weil diese die in ihm unterdrückten Säfte zu noch größerer Trockenheit seiner geistigen Verwirrung führen würden. Dieser Mensch soll gute und wohlschmeckende Speisen essen, die ihm einen guten Saft in seinem Blut verschaffen und überhaupt seine Säfte in ein richtiges Verhältnis zurückführen und die wirren Gedanken in diesem Menschen unterdrücken. Auch soll er Weizenbrei essen, der mit Butter oder Fett, aber nicht mit Öl zubereitet wurde, weil hierdurch das ausgeleerte und erkaltete Gehirn wieder aufgefüllt und erwärmt wird. Öl würde das Phlegma anziehen, sodass es vermieden werden muss. Auch Wein darf er nicht trinken, weil es seine zerstreuten Säfte noch weiter zerstreuen würde. Dasselbe gilt für Met, weil die Kraft des Honigs den in ihm unterdrückten Säften noch mehr ihrer Wirkung entziehen würde. Einfaches Wasser muss ebenfalls gemieden werden, denn dies würde seinen Verstand noch weiter entleeren. Den oben beschriebenen Trank, aber auch Bier soll dieser Mensch trinken, weil sie beide die unterdrückten Säfte und seine Verstandeskräfte in einen richtigen Zustand versetzen. Auch würde hierdurch die Angriffslust dieses Menschen geheilt.

Als Kopfbedeckung soll der Kranke eine Mütze aus Filz oder reinem Leinen tragen, bis das durch die unterdrückten Säfte erkaltete Gehirn sich langsam und allmählich wieder erwärmt hat. Denn dies darf auf keinen Fall plötzlich oder übermäßig geschehen, damit sich sein Zustand nicht noch verschlechtere.

4. BUCH

Erläuterung: Gifte und Gegengifte in der mittelalterlichen Medizin

Die mittelalterlichen Ärzte teilten Mineralien, Pflanzen und tierische Stoffe in Nahrungsmittel, Arzneimittel und Gifte ein. Zu letzteren gehörten Stoffe wie Arsenik und Quecksilber, bei den Pflanzen die Nachtschattengewächse oder Giftpilze sowie Geifer und Galle bei Gifttieren. Um sich gegen ein Gift zur Wehr zu setzen, bediente man sich natürlicher Abwehrmittel oder magischer Praktiken. Der griechische König Mithridates VI. Eupator (132–63 v. Chr.) ließ von seinen Ärzten ein Universalgegengift (Mithridateum) herstellen, das aus 54 Inhaltsstoffen bestand. Solche Universalheilmittel gegen Gifte, die man auch »Theriak« (Mittel gegen Tiergifte) nannte, nahmen die Mächtigen täglich ein, um sich gegen etwaige Giftanschläge ihrer Gegner zu schützen. Der römische Arzt Galen (129–199 n. Chr.), Leibarzt des römischen Kaisers Mark Aurel, stellte ein »Theriak« aus 70 Stoffen her. Eine Sammlung von Rezepten zu Gegengiften mit dem Titel *Antidotarium* [*antidotum* = Gegengift] verfasste 1150 Nicolaus Platearius, der als Arzt an der berühmten Medizinschule von Salerno tätig war. Eine wichtige Rolle spielte bei der Abwehr von Giften der Giftindikator. Die Hl.

Hildegard benutzte hierfür die Löwenquaste. Wenn man diese Pflanze neben vergiftete Speisen legte, dann würden die Speisen im Gefäß in Bewegung geraten. Die Klaue des Fabeltieres Einhorn verfügt nach ihrer Ansicht über die Fähigkeit, eine vergiftete Speise oder Flüssigkeit zum Sieden oder Rauchen zu bringen, wenn man sie unter eine Schüssel oder einen Becher legt.

Ein Mittel gegen Gift und Zaubersprüche

Wer dieses Pulver bei sich trägt, dem bringt es Gesundheit, Kraft und Wohlergehen. Nimm vom Storchschnabel eine Wurzel mit den Blättern, zwei Malvenwurzeln mit den Blättern und sieben Wegerichwurzeln mit den Blättern! Aber man muss diese Pflanzen in der Mitte des Monats April zur Mittagszeit herausziehen. Man lege sie auf die feuchte Erde und begieße sie mit ein wenig Wasser, damit sie eine Zeitlang grün bleiben. Wenn es Abend wird, lege man diese Kräuter ins Sonnenlicht, bis die Sonne untergeht. Bei Sonnenuntergang nimmt man diese Kräuter wieder weg, legt sie in der folgenden Nacht auf die feuchte Erde und besprengt sie mit Wasser, damit sie nicht austrocknen. Wenn am nächsten Morgen die Morgenröte sichtbar wird, lässt man sie von der dritten Stunde des Tages bis zur Tagesmitte auf der feuchten Erde vom Morgenrot bescheinen. Aber man darf sie jetzt nicht mit Wasser besprengen. Um die Mittagszeit nimmt man die Kräuter weg und legt sie nach Süden in das volle Sonnenlicht bis zur neunten Stunde. Dann legt man sie auf ein Tuch, das auf einen hölzernen Rahmen gespannt ist. Man achtet sorgfältig darauf, dass die Kräuter nicht geknickt oder beschädigt werden. So bleiben sie bis kurz vor Mitternacht liegen. Man wartet, bis das Rad des Nordens sich wie ein Mühlrad dreht und sich zur Finsternis wendet, weil es kein Licht bekommen kann und alle nächtlichen Übel fliehen. Denn die Nacht muss sich jetzt wieder dem Tag zuwenden. Also ganz kurz vor Mitternacht legt man die Kräuter auf ein hohes Fenster oder auf den Türbalken oder in irgendeinen Garten, damit sie mäßig warme Luft haben und von der Luft berührt werden können. Dort müssen die Kräuter bis kurz nach Mitternacht liegen bleiben. Wenn Mitternacht vorüber ist, nimmt man die Kräuter, zerreibt sie mit den Fingern, legt sie in ein neues, feines Leinentuch und gibt ein wenig Bisam dazu, aber nur so viel, dass der Geruch der Kräuter von dem des Bisams verdrängt wird. Der Bisam besitzt die Eigenschaft, die Kräuter nicht faulen zu lassen.

Die so zubereiteten Kräuter muss man täglich vor seine Augen, Ohren, Nase und Mund halten, wenn man Krankheiten abwehren und seine Gesundheit erhalten will. Wenn bei einem Mann der Geschlechtstrieb sehr stark ist, so soll er die Kräuter in ein Tuch binden und es auf seinen Körper von den Lenden bis zu seinem Penis auflegen. Eine Frau muss es sich auf den Nabel legen und sie wird bald Abkühlung spüren.

Wenn jemand etwas gegessen hat, was ihm Schmerzen bereitet, dann soll er diese Kräuter in den Hals eines mit Wein gefüllten Gefäßes so hineinstecken, dass die Kräuter nicht vom Wein berührt werden. Nur den Duft des Weines sollen sie aufnehmen. Von diesem Wein bereitet man einen kleinen Frühstückstrunk. Hat aber jemand Gift genommen oder wird von einem Zauber gequält, so soll er den duftgetränkten Wein trinken. Danach wird es ihm besser gehen.

Erläuterung: Ursachen des Todes

Eine Krankheit entsteht durch die Unordnung der Säfte. Je mehr Säfte das rechte Maß verlieren, desto schlimmer entwickelt sich die Krankheit. Die Erkennung des Verlaufes einer Krankheit war in der antiken Medizin ebenso wichtig wie die Erforschung der Ursachen. Der Verlauf einer Krankheit lässt sich an folgender Tabelle ablesen:

Anzahl der in Unordnung geratenen Säfte	Zustand
1	Krankheitssymptome
2	Verwirrung; geht zugrunde
3	Siechtum; Tod
4	sofortiger Tod

Vom Kennzeichen des Todes

Wenn ein Mensch sonst gesund ist, aber die rote oder hellrote Farbe seiner Wangen über der Haut liegt, sodass man keine Haut unter der Röte seiner Wangen wahrnehmen kann, so hat er die Zeichen des Todes. Denn bei ihm liegt die Wangenröte in einer solchen Dichte auf der Haut, dass unter ihr die Haut nicht gesehen werden kann; wie bei einem roten Apfel, unter dessen roter Farbe auch keine Haut sichtbar ist, sondern eben nur eine gewisse Röte. Ein solcher Mensch wird bald krank werden und der Tod wird nachfolgen. Denn die auf der Haut liegende Wangenröte ist feuriger Lebenshauch der Seele, weil hier die Seele bei diesem Menschen ihre Kraft außerhalb des Körpers kenntlich macht und anzeigt, dass sie sich im Körper schwach und sicher fühlt wie ein Mann, der immer wieder zur Tür seines Hauses läuft, wenn er beabsichtigt, durch sie hinauszugehen.

Erläuterung: Die Harnschau

Die Betrachtung (Uroskopie) des unveränderten Harns zu diagnostischen Zwecken war in der Antike und im Mittelalter bis in die frühe Neuzeit ein wichtiges Mittel, um Krankheiten zu erkennen. Nach der Säftelehre ließen sich aus Dichte, Farbe, Geruch und Geschmack des Harns Veränderungen im Inneren des menschlichen Körpers erkennen. Hierzu benutzte man ein »Uringlas« (Matula), das der Form der menschlichen Blase nachgebildet war. Dieses diagnostische Mittel fand auch die Zustimmung der Kirche, weil es verhinderte, dass ein Arzt intime Körperteile betastete. Jedoch wurde die Uroskopie auch zum Wahrsagen (Uromantie) benutzt, weil man glaubte, alles aus dem Urin erkennen zu können, was Bezug zum menschlichen Körper hat.

Von der Harnschau

Man muss den Harn eines Kranken nach dem Schlafen aufheben, um ihn bezüglich seiner Gesundheit oder Krankheit zu überprüfen. Zu diesem Zeitpunkt ist der Harn entsprechend dem Zustand des Kranken richtig zusammengemischt und gefärbt. Wenn der Mensch schläft, also in Ruhe ist, dann fließen seine Säfte und Schweiß entsprechend ihrem Zustand und geben Auskunft über den inneren Zustand eines Menschen. Kann aber der Kranke nicht schlafen, dann muss man zur Beurteilung seines Zustandes den Harn auffangen, den er über den Tag lässt oder in der Morgendämmerung ausscheidet, weil die

Temperatur der Nacht und bei Tagesanbruch die Säfte eines Menschen und seinen inneren Zustand gut vereint.

Die Vorzeichen des Todes im Harn

Wenn aber der Harn weiß war wie Eiter, geronnener Milch ähnelt und in seiner Mitte wie eine Wolke aussieht, die rot und weiß gefärbt und trübe ist, so ist dies ein Anzeichen des Todes und der Kranke wird sterben. Der Harn, der weiß wie Eiter ist und wie geronnene Milch aussieht, zeigt an, dass dieser Mensch keine Wärme mehr hat. Deshalb ist sein Harn weiß. Die Eiterstoffe, die sich in den Säften befanden, gerinnen, weil ihnen die richtige Wärme fehlt. Auch sieht er in seiner Mitte wie eine purpurrote, weiße und trübe Wolke aus, denn die schwarze Galle befindet sich in der Mitte der Säfte, wo sie einen starken Schutz erhält. Folglich ist der Harn purpurrot, weil er seine Farbe zu der einer Wunde verändert hat, denn seine Auflösung steht unmittelbar bevor. Seine weiße Farbe verrät, dass der Eiter auseinanderfließt. Außerdem zeigt er hierdurch an, dass er in seiner Kraft nachlässt. Er ist trüb, weil er den schlechten und natürlichen Rauch, den er vorher in sich hatte, herauslässt. Deshalb gleicht ein so beschaffener Harn einer purpurroten, weißen und trüben Wolke. Wenn der Harn am Rand auch etwas klar ist, weil er nicht durchweg dickflüssig ist, dann muss dieser Kranke viele Schmerzen erdulden und wird dem Tod kaum entgehen. Trotzdem wird er schneller wieder gesund werden als derjenige, dessen Harn rot ist. Dunkelroter Harn weist nämlich darauf hin, dass die schwarze Galle beschädigt ist, weißer, dass sie bereits in Auflösung sich befindet, und trüber, dass sie bereits ihren Rauch herauslässt. Die klare Färbung am

Rand, während der Harn ausschließlich in der Mitte dickflüssig ist, verrät, dass die Säfte jenes Menschen noch nicht voneinander getrennt sind. Dieser Mensch wird dem Tod entgehen und seine Gesundheit schneller wiedererlangen als derjenige, der einen roten Harn hat. Denn dieser hat im Inneren eine große Hitze, von der er so leicht nicht erlöst werden kann.

C. DER BRIEFWECHSEL

Das Briefbuch der Hl. Hildegard ist eine der umfangreichsten Briefsammlungen des Mittelalters. Als die visionäre Begabung der Hl. Hildegard bekannt wurde, erbaten Menschen aus allen Schichten ihren Rat. Die überlieferten Briefe lassen sich nach den Empfängern ordnen: Päpste, Kaiser, Könige, Kardinäle, Erzbischöfe, Bischöfe, Patriarchen, Äbte und Äbtissinnen, Vorsteherinnen von Klöstern, weltliche Personen und Adressaten, die gegenwärtig noch unbekannt sind. In einigen Fällen eröffnet Hildegard den Schriftverkehr, aber die größte Zahl ihrer Briefe sind Antwortschreiben auf Anfragen oder Bitten. Abgesehen von Problemen und Schwierigkeiten einzelner Klöster, die den Anlass für einen Briefwechsel gaben, beschäftigen Hildegard besonders die Gefahren, die sich aus der engen Verflechtung von geistlicher und weltlicher Macht ergeben. Diese Zeiterscheinung hatte zur Folge, dass die seelsorgerischen Anliegen vernachlässigt wurden. Diese Verweltlichung war gerade zur Zeit Hildegards sehr gefährlich für die Zukunft der Kirche, weil sich aus Südfrankreich die Ketzerbewegung der Katharer ausbreitete, die sogar schon Anhänger in Köln hatte. Von dieser Ketzerbewegung wurde der christliche Glaube grundsätzlich in Frage gestellt. Denn die Katharer lehrten, dass es neben Gott als dem guten Prinzip noch gleichberechtigt das Böse, vertreten durch den Satan, gebe.

DER BRIEFWECHSEL MIT DEN PÄPSTEN

Wichtige zeitgeschichtliche Dokumente sind die Briefe mit den vier Päpsten Eugen III. (1145–1153), Anastasius IV. (153 bis 1154), Hadrian IV. (1154–1159) und Alexander III. (1159–1181). Lange glaubte man, dass der Briefwechsel mit den drei erstgenannten Päpsten gefälscht sei. Dieses Urteil stützt sich darauf, dass die Anforderungsschreiben der Päpste durch sprachliche Besonderheiten von dem bekannten Stil der päpstlichen Kurie abweichen. Folglich mussten auch die Antwortschreiben Hildegards eine Fälschung sein. Einen weiteren Grund, Hildegards Antwortschreiben als gefälscht abzulehnen, glaubte man auch darin zu erkennen, dass sie sich eines »unsachlichen, begeisterten« Tons bediente. Nur der Brief, der an Alexanders III. gerichtet ist, weist keine Abweichungen von der päpstlichen Kanzleisprache auf. Dieses negative Urteil über die Echtheit des Briefwechsels mit den Päpsten wurde 1956 in der grundlegenden Arbeit von M. Schrader und A. Führkötter erschüttert. Sie konnten den Nachweis erbringen, dass die angeblichen Abweichungen von der päpstliche Kanzleisprache einer Überprüfung nicht standhalten. Selbst vorsichtige Urteile über diese Briefe kommen zu dem Schluss, dass sie zu einem erheblichen Teil auf echten Briefe beruhen, aber sicherlich überarbeitet, ergänzt und mit Zusätzen versehen wurden.

Briefe an Papst Eugen III.

Als dem Papst Eugen III. 1147 auf der Synode in Trier drei Bücher von dem Werk *Scivias* übergeben und den versammelten Kirchenoberhäuptern einzelne Stellen vorgelesen wurden, war man von der Sprachgewalt der Visionen Hildegards begeistert.

Dieses Ereignis war ein Wendepunkt im ihrem Leben, weil sie die Anerkennung durch den Papst und die höchsten kirchlichen Würdenträger erhalten hatte. Es kam zu einem Briefwechsel mit Papst Eugen III. Es ist nicht bekannt, wie viele Briefe Eugen an Hildegard geschrieben hat. Überliefert sind vier Briefe, die Hildegard an den Papst schrieb. Drei Jahre nach der Synode von Trier schickt sie ihm das Gesamtwerk *Scivias* mit folgendem Begleitbrief:

Gütiger Vater! Ich schwaches Weib habe dir geschrieben, was Gott mich hat lehren wollen in wahrem Gesicht und geheimnisvollem Anhauch. Vater des Lichts! In deinem Namen bist du in unser Land gekommen nach Gottes Ratschluss und schautest, was ich an wahren Visionen aufgeschrieben hatte, wie das lebendige Licht mich gelehrt. Diese Visionen hast du mit dem innersten Herzen aufgenommen. Jetzt ist ein Teil der Schrift beendet. Jenes Licht hat mich jedoch nicht verlassen, sondern brennt noch in meiner Seele wie von Jugend an. Deshalb sende ich dir diesen Brief auf Gottes wahrhaften Befehl. Meine Seele wünscht, dass Licht deine Augen erhellen und deinen Geist für jenes Werk entzünden mögen, damit davon deine Seele geschmückt werde, wie es Gott gefällt. Die weltlichen Weisen lehnen dies in ihrem hochfahrenden Sinn ab, weil es von einer armen Frau kommt, die in der weltlichen Weisheit nicht unkundig ist. Du aber, Vater der Armen, höre den mächtigsten König! In seinem Palast saß er, und vor ihm standen gewaltige Säulen. Sie waren mit goldenen Bändern umgeben und mit Perlen und Edelsteinen reich geschmückt. Diesem König gefiel es, eine schwache Feder anzurühren, dass sie in Wundern emporfliege. Ein starker Wind hielt sie fest, sodass sie nicht niedersank. Und es spricht derjenige, der das lebendige Licht in der Höhe und leuchtendes Licht in der Tiefe ist und der im begnadeten Herzen verborgen wohnt: »Bereite diese Schrift für das Gehör dieser vor, die mich aufnehmen. Lass sie grünen im Saft süßen Geschmackes! Gib ihr Wurzeln und Äste, und du wirst leben in Ewigkeit. Hüte dich, diese geheimen Offenbarungen Gottes gering zu schätzen! Denn sie sind notwendig in den Nöten dieser Zeit, die sich noch verborgen halten und noch nicht offen zutage getreten sind. Der liebliche Gnadenduft begleite dich! Ermüde nicht auf dem rechten Weg!«

Ein weiterer Brief an Eugen III.

Der, welcher redet und nicht schweigt, sagt dies wegen der Schwachheit dieser Menschen, die zum Sehen blind, zum Hören taub und zum Sprechen stumm sind, da wilde Sitten sie im Dunkeln der Nacht umgarnen, was ihnen den Tod bringen kann. Was spricht er? Es blitzt das Schwert, fährt umher und tötet diese, die eine schlechte Gesinnung haben. Oh du, in deiner Person ein glänzender Harnisch und die erste Wurzel bei der Vermählung Christi, bist in zwei Teile geteilt. Einerseits ist deine Seele in der geheimnisvollen Blume der Jungfräulichkeit erneuert worden, andererseits bist du die Wurzel der Kirche. Vernimm den, der scharf ist im Namen und im Strom fließt. Der spricht zu dir: Reiße nicht Auge vom Auge und schneide das Licht nicht vom Licht ab, sondern stehe auf ebenem Weg, damit du nicht wegen der Dinge in deiner Seele angeklagt wirst, die dir anvertraut worden sind. Lass nicht zu, dass jene in den See des Verderbens versinken durch die Macht der Prälaten, die mit ihnen Gastmähler veranstalten. Ein Edelstein liegt am Weg, es kommt der Bär und sieht den erlesenen Stein. Er erhebt seine Tatze, um ihn aufzuheben und bei sich zu verbergen. Schnell kommt jedoch der Adler herbei und entreißt ihm den Edelstein, wickelt ihn in die Decke seiner Flügel und trägt ihn an die Pforten des königlichen Palastes. Und dieser Edelstein strahlt vor dem Angesicht des Königs einen großen Glanz aus. Deshalb wird er vom König sehr geschätzt. Aus Liebe zu dem Edelstein schenkt der König dem Adler goldene Schuhe und lobt ihn sehr wegen seiner Rechtschaffenheit. Du, der du an Stelle von Christi der Hüter der Kirche bist, wähle den besseren Teil! Sei du der Adler, der den Bär überwältigt. Schmücke mit den dir anvertrauten Seelen die Pforten der Seele, damit du auf goldenen Sohlen zur Höhe aufsteigst und dich dem, was dich ablenkt, entziehst.

Der Brief an Papst Anastasius IV.

Anastasius IV., dem nur eine Regierungszeit von 16 Monaten vergönnt war, neigte wegen seines hohen Alters zu Nachgiebigkeit und Passivität. Dies war für den Kirchenstaat sehr gefährlich, weil es in Italien starke politische Bestrebungen gab, die weltliche Macht und den Besitz des Papstes aufzuheben. Die Folgen waren oft Unruhen in Rom, die den Papst zwangen, die Stadt zu verlassen. Hildegard will diesen fast neunzigjährigen Papst aus seiner Lethargie herausführen. Ein weiteres Thema ist die Frage, woher das Böse kommt.

Du vorzüglicher Beschützer, du Fels der Obrigkeit einer sehr herrlichen Stadt, die auf die Verlobung mit Christus gegründet ist, höre den, der ohne Lebensanfang ist und dessen Kraft nicht abnimmt. Oh Mensch, der du mit dem

Auge deiner Einsicht ermüdest, den Stolz und die Prahlerei der Menschen zu zügeln, die dir anvertraut sind! Weshalb rufst du die Schiffbrüchigen nicht zurück, die sich aus ihrem Unglück nur mit Unterstützung befreien können? Weshalb schneidest du die Wurzel des Übels nicht ab, das die guten und nützlichen Kräuter erstickt, die einen süßen Geschmack und lieblichen Geruch haben? Du vernachlässigst die Tochter des Königs, nämlich die Gerechtigkeit, die sich göttlicher Liebe erfreut und die dir anvertraut war. Denn du gestattest, dass diese Königstochter auf die Erde niedergeworfen wird und das Diadem und ihr Festkleid von rohen Menschen abgerissen wird. Sie gleichen bellenden Hunden oder Hähnen, die nachts zuweilen krähen, aber üble Töne von sich geben. Das sind die Heuchler, die in ihren Reden einen erdichteten Frieden zeigen, während sie bei sich in ihrem Herzen knirschen wie ein Hund, der vor Bekannten mit seinem Schwanz wedelt. Den rechtschaffenen Krieger aber, der sich im Haus des Königs als nützlich erweist, beißt er mit seinen Zähnen. Weshalb duldest du bei den Menschen schlechte Sitten, die in Finsternis und Torheit leben und alles Schädliche um sich herum versammeln?

Höre also, oh Mensch, diesen, der die scharfe Unterscheidung liebt! Diese nämlich hat er als größtes Werkzeug des rechten Sinnes geschaffen, um damit gegen das Böse zu kämpfen. Das tust du aber nicht, weil du das Böse nicht ausrottest, welches das Gute ersticken will. Du erlaubst vielmehr, dass das Böse sich übermütig erhebt. Das tust du aus Furcht vor denen, die wegen ihres nächtlichen Hinterhaltes die schlimmsten Nachsteller sind. Da sie den Sold des Todes mehr lieben als die schöne Königstochter, die Gerechtigkeit.

Alle Werke, die Gott hervorgebracht hat, sind überaus glänzend. Höre, oh Mensch, Gott, Vater im Himmel, hat vor der Erschaffung der Welt in seinem Inneren die Stimme erschallen lassen: »Oh, mein Sohn!« Und die Weltkugel entstand und nahm auf, was der Vater hören ließ. Die verschiedenen Arten der Geschöpfe waren jedoch noch im Dunkeln verborgen. In dem Augenblick aber, wo Gott sprach, wie in der Bibel geschrieben steht: »Es werde!« entstanden die verschiedenen Arten von Geschöpfen. So sind durch das Wort und wegen des Wortes des Vaters alle Geschöpfe nach dem Willen des Vaters erschaffen worden. Gott aber sieht alles und weiß alles im Voraus. Das Böses aber kann weder beim Aufstehen noch beim Fallen für sich etwas tun, erschaffen und bewirken, da es ein Nichts ist. Man muss es nämlich als nichts anderes als eine trügerische Wahl und eine Einbildung des Gegenteils ansehen. Der Mensch tut das Böse, wenn er das tut, was das Gegenteil ist. Gott sandte seinen Sohn in die Welt, damit er den Teufel überwindet, der das Böse umfangen, erschaffen und dem Menschen eingeflüstert hat. Auch soll der Mensch, der durch das Böse ins Verderben geraten war, erlöst werden.

Gott verwirft daher die schlechten Werke wie Unkeuschheit, Mord, Raub, Aufruhr, Tyrannei und die Heuchelei ungerechter Menschen. Diese ließ er durch seinen Sohn vernichten, der die Beute des höllischen Tyrannen in alle Winde zerstreute. Dieses missachtest du also, oh Mensch, der du auf dem erhabenen Stuhl des Herrn sitzt! Du billigst das Böse, weil du es nicht von dir weist, sondern es liebkost, weil du es stillschweigend in den bösen Menschen erträgst. Daher ist auch die ganze Erde durch die ständigen Irrtümer in Verwirrung, weil der Mensch das liebt, was Gott verworfen hat. Du aber, Rom, die du gleichsam in den letzten Zügen liegst, wirst so erschüttert werden, dass die Stärke deiner Füße, auf denen du bisher gestanden hast, erschöpft wird. Denn du liebst die Königstochter, die Gerechtigkeit, nicht mit glühender Liebe, sondern wie in der Betäubung des Schlafs, sodass du sie von dir wegtreibst. Deshalb will sie auch selbst von dir wegfliegen, wenn du sie nicht wieder zu dir rufst. Die hohen Berg werden dir aber noch Hilfe gewähren, dich emporzurichten und mit dem starken Holz hoher Bäume zu stützen. So wird deine Ehre, nämlich der Schmuck der Verlobung Christi, nicht gänzlich verwest werden. Du wirst noch einige Flügel deines Schmuckes behalten, bis der Schnee der großen Verhöhnung der Sitten kommt, die einen starken Wahnsinn bringt. Hüte dich also, dich in den Brauch der Heiden einzulassen, damit du nicht zu Fall kommst.

Nun vernimm den, der lebt und niemals vergehen wird! Die Welt lebt jetzt in Ausgelassenheit, aber nachher wird sie in Traurigkeit verfallen, sodann in Schrecken. Dies hat die Folge, dass die Menschen sich nicht darum kümmern, ob sie getötet werden. Bei all dem sind bald Zeiten der Leichtfertigkeit, der Zerknirschung und des Donners und der Blitze für verschiedene Ungerechtigkeiten. Das Auge nämlich stiehlt, die Nase raubt und der Mund tötet. Das Innere aber wird gerettet, wenn die Morgenröte wie das Glühen des ersten Aufgangs erscheinen wird. Was aber in neuem Verlangen und Eifer folgt, lässt sich nicht sagen.

Der aber, welcher groß ist ohne abzunehmen, hat jetzt eine kleine Wohnung überdeckt, sodass sie jenes Wunder sehen konnte, unbekannte Buchstaben bildete, eine ihr unbekannte Sprache zum Vorschein brachte und zahlreiche, aber miteinander übereinstimmende Melodien erklingen ließ. Und es wurde ihr gesagt: »Dieses, was du in einer dir vom Himmel gezeigten Sprache, aber nicht nach der gewohnten menschlichen Art und Weise – dies war dir nicht gegeben worden – vorgebracht hast, das soll derjenige, der die Feile dazu hat, zu einer den Menschen fassbaren Sprache ausglätten.«

Anmerkung: Diese Textstelle bezieht sich auf Hildegard, ihre Visionen, die von ihr erfundene Schrift und Sprache und die Gestaltung ihrer Visionen und Werke. Da ihre lateinischen Sprachkenntnisse nur gering waren, benötigte sie Mitarbeiter.

Du aber, oh Mensch, der du zum sichtbaren Hirten bestellt bist, erhebe dich und laufe schneller nach der Gerechtigkeit, damit von dem großen Arzt nicht beschuldigt wirst, du hättest seinen Schafstall nicht gereinigt und mit Öl gesalbt. Wo aber der Wille die bösen Taten nicht kennt und der Mensch seine Zustimmung nicht gab, da wird er auch einem schweren Gericht nicht verfallen. Die Schuld dieser Unwissenheit wird mit Geißeln gereinigt. Also bleibe, oh Mensch, auf dem rechten Weg und Gott wird dich retten, sodass er dich in die Hürde des Segens und der Auserwählung zurückführen wird und du ewig leben wirst.

Der Brief an Papst Hadrian IV.

Hadrian IV., der bis heute als einziger Engländer die Papstwürde bekleidete, hatte sich als Kardinal große Verdienste bei der Ordnung der kirchlichen Verhältnisse in Skandinavien erworben. Sie brachten ihm den Beinamen »Apostel des Nordens« ein. Hadrian IV. musste seine Herrschaft und den Kirchenstaat in zahlreichen Kämpfen mit den weltlichen Herrschern verteidigen. Obwohl er 1155 Friedrich Barbarossa in Rom krönte, verfeindete er sich bald mit ihm.

Der den Lebenden das Licht gibt, spricht: Oh Mensch Du wirst die Härte der Löwinnen und die Stärke der Leoparden im Leiden zeigen müssen, auch mit der errungenen Beute Schiffbruch leiden. Denn du bist allen, die auf dich zu rennen, bis zur Erschöpfung preisgegeben. Du hast genug Verstand gegen die wilden Sitten der Menschen. Wenn diese wild aufbrausen, wirst du die eilenden Rossen an ihren Mähnen aufhalten. Sie lassen nämlich nicht ab, auf den Pfaden der Beute zu rennen. Suche also in deinem Herzen Rettung vor den Wassern, damit du nicht in den Wirbel gerätst. Bleibe aber sanftmütig bei der Trägheit und Missgunst derer, die von verschiedenen Wunden zerfleischt untereinander vermischt sind. Ahme dabei deinen Heiland nach, der dich erlöst hat. Die schwere Last des Vorsteheramtes, das du zu tragen hast, erregt nicht den Unwillen Gottes. Zuweilen musst du dich mit wilden Bären und Panthern und giftigen Nattern auseinandersetzen. Aber das Schwert Gottes wird jene töten und ein guter Führer wird erscheinen. Jetzt aber ermahne ich dich, dass du deinen Untergebenen Zügel anlegst und ihnen nicht erlaubst Böses von dir zu sagen. Deshalb spricht auch das wahre Licht zu dir: Warum schlägst du die nichtswürdigen Knechte nicht, die dir im Geheimen wie Spinnen nachstellen. Wache eifrig über das, was der Zustand der Sitten des Volkes in der gegenwärtigen Zeit erfordert. Oh gütiger Vater, gedenke, dass du ein Mensch auf Erden bist, und fürchte nicht, dass Gott dich verlassen wird. Denn du wirst sein Licht schauen.

Der Brief an Papst Alexander III.

Alexander III. hatte als entschiedenen Gegner den deutschen Kaiser Barbarossa, der drei Gegenpäpste nominierte. 1165 verlangte Rainald von Dassel, der Kanzler des Kaisers, auf dem Reichstag in Würzburg, dass alle Fürsten Alexander III. die Anerkennung verweigern. Die Soldaten des Kaisers drangen 1167 bis zum Vatikan vor. Doch 1177 kam es in Venedig zu einer feierlichen Aussöhnung zwischen Papst und Kaiser.

Oh höchste und ruhmreiche Person, der du an die erste Stelle gesetzt worden bist durch das Wort [d. h. den Sohn Gottes], durch das jedes vernünftige und vernunftlose Geschöpf in seiner Art gemacht worden ist, dir hat vorzugsweise dasselbe Wort unter der Hülle seiner Menschheit die Schlüssel des Himmelreiches, die Gewalt zu binden und zu lösen gewährt. Du bist denn auch, oh vortrefflicher Vater, der Stoff für alle geistlichen Personen, welche die Trompete der Gerechtigkeit in der Kirche ertönen lassen. Sie ist von einem reichhaltigen Schmuck umkleidet und in Glanz gebracht. Denn hier geben die einen den anderen gute Beispiele, indem sie das Leben der Heiligen nachahmen. Wenn sie richtig handeln, so schreiben sie dies Gott zu und nicht sich selbst. Über die Menschen, die ihnen in der Rechtschaffenheit nachfolgen, freuen sie sich, während sie sich selbst die alten Heiligen als Vorbild nehmen. Diese Heiligen nämlich bändigten ihr Fleisch. Sie schöpften Kraft durch den Sieg der himmlischen Heerscharen in ihrem Kampf gegen die teuflischen Laster. Mit ihrem guten Willen schauten sie immer auf Gott. Indem du nicht deine eigene, sondern immer nur die Sache Gottes suchst, ahme denn auch du, oh milder Vater, den gütigen Vater nach, der den reuig zu ihm zurückkehrenden Sohn mit Freuden aufnahm und seinetwegen das gemästete Kalb schlachtete und der dem, der von den Räubern geschlagen wurde, die Wunden mit Wein wusch. Sei du der Morgenstern, welcher der Sonne des Tages in der Kirche voraneilt, die so lange durch die Kirchenspaltung verwirrt worden war. Deshalb entbehrte sie des Lichtes der Gerechtigkeit Gottes. Strafe aus Eifer zu Gott, salbe aber auch mit dem Öl der Barmherzigkeit die reuigen Sünder, weil Gott mehr die Barmherzigkeit als die Brandopfer liebt.

DER BRIEFWECHSEL MIT KÖNIG KONRAD UND KAISER FRIEDRICH BARBAROSSA

Die beiden weltlichen Machthaber König Konrad III. und Kaiser Friedrich Barbarossa richteten an die Hl. Hildegard Briefe, deren Antwortschreiben erhalten sind.

Konrad III. an Hildegard

Nach seiner Rückkehr aus dem Heiligen Land im Jahre 1148 schrieb der kränkelnde König Konrad III. an Hildegard:

»Weil wir durch das hohe Königsamt gehindert und durch mannigfache Wirbel und Unruhe erschüttert sind, dich nicht, wie wir beabsichtigten, zu besuchen, wollen wir es wenigstens nicht unterlassen, mit einem Brief mit dir zu sprechen. Du bist, wie wir gehört haben, reichlich ausgestattet mit den Vorzügen des Allermächtigsten, sowohl durch die Heiligkeit deines unschuldigen Lebens als auch durch die Großartigkeit, mit welcher der Heilige Geist in wunderbarer Weise in dich kommt. Darum eilen wir zu dir, obgleich wir ein weltliches Leben führen, und nehmen bei dir unsere Zuflucht. Wir bitten dich in Demut um die Unterstützung durch Gebete und Ermahnungen, weil wir anders leben, als wir eigentlich sollten. Mit Sicherheit kannst du damit rechnen, dass wir uns beeilen werden, dir und deinen Schwestern in allen Angelegenheiten, wo wir nur können, hilfreich beizustehen. Auch meinen Sohn, von dem ich wünsche, dass er mich überleben möge, empfehle ich inständig deinen Gebeten.«

Hildegard an Konrad III.

Wie eine Prophetin und Visionärin antwortet ihm die Hl. Hildegard:

Der, welcher allen das Leben gibt, spricht: »Glücklich sind diese, die sich unter das Licht des höchsten Königs in würdiger Weise stellen und für die Gott aufgrund seiner Voraussicht gesorgt hat, dass er sie von seiner Brust nicht entfernen wird.« Bei diesem bleibe du, oh König, und entferne den Schmutz aus deinem Herzen! Denn Gott bewahrt jeden, der ihn in Demut und Reinheit sucht. Führe aber auch so deine Regierung und übe gegenüber den Menschen um dich Gerechtigkeit, damit du dich dem himmlischen Reich nicht entfernst. Höre! Teilweise wendest du dich von Gott ab und die Zeiten, in denen du lebst, sind leichtsinnig wie eine Frau und begünstigen eine feindselige Ungerechtigkeit, die versucht, die Gerechtigkeit im Weinberg des Herrn zu vernichten. Später werden aber noch schlimmere Zeiten kommen, in denen die wahren Israeliten gegeißelt und der katholische Thron durch Irrtümer erschüttert wird. Darum wird am Schluss diese Zeit so abscheulich wie der Leichnam im Tod oder die Gotteslästerung sein. Deshalb ist dieser Schmerz im Weinberg des Herrn wie ein Rauchen zu hören. Darauf werden Zeiten, die stärker sind als die vorigen, eintreten. In ihnen wird sich ein wenig die Gerechtigkeit Gottes erheben und die Ungerechtigkeit der Menschen des geistlichen Standes wird erkannt werden. Dennoch wird man es noch nicht wagen, sie scharf anzugehen und zur Buße aufzufordern. Dann werden andere Zeiten nachfolgen, in denen die Reichtümer der Kirche verschleudert werden, sodass auch die Menschen geistlichen Standes wie Wölfe zerrissen und aus ihren Wohnstätten und dem Vaterland herausgetrieben werden. Daher werden sich die Ersten unter ihnen in jenen Zeiten in die Einsamkeit begeben und von nun an ein armes Leben unter großen seelischen Schmerzen führen und demütig Gott dienen. Denn diese Zeiten sind, gemessen an der Gerechtigkeit Gottes, unrein und ekelhaft. Die Zeiten, die dann kommen, werden sich ein wenig der Gerechtigkeit zuwenden. Die nachfolgenden Zeiten werden wie ein Bär alles zerteilen und durch böse Taten Reichtümer anhäufen. Danach folgen Zeiten, die geprägt sind vom Zeichen männlicher Stärke, sodass alle Salbenhersteller zur ersten Morgenröte der Gerechtigkeit mit Furcht, Scheu und Weisheit hineilen und die Fürsten einmütig die Eintracht bewahren. Sie werden die Eintracht hochhalten gegen Zeiten der größten Irrtümer wie ein Soldat die Fahne. Gott wird diese Zeiten vernichten und vertreiben, wie es rätlich scheint und gefällt. Abermals sagt dieser, der alles weiß, zu dir, oh König: »Indem du dies hörst, oh Mensch, bändige dich selbst in deinem Willen und bessere dich, damit du gereinigt zu jenen Zeiten des ewigen Friedens im Lande der Seligkeit gelangst, wo du dich wegen deiner Handlungen nicht mehr schämen musst.«

Der erste Brief Hildegards an Friedrich Barbarossa

Diese Brief ist vermutlich nach der Königswahl Friedrichs abgefasst. Seiner Tendenz nach muss er aus einer Zeit stammen, als das Verhältnis Hildegards zu Friedrich noch ungetrübt war.

Vom höchsten Richter ergehen folgende Worte an dich: »Sehr verwunderlich ist es, dass ein Mann wie du, oh König, den Menschen so notwendig ist.« Höre: Ein König stand auf einem hohen Berg und schaute in alle Täler hinab, um zu sehen, was ein jeder dort tat. Er hielt einen Stab in der Hand und teilte alles richtig ein. Er ließ grünen, was dürr war, und wach werden, was schlief. Dieser Stab nahm aber auch die Strafe der Beschränktheit von jenen, die in großem Eifer waren. Als nun dieser Mann seine Augen schloss, kamen schwarze Nebelwolken, die jene Täler überdeckten. Raben und andere Vögel kamen herbei und verzehrten, was umherlag. Darum, oh König, halte sorgsam Umschau! Denn alle Länder sind umschattet von der trügerischen Schar derer, die mit der Schwärze der Sünden die Gerechtigkeit vernichten. Habgierige und Irrende zerstören den Weg des Herrn. Du, oh König, lenke mit dem Zepter der Barmherzigkeit die wilden Sitten der Trägen und Unwissenden. Denn du hast einen ruhmreichen Namen, weil du König in Israel bist. Er besitzt den höchsten Ruhm. Sieh also zu, wenn der höchste König seinen Blick auf dich richtet, dass du nicht beschuldigt wirst, du hättest dein Amt nicht richtig verwaltet, und du dann nicht erröten musst. Das soll nicht passieren! Was gerecht ist, ist allen einleuchtend. Der Herrscher muss seine Vorgänger im Guten nachahmen. Die Sitten der

Fürsten, die in Ungebundenheit und Fäulnis dahinleben, sind rabenschwarz. Meide sie, oh König! Sei vielmehr ein Krieger, der mit der Waffe tapfer gegen den Teufel kämpft, damit Gott dich nicht zugrunde richtet und deine Untertanen darüber nicht Scham empfinden. Gott möge dich von ewiger Verderbnis befreien. Dein Leben möge fruchtbringend sein! Gott beschütze dich, dass du lebst in Ewigkeit. Wirf Habsucht weg und wähle Enthaltsamkeit zur Freude des höchsten Königs!

Der Brief des Kaisers an Hildegard

Der Brief entspricht der üblichen Form der kaiserlichen Kanzlei. Er muss vor dem Schutzbrief (1163) abgefasst sein, in dem Friedrich den Bestand des Klosters garantierte. Um welche Prophezeiung es sich handelt, ist unbekannt. Eine Zusammenkunft mit Hildegard in Ingelheim ist leicht möglich, weil dieser Ort nur zwei Wegstunden vom Kloster Rupertsberg entfernt ist.

»Friedrich durch Gottesgnade Kaiser der Römer und immer Mehrer des Reiches entbietet Hildegard seine Gunst und alles Gute. Wir tun deiner Heiligkeit kund, dass wir das, was du uns vorausgesagt hast, als wir dich baten, nach Ingelheim zu kommen, schon in den Händen halten. Wir werden jedoch nicht ablassen, in all unseren Bemühungen für die Ehre des Reiches zu arbeiten. Darum ermahnen wir deine Liebe innigst, dass du mit den dir anvertrauten Schwestern Gebete vor Gott dem Allmächtigen aussprichst, dass er sich uns bei unseren irdischen Arbeiten zuwendet und wir seine Gnade erlangen. Du darfst aber sicher sein, dass wir in jeder Angelegenheit, in der du dich an uns wendest, weder auf die Freundschaft oder den Hass irgendeiner Person Rücksicht nehmen werden. Vielmehr haben wir uns vorgenommen, nur im Hinblick auf die Gerechtigkeit, wie es billig ist, zu entscheiden.«

Der zweite Brief Hildegards

Als 1159 Friedrich Barbarossa durch die Einsetzung des Gegenpapstes Viktor IV. eine Kirchenspaltung einleitete, die fast 18 Jahre dauerte, hielt sich Hildegard zunächst zurück, obwohl sie diesen Eingriff des Kaisers in die kirchlichen Rechte sicher nicht billigte. Die Einsetzung von Paschalis III., des zweiten Gegenpapstes nach dem Tod von Viktor IV. (1164), rief bei Hildegard scharfe Kritik hervor.

Du musst in deinen Angelegenheiten sehr vorsichtig sein, denn ich sehe dich in geheimnisvollen Visionen lebendig vor mir und du wirst von vielen Stürmen und Widerwärtigkeiten bedroht. Trotzdem ist es dir vergönnt, noch eine Zeitlang auf Erden die Herrschaft zu führen. Hüte dich also davor, dass der höchste König dich nicht zu Boden wirft! Denn deine Augen sind blind, die nicht mehr sehen, wie du das Zepter in deiner Hand halten musst, um richtig zu herrschen. Strebe so zu sein, dass die Gnade Gottes dich nicht verlässt!

Der dritte Brief Hildegards

Nach der Wahl von Calixt III. 1168 zum Gegenpapst gegen den rechtmäßigen Papst Alexander III. verschärft Hildegard noch ihre Kritik:

Der da ist, spricht: »Ich zerstöre die Widerspenstigkeit und den Widerstand jener, die mich verachten, und ich vernichte sie selbst. Wehe, wehe dem Übel, das diejenigen begehen, die mich verachten. Das höre, König, wenn du leben willst. Andernfalls wird mein Schwert dich durchbohren.«

Der Briefwechsel mit Bernhard von Clairvaux

Der Brief an Bernhard von Clairvaux, der als der älteste Hildegardbrief überhaupt gilt, wurde in der Forschung ausführlich diskutiert. Zunächst wurde der Einwand erhoben, dass dieser Brief unecht sein muss, weil sich das Antwortschreiben Bernhards nicht in der überlieferten Sammlung seiner Briefe befindet. Eine plausible Erklärung gibt die Datierung dieses Briefwechsels. Hildegard muss ihn vor der Trierer Synode begonnen haben, als sie unter großem Zweifel litt, ob sie ihr 1141 begonnenes Werk *Scivias* veröffentlichen sollte. 1146 war Bernhard von Clairvaux in Europa eine bekannte Persönlichkeit, nachdem er die Öffentlichkeit durch seine Kreuzzugspredigten wachgerüttelt hatte. Es ist deshalb nicht verwunderlich, das sich Hildegard in ihrer Gewissensnot an diesen bekannten Theologen wandte. Sicher ist, dass dieser Brief vor der Synode in Trier (1147) dem Hl. Bernhard vorgelegen haben muss, weil er auf dieser Kirchenversammlung den versammelten Kirchenfürsten von den Visionen Hildegard berichtete. Hildegard war damals noch eine unbekannte Nonne, sodass das Antwortschreiben Bernhards sich nicht in seiner Briefsammlung findet, weil seine Sekretäre es nicht für wichtig genug hielten, um es aufzubewahren.

Hildegard an Bernhard von Clairvaux

Im Geiste der Geheimnisse spreche ich zu dir, oh verehrungswürdiger Vater! Du bist ein Wunder in den großen Ehren der Kraft Gottes und ein gewaltiger Schrecken für die Torheit dieser Welt, wenn du unter der Fahne des heiligen Kreuzes mit erhabenem Eifer und mit der glühenden Liebe zu dem Sohn Gottes in die Kriegsdienste Christi ausziehst, um die Menschen anzuwerben, damit sie Schlachten gegen die Tyrannen der Grausamkeit kämpfen.

Ich leide unter der Vision, die ich nicht mit dem äußerlichen Auge des Fleisches erblicke. Ich, die erbärmlichste aller Frauen, schaue seit meiner Kindheit große Wunderdinge, die meine Zunge nicht hervorbringen könnte, wenn der Geist Gottes mich nicht belehrt hätte, wie ich sie sagen soll. Zuverlässigster und mildester Vater, höre mich, deine unwürdige Dienerin, mit deiner Güte an, die ich seit meiner Kindheit niemals in Sicherheit gelebt habe! Erkenne auch mit deiner Frömmigkeit und Weisheit, was ich sage, wie es dich der Heilige Geist gelehrt hat. Denn dasjenige, was man dir von mir gesagt hat, ist von dieser Art. Ich weiß im Text den Sinn der Auslegung des Psalters, des Evangeliums und der anderen Bücher, die mir in meiner Vision gezeigt werden. Meine Brust berührt sie und meine Seele ergreift sie wie eine Flamme, indem sie mich die Tiefe dieser Auslegung lehrt. Aber von Schriften in deutscher Sprache erfahre ich nichts. Ich kenne sie nicht. Nur mit Einfalt kann ich lesen, aber ich kann den Text nicht zergliedern, weil ich ungelehrt bin und kein Wissen über die äußerlichen Dinge besitze. Aber im Innern meiner Seele bin ich unterwiesen. Deshalb rede ich zu dir, indem ich an

dir nicht zweifle, sondern durch deine Weisheit und Frömmigkeit dafür getröstet werde, dass es unter den Menschen
so viele Spaltungen gibt, wie ich die Menschen sagen höre.
Einem Mönch [d. i. Volmar], den ich nach der Art und
Weise seines bewährten Lebens ausforschte, habe ich
dieses zuerst mitgeteilt und ihm all meine Geheimnisse
dargelegt. Dieser hat mich getröstet, sodass ich glaube,
dass diese Geheimnisse erhaben und furchterregend sind.
Ich wünsche, mein Vater, du mögest dich um der Liebe
Gottes willen in deinen Gebeten an mich erinnern. Ich
habe dich vor zwei Jahren in dieser Vision erblickt. Ich sah
dich wie einen Mann in der Sonne, der sich nicht fürchtete,
sondern sehr mutig war. Ich aber weinte, weil ich so sehr
errötete und zaghaft bin. Guter, mildester Vater, schließe
mich in deine Seele ein, bitte für mich, weil ich in dieser
Vision große Mühe habe, auszusprechen, was ich sehe und
höre. Zuweilen wirft mich diese Vision durch eine schwere
Krankheit aufs Lager, sodass ich mich nicht aufrichten
kann. Deshalb klage ich trauernd vor dir, weil ich von den
Bewegungen des Kelterbaumes in meiner Natur hin- und
hergeworfen werde. Er ist aus der Wurzel hervorgegangen,
die aus Adam entsprossen ist. Er wurde nämlich durch die
Eingebung des Teufels in eine fremde Welt verbannt. Nun
aber erhebe ich mich und eile zu dir. Ich sage dir: »Du wirst
nicht hin- und herbewegt, sondern richtest beständig den
Baum auf und du bist ein Sieger in deiner Seele. Denn du
richtest nicht nur dich selbst, sondern auch andere Menschen zur ihrer Rettung auf. Du bist der Adler, der in die
Sonne schaut.«

Ich bitte dich bei der Erhabenheit des Vaters, bei seinem bewunderungswürdigen Wort und bei der Gabe von
nassen Tränen aus Zerknirschung, nämlich dem Geist der

Wahrheit, bei dem süßen Klang, in dem die ganze Schöpfung erschallt, bei dem Wort selber, aus dem die Welt entstanden ist, und bei der Hoheit des Vaters, der das Wort mit der Kraft zu keimen in den Schoß der Jungfrauen sandte, woraus jenes Fleisch entstand wie der Honig um die Wabe. Du sollst durch meine Worte nicht müßig und ungerührt bleiben! Du sollst diese in dein Herz aufnehmen und in deinen Bemühungen nicht ablassen, wenn du in Gestalt deiner Seele zu Gott hinübergehst, weil er dich haben will.

Leb wohl in deiner Seele und sei stark im Kampf gegen Gott! Amen.

Bernhard von Clairvaux an Hildegard

»Für die in Gott geliebte Tochter Hildegard betet Bruder Bernhard, berufener Abt von Clairvaux, vorausgesetzt, dass das Gebet eines Sünders etwas erreichen kann. Wenn du eine ganz andere Meinung über unsere Wenigkeit hast, als unser Gewissen von sich selbst bezeugen muss, dann ist dies nicht unser Verdienst, sondern beruht auf der Torheit der Menschen. Ich habe mich beeilt, eine Antwort an deine süße, fromme Liebe zu richten, obwohl mich die zahlreichen Geschäfte zu einer größeren Kürze antreiben, als mir lieb ist. Wir wünschen uns Glück zu der Gnade, die in dir ist, und ermahnen dich, dass du sie ebenfalls als eine Gnade ansiehst und dich bemühst, ganz in Demut und Frömmigkeit dieser Gnade zu entsprechen. Denn du weißt, wie Gott den Hochmütigen Widerstand leistet, aber dem Demütigen Gnade verleiht. Soweit es an uns liegt, ermahnen und beschwören wir dich. Was übrigens können wir überhaupt lehren und mahnen, wo eine innere Unterweisung stattfindet und eine Salbung, die über alles belehrt? Man sagt ja von dir, du spürst die Geheimnisse des Himmels aus und weißt durch die Erleuchtung des Heiligen Geistes zu erkennen, was über das menschliche Wissen hinausgeht. Deshalb bitten wir dich inständig, dass du dich an uns bei Gott erinnerst und ebenso an diejenigen, die in geistiger Gemeinschaft mit uns zusammenleben. Denn wenn sich der Geist mit Gott verbindet, dann vertrauen wir darauf, dass du uns viel nützen und helfen kannst. Das ständige Gebet eines Gerechten kann viel erreichen. Auch wir bitten ständig für dich, dass du zum Guten gestärkt, in deinem Inneren unterwiesen und auf das Ewige ausgerichtet wirst, damit diejenigen, die ihre Hoffnung auf Gott gesetzt haben, nicht schwach werden. Sie sollen nicht an dir zweifeln, sondern durch die Zunahme des Segens, den du eindeutig von Gott empfangen hast, gestärkt werden und von einer Vollkommenheit zur anderen erhoben werden. Amen.«

1060 verfasste Hildegard eine Lebensbeschreibung des Hl. Rupertus, welcher der Sage nach im 8. Jahrhundert gegenüber von Bingen auf dem Rupertsberg zusammen mit seiner Mutter Bertha und einem Priester lebte. Dorthin übersiedelte 1150 Hildegard mit 20 Nonnen vom Disibodenberg. Das zweite Heiligenleben, welches das Wirken des Hl. Disibodus beschreibt, verfasste sie nach der Vorrede im Jahr 1170. Dieses Datum stimmt nicht mit ihrer Biografie überein, wo die beiden Autoren, Gottfried und Theoderich, die Hl. Hildegard sagen lassen: Ich wurde von meinem Abt [Helengar] und den übrigen Klosterbrüdern auf dem Disibodenberg durch demütige und fromme Werke und Bitten genötigt, das Leben des Hl. Disibodus, dem ich früher dargebracht worden war, wie es Gott wollte, zu beschreiben. Denn sie wussten nichts Sicheres von dem Hl. Disibodus. Nachdem ich nun mein Gebet unter Anrufung des Hl. Geistes vorausgeschickt hatte, blickte ich, durch eine Vision ermahnt, zur göttlichen Weisheit hin und beschrieb nach dem, was sie mich lehrte, das Leben und die Verdienste dieses Heiligen. Danach schrieb ich das Buch der göttlichen Werke.

Da sie das *Buch der göttlichen Werke (Liber divinorum operum)* zwischen 1163 und 1173/74 verfasst hatte, stimmt das Abfassungsdatum 1170 mit den Angaben ihrer Biografen nicht überein. Eine Lösung bietet sich an, wenn man annimmt, Hildegard sei schon vor 1163 von den Vorgängern des Abtes Helengar aufgefordert worden, eine Biografie über den Heiligen zu schreiben, in dessen Kloster sie über 50 Jahre lebte. Im Jahr 1170, als ihr *Buch der göttlichen Werke* schon fast fertig war, hat sie, ermutigt durch eine Vision, ihre Vorarbeiten zum Abschluss gebracht.

Disibodus (600–675) war ein irischer Mönch und Bischof, der sich 633 mit drei Gefährten an den Oberrhein begab. Da die dortige Bevölkerung, heidnischen Bräuchen noch sehr verbunden, eine feindselige Haltung gegen diese irischen Missionare einnahm, begab sich der Heilige nach Rheinhessen, wo er das erste Kloster in der Diözese Mainz gründete.

DAS LEBEN DES HL. DISIBODUS

Vorrede

In einer geheimnisvollen Vision hatte ich durch die Bitten und das Gebet meines Vorgesetzten, des Abts Helengars und aller Brüder, die auf dem Berg Disibodus dem Herrn dienen, über das Leben und die Verdienste dieses heiligen Vaters eine Anschauung. Nach diesen Visionen vernahm ich im Jahr der Fleischwerdung des Herrn 1170 unter der Regierung des Kaisers Friedrich, nachdem ich fast drei Jahre das Bett gehütet hatte, obwohl ich mit Leib und Seele wach war, aufgrund der Barmherzigkeit der göttlichen Weisheit eine Stimme vom Himmel herab, die so sprach:

Kapitel 1

Als ein Erwählter Gottes hatte Disibodus von seiner Kindheit an, wie die seligen Männer Nikolaus und Benedikt und ähnliche durchdrungen von der Gnade des Heiligen Geistes, ein heftiges Verlangen nach allem Guten, das er gesehen und gehört hatte. Deshalb konnte von ihm gesagt werden: »Aus dem Mund der Kinder und Säuglinge hast du vollkommenes Lob bereitet wegen deiner Feinde, um den Feind und die Rachsüchtigen zu stürzen.« [Ps. 8,3]

Kapitel 9

Nachdem er sodann den Berg hier und dort angesehen und seine Abhänge genau durchforscht hast, reizte ihn deren Anmut immer mehr, sodass er hier einen festen Sitz nehmen wollte. Der steile Aufstieg erschwerte den herbei-eilenden Menschen den Zutritt, doch die beiderseits hinab-fließenden Bäche boten dem Körper eine angenehme Er-frischung. Disibodus betete zum Herrn und sprach: »Herr, der du im Himmel deinen Sitz hast und den Abgrund be-herrschst, ich bitte dich, dass die Anmut dieses Ortes dem Heil und dem Vergnügen der Seelen Platz machen möge. An diesem Ort schickt es sich, dass dort dein treues Volk dient.« Nachdem er dies gesprochen hatte, wählte er am Südhang des Berges eine Stelle zu seiner Wohnung aus, weil dort die Versorgung mit Wasser gesichert war. Er praktizierte eine Lebensweise, die er sich schon lange ge-wünscht hatte. Er betete, fastete, wachte und führte ein raues und hartes Leben. Seine Gefährten, die mit ihm ge-kommen waren, bauten sich einzeln und fern von ihm eigene Wohnungen, um sich nicht ständig seiner Gesell-schaft zu erfreuen. Eine Zeitlang ernährten sie sich von den Wurzeln der Kräuter, weil sie keine anderen Speisen hatten. Nun gehörte dieser Berg mit seinen Wäldern und Wegen nicht nur einer Person, sondern große Strecken, die sich über tausend Schritte ausdehnten, waren im Besitz von anderen Personen. Deshalb kamen zahlreiche Menschen in den Wald, um zu jagen oder in den Flüssen zu fischen, zum Holzfällen oder um notwendige Dinge dort zu betreiben. So konnte es nicht ausbleiben, dass sie den heiligen Disibodus sahen, wie er Wurzel rodete und andere Dinge für seinen Lebensunterhalt verrichtete. So wurde er dem Volk nach einiger Zeit bekannt. Deshalb verbreitete sich das Gerücht, ein heiliger Mann halte sich mit einigen Gefährten im Wald auf. Aus Neugier kamen viele Menschen zu ihm und besprachen mit ihm ihre Probleme. Von ihm empfingen sie die Worte des Heils und des Lebens. Seit seiner Vertreibung aus seiner Heimat hatte er viel Zeit und Mühe auf das Erlernen der einheimischen Sprache verwendet, sodass er seine Gedanken in dieser Sprache ausdrücken konnte. Die Menschen, zu denen er gesprochen hatte, brachten ihm und seinen Gefährten Gegenstände, die sie zum Leben brauchten. Zusammen mit seinen Gefährten suchte er Arme und Bedürftige auf und verteilte an diese, was er von seiner täglichen Nahrung übrig hatte. Da er sich immer erinnerte, wie Adam durch den Genuss seinen Untergang verursachte und Antonius, Makarius und andere Heilige sich mit Kräutern und einer einfachen Lebensweise begnügten, nahm er keine köstlichen Speise zu sich, damit ihn nicht wie Adam die alte Schlange betrog. Je mehr er aber sein Fleisch unterdrückte, desto mehr ließ Gott seine Gnade in ihm wachsen und machte ihn durch Wunder allen Menschen bekannt.

Kapitel 16

Infolge der Frömmigkeit ihrer Herzen und der heiligen Vorsätze verbreitete sich ihr Ruhm über viele Länder hin. Eine Menge von Leuten kam zu ihnen und forderte Rat und Hilfe, die für ihre Seele förderlich sei. Sehr viele von den Menschen, die in dieser Gegend lebten oder sich in der Nachbarschaft des Berges, der eine große Ausdehnung in Länge und Breite hat, niedergelassen hatten, boten, angeregt vom Ruhm des heiligen Wandels der Ordensleute, Gott und dem Hl. Disibodus ohne Vorbehalt ihre Landgüter und Vermögen an. Im Wald bauten sie hier und dort kleine Landhäuser für die Ordensleute. Als aber der Mann Gottes dort lange gewirkt hatte und ihm infolge der langen Tätigkeit die Kräfte des Körpers dahinschwanden, sagte er, im Hl. Geist erzitternd, seinen Söhnen voraus, sie würden das Glück und die Ruhe, derer sie sich bisher erfreut hatten, nicht mehr lange genießen, sondern viele große Ängste und Schwierigkeiten erdulden müssen. »Denn der Teufel«, so sprach er, »den ihr durch euren rechtschaffenen Wandel oft beschämt habt, wird das Volk zu Spott und Hohn gegen euch und eure Nachfolger aufreizen und sich mit größter Anstrengung bemühen, euch in Verwirrung zu bringen. Durch häufige Seufzer, großen Herzschmerz und großes Verlangen habe ich mich bemüht zu erreichen, dass, solange der Geist noch meine Glieder beherrscht, das Schicksal es mir ersparen möge, eure Not zu sehen. Ich vertraue auf den Herrn, dass dies auch geschehen möge. Doch nach meinem Tod, der in Kürze eintreten wird, wenn nämlich die Kräfte meines Körpers ganz aufgerieben sind, und nach den Schwierigkeiten, die ihr bestehen müsst, werden eure zukünftigen Zeiten glücklicher sein als die früheren. An allen Dingen, die für Leib und Seele nützlich sind, werdet ihr einen noch größeren Überfluss haben als bisher, wo ich unter euch weilte.«

Kapitel 17

Nachdem jene dies vernommen hatten, ergriff sie ein großer Schmerz, ihre Augen wurden mit Tränen benetzt und sie trauerten über die Kunde von seinem bevorstehenden Tod. Diese Nachricht verbreitete sich unter dem Volk. Viele Menschen wurden dadurch veranlasst, Disibodus noch einmal zu besuchen. Als sie zu ihm gekommen waren, hörten sie an, was er sprach, und empfahlen sich seinen Gebeten und seiner Heiligkeit. Er richtete heilsame Ermahnungen an sie und empfahl ihnen abwechselnd seine Brüder und die ihnen zum Geschenk gegebene Stätte. Damit sie seine Worte ihren Herzen besser einprägten, verschwieg er ihnen seinen bevorstehenden Heimgang nicht. Als sie von seinem bevorstehenden Tod erfuhren, seufzten sie mit klagender Stimme und besuchten ihn, solange er lebte, häufiger als bisher. Als er nun sein Ende nahe fühlte, wollte er davon niemandem Mitteilung machen. Er holte einige gottesfürchtige Männer zu sich, die Mitwisser all seiner Geheimnisse waren. Diesen eröffnete er, wie ihm durch Offenbarung eines Engels sein Weggang aus dem Körper bekannt gemacht wurde. Dies sollte allen übrigen Brüdern verborgen bleiben, wie es denn auch sein Brauch war, all seine Werke geheim zu halten, damit sie nicht durch Lob zugrunde gingen. Er hatte bereits dreißig Jahre auf dem Berg treu Gott gedient und seinen Brüdern alles Notwendige zum Leben beschafft. Von da an begann er zu kränkeln, da seine Körperkräfte mehr durch mühselige Arbeiten als durch sein Alter erschöpft waren. Er rief seine Brüder zusammen, ernannte unter ihnen einen Vater, übertrug ihm auf ihre Bitte hin die Aufsicht über sie und über alles, was sie besaßen. Vor diesem Tag hatten sie sich keinen anderen zum Vater bestimmen lassen als ihn, dem sie auch wie einem Vater gehorchten. Er zeigte ihnen auch den Ort des Begräbnisses und bat sie unter Tränen und Seufzern, dass sie ihn nicht an einem ausgesuchten Platz, sondern unter dem niedrigen Schirmdach seiner Betzelle, in der er in der Einsamkeit Gott gedient hatte, bestatten mögen. Dies versprachen die Brüder auszuführen. Alle waren von Tränen und Schmerz gerührt. Denn sie erinnerten sich an all seine guten Werke und Einrichtungen, klagten bitterlich und sprachen: »Ach, was wird aus uns werden, wenn wir dich, den Beschützer und Tröster unserer Leiber und Seelen, verloren haben werden?« Wie der dürstende Hirsch nach einer Wasserquelle verlangt, so wünschten sie, den heiligen Mann länger bei sich behalten zu können. Vorher hatten sie vor lauter Freude, die er ihnen bereitet hatte, überhaupt nicht an so einen Augenblick gedacht.

E. DIE PROPHEZEIUNGEN

DIE FÜNF PERIODEN VOR DER ENDZEIT

In fünf Epochen wird sich die Menschheitsgeschichte vom
Mittelalter an entwickeln, bis in der letzten Epoche, der End-
zeit der Menschheit, der Antichrist auf Erden erscheint. Diese
fünf Epochen werden durch Tiere symbolisiert: Hund, Löwe,
Pferd, Schwein und Wolf. Die erste Epoche beginnt nach Ansicht von Gebeno mit dem Jahr 1100. Geprägt sind diese fünf
Zeiten durch eine immer stärker zunehmende Zügellosigkeit,
Ungerechtigkeit, Gesetzlosigkeit, Gier, Unmoral der Menschen
und eine Verwirrung in der kirchlichen Hierarchie. Alle Reiche
fallen in einem langsamen Prozess in sich zusammen. Während der Herrschaft des Pferdes verdirbt das »Herz des König-
reiches«, unter dem Schwein beflecken sich die Herrscher mit
Schandtaten und missachten das göttliche Gesetz. In der letzten Periode, unter dem Wolf, zerreißen die Menschen die
Häupter der Königtümer. Aber in all diesen Perioden gibt es
Abschnitte, die den Anschein erwecken, der Niedergang sei
beendet. Die Gerechtigkeit hat wieder die Oberhand und die
Ungerechtigkeit ist besiegt. Aber dies ist ein schlimme Täuschung der Menschen, weil die Ungerechtigkeit immer wieder
ihr Haupt erhebt. Eine solche Zeit der scheinbaren Gerechtigkeit ist die Periode des Löwen, wo trotz der zahlreichen Kriege,
die »männliche Stärke« des Löwen triumphiert.

GEBENO

Der Spiegel der Zukunft

Hinweis: Gebeno gibt u. a. auch Auszüge aus den Briefen. Wegen des besseren Verständnisses wurden die Briefe vollständig in Übersetzung wiedergegeben. Die Stellen, die Gebeno benutzt, wurden besonders markiert.

Einleitung

Gegenwärtig gibt es viele Prophezeiungen über den Antichristen. Die einen behaupten, er werde demnächst geboren werden, andere meinen, er sei eben erst gezeugt worden. Um diese falschen Propheten zu widerlegen, habe ich dieses Buch verfasst. Aber ich möchte auch zeigen, dass gemäß der Prophezeiungen der Hl. Hildegard sich am Ende dieser ersten Zeit eine große Kirchenspaltung und Verwirrung über die Kirche und den Klerus ausbreiten wird. Dies hat zur Folge, dass die Kleriker aus Vaterland und Ämtern vertrieben werden. Man muss aber wissen, dass mit Beginn dieses Jahres, bei dem es sich um das 1220. Jahr seit der Fleischwerdung Christi handelt, 120 Jahre von dieser ersten Zeit schon vergangen sind. Diese erste Zeit begann nämlich 1100 nach Christi. Es müssen noch vier Zeiten vergehen, bis in der fünften Zeit der Antichrist erscheint. Die Prophezeiungen der Hl. Hildegard sind von Papst Eugen III. auf dem Konzil in Trier in Beisein von deutschen und französischen Bischöfen und des Hl. Bernhard von Clairvaux geprüft und gebilligt worden. Die Hl. Hildegard nämlich hat auf Befehl Gottes sehr Nützliches und auch für unsere Zeit Notwendiges über den gegenwärtigen Zustand der Kirche und über die zukünftigen Zeiten bis zum Erscheinen des Antichristen und über den Antichristen selbst offenbart. Diese Prophezeiungen können in dem Buch *Scivias, Liber divinorum operum* und in den Briefen nachgelesen werden. Diese Prophezeiungen habe ich gesammelt und in fünf Zeiten geordnet. Wer diese fünf Zeiten sorgfältig lesen und studieren will, wird den gegenwärtigen elenden Zustand der Kirche, alle zukünftigen Gefahren und die Ankunft des Antichristen wie in einem Spiegel lesen. Deshalb habe ich dieses Buch *Spiegel der Zukunft (Pentachronon)* der Hl. Hildegard genannt, *penta* bedeutet »fünf« und *chronon* »Zeit«.

Natürlich konnte ich in diesem Buch nicht alle Prophezeiungen der Hl. Hildegard darstellen. Aber alle Stellen, die zu der Zielsetzung meines Buches und für diese Zeit passen, habe ich übernommen. Wie die Bibel sagt, sind wir und meine Schrift in der Hand Gottes. Ihm sei Ehre und Ruhm für alle Zeiten! Amen.

DIE KÜNFTIGEN ZEITEN DER KIRCHE (SCIVIAS III, 11)

Darauf sah ich nach Norden und siehe, da standen fünf Tiere. Das eine war wie ein feuriger, aber nicht glühender Hund. Die anderen waren: ein Löwe von gelber Farbe, ein blasses Pferd, ein schwarzes Schwein und ein grauer Wolf, der sich nach Westen wandte. Ich habe vom Himmel eine Stimme gehört, die zu mir sprach: Wenn auch alles auf der Erde seinem Ziel zustrebt, so wird die Welt doch durch viel Leid und Unglück gebeugt, weil ihre Kräfte sehr schwach sind. Dennoch kann aber die Braut meines Sohnes [Anm. die Kirche] weder von den Vorläufern des Verderbers [Anm. des Antichristen] noch von ihm selbst zertrümmert werden, obwohl ihre Söhne [Anm. die Kleriker] sehr geschwächt werden. Wenn sie auch von diesen Söhnen des Verderbens stark angegriffen wird, wird sie stärker, kräftiger, schöner und herrlicher erscheinen, wenn das Ende der Zeiten naht. Welche geheimnisvolle Bedeutung hat diese Vision, die du siehst? Im Norden siehst du fünf wilde Tiere stehen, die sich in der sündhaften Befleckung der fleischlichen Begierde befinden. Es handelt sich um die fünf wildesten Abläufe der weltlichen Reiche, die wild in sich dahintoben.

Von dem Hund, der die erste Zeit darstellt: Eines dieser Tiere gebärdet sich wie ein feuriger, aber nicht brennender Hund, weil der Ablauf dieser Zeit die Menschen bissig macht. Nach ihrer eigenen Einschätzung erscheinen sie feurig, aber in der Gerechtigkeit Gottes brennen sie nicht.

Von dem gelben Löwen, der die zweite Zeit darstellt: Das zweite Tier ist ein gelber Löwe, weil der Ablauf jener Zeit kriegerische Menschen hervorbringt, die viele Kämpfe hervorrufen. Dabei sehen sie nicht auf die Gerechtigkeit Gottes. Die gelbe Farbe ist ein Zeichen, dass jene Reiche schwach werden.

Von dem blassen Pferd, das die dritte Zeit darstellt: Das dritte Tier ist ein blasses Pferd, weil diese Zeiten Menschen hervorbringt, die ausgelassen in der Sünde schwelgen und in den schnellen Vergnügungen die Tugenden der guten Werke vergessen. Das Innere dieser Reiche wird sich in einem blassen Untergang auflösen, weil sie die Kraft ihrer Stärke verloren haben.

Von dem schwarzen Schwein, das die vierte Zeit darstellt: Das vierte Tier ist ein schwarzes Schwein, weil jene Zeit Führer hat, die in sich selbst eine große, schwarze Traurigkeit erzeugen und sich im Schmutz wälzen. Das göttliche Gesetz stellen sie hinter die Unzucht und andere ähnliche Übel.

Über den grauen Wolf, der die fünfte Zeit darstellt: Das fünfte Tier ist ein grauer Wolf, weil jene Zeit Menschen hat, die viele Raubzüge bei den Mächtigen und anderen erfolgreichen Menschen verüben. Denn bei diesen Kämpfen erscheinen sie weder schwarz noch weiß, sondern grau durch ihre Listen. Jetzt nämlich kommt die Zeit der Verwirrung vieler Seelen, da der Irrtum der Irrtümer sich von der Hölle bis zum Himmel erhebt. Dies hat zur Folge, dass die Söhne des Lichts in ihrem Martyrium wie in einer Kelter gepresst werden. Denn sie verleugnen nicht den Sohn Gottes, sondern weisen den Sohn des Verderbens zurück, der mit teuflischen Künsten seinen Willen zu erreichen versucht. Jenes Tier wendet sich nach Westen, weil ja diese vergänglichen Zeiten mit der Sonne untergehen. Wie jene auf- und untergeht, so leben auch die Menschen. Denn der eine wird geboren, der andere stirbt.

AUS DEM LIBER DIVINORUM OPERUM (III, 5, XXVI U. XXVIII)

Erläuterung: Wer ist der Antichrist?

Am Weltende erscheint ein Wesen, die Ausgeburt des Bösen, »der Erzheuchler« und »Sohn der Lügner«, das seinen wahren Charakter lange verbirgt und durch Zauberkünste zahlreiche Scheinwunder vollbringt. Man hat diese Gestalt des Bösen oft mit Satan gleichgesetzt, aber es setzte sich bald die Auffassung durch, dass der »Sohn des Verderbens« von menschlicher Abkunft sein müsse. Wie Christus, sein Widersacher und Gegenspieler am Weltende, ist er von einer Jungfrau geboren worden. Für Hildegard ist der Antichrist eine »Kreatur Gottes«. Es wird zu einem Kampf zwischen Christus und dem

Antichristen kommen, an dem auf beiden Seiten viele Helfer teilnehmen, etwa der Erzengel Michael. Hildegard sagt, »am Ende wird ihn der Herr mit dem Hauch eines Mundes vernichten«, was durch einen Donnerschlag geschieht oder indem das »Haupt der Verirrung« vom Berg der Sünde herabgestoßen wird.

Das Nahen des Antichristen

Und dann wird wieder die Ungerechtigkeit geschwächt werden, zuweilen aber auch versuchen, sich von Neuem zu erheben. Die Gerechtigkeit wird inzwischen wieder aufrecht dastehen, wenn die Menschen sich in Zucht hinwenden und sie beachten. In eben jenen Tagen wird es auch viele Weissagungen und viele Weise geben, sodass diesen die Geheimnisse der Propheten und der anderen Schriften vollends klar sind, und ihre Söhne und Töchter prophezeien, wie es vor langer Zeit vorausgesagt ist. Dies wird in solcher reinen Wahrheit geschehen, dass die Luftgeister keine Täuschung mehr verüben können, und jene werden in demselben Geist prophezeien, in dem die Propheten einst die Geheimnisse Gottes verkündeten. Inzwischen werden so viele Irrlehren, Schändlichkeiten und andere Übel aufsprudeln, die zugleich das Nahen des Antichristen ankündigen, dass die Menschen dieser Tage sagen, so große Verbrechen und so große Übel seien früher noch nicht dagewesen.

Der Antichrist

Ein unreines Weib wird einen unreinen Sohn empfangen, weil die alte Schlange, die den Adam überwunden hat, jenen mit seiner ganzen Schar so anhauchen wird, dass nicht das geringste Gut weder in ihn eingeht noch in ihm sein kann. Denn an verborgenen und verschiedenen Orten wird er ernährt, damit ihn die Menschen nicht erkennen. Von allen teuflischen Künsten erfüllt, wird er, bis er das volle Alter erreicht hat, verborgen gehalten. Die Laster, die in ihm sind, wird er nicht kundtun, bis er selbst erkannt hat, dass er voll, ja übervoll von Gemeinheiten ist. Von seiner Geburt an werden viele Kämpfe und viele Widerwärtigkeiten gegen die rechte Ordnung aufsprudeln und die glühende Gerechtigkeit in ihrer Geradheit verdunkeln und die Liebe in den Menschen auslöschen. Bitterkeit und Härte wird Macht über sie erlangen. Die Irrlehren werden hervortreten, sodass die Irrlehrer ihre Irrtümer offen und ohne Bedenken predigen. Bei den Christen wird ein so starkes Zweifeln und eine solche Ungewissheit über den katholischen Glauben herrschen, dass die Menschen nicht wissen, wen sie als Gott anrufen sollen. Viele Zeichen werden an der Sonne, am Mond, an den Sternen, auf den Gewässern und bei den übrigen Elementen und Geschöpfen gesehen, dass sie mit ihren Anzeichen wie in einem Gemälde die kommenden Übel voraussagen. Darum wird in jener Zeit große Traurigkeit die Menschen erfassen, sodass sie das Sterben für nichts ansehen. Diejenigen aber, die im katholischen Glauben vollkommen sind, erwarten in großer Zerknirschung, was Gott anordnen wird. So werden die Übel sich entwickeln, bis der Sohn des Verderbens seinen Mund zur Verkündigung des Widerspruches öffnet. Wenn er aber die Worte der Falschheit und Täuschung kundtut, werden Himmel und Erde erzittern.

ÜBER DEN ANTICHRISTEN UND SEINE VERNICHTUNG (SCIVIAS III, 11, 25–41)

Der unsinnige Menschenmörder aber, der Sohn des Verderbens nämlich, wird in der kürzesten Zeit kommen; denn gleichsam wie wenn der Tag bereits weicht und die Sonne untergeht, tritt die letzte Zeit ein und die Welt wird ihren Halt verlieren. Vernehmt aber dieses Zeugnis, meine Gläubigen, und begreift es andächtig zur eurer eigenen Sicherheit, damit ihr nicht, ohne es zu wissen, von diesem schrecklichen Verderben plötzlich übermann werdet und euch in den Unglauben und in das Verderben stürzt. Deshalb bewaffnet euch und bereitet euch, die ihr im Voraus ermahnt worden seid, auf diese Weise mit den zuverlässigsten Befestigungsmitteln auf einen sehr gewaltigen Kampf vor. Wenn nämlich jene Zeit kommt, wo jener verruchte Betrüger in schrecklicher Weise erscheinen wird, dann ist jene Mutter, die diesen betrügerischen Menschen in die Welt setzen wird, von Kindheit an in ihrem Mädchenalter mit allen teuflischen Künsten und Lastern ausgestattet. Sie wird in der Einöde der Gottesferne von gottlosen Menschen erzogen werden, während ihre Eltern dort von ihr nichts wissen und auch jene sie nicht kennen, bei denen sie sich aufhält. Der Teufel hat sie überredet, dorthin zu gehen, und sie nach seinem Willen mit Täuschungen geformt, gleichsam als ob er ein heiliger Engel sei. Deshalb sondert sie sich von den Menschen ab, damit sie desto leichter verborgen werden kann.

Danach wird sie sich in abscheulicher Unzucht heimlich mit wenigen Männern vermischen und beschmutzt sich mit jenen in einem solchen schändlichen Treiben, als ob ein heiliger Engel sie dieses verkehrte Treiben vollziehen ließe. So empfängt sie in der glühenden Begierde der Unzucht den Sohn des Verderbens, ohne dass sie weiß, von welchem Samen dieser Männer sie ihn empfangen hat. Luzifer, die alte Schlange, der sich über diese Schändlichkeit freute, haucht jene Frucht nach meiner gerechten Entscheidung mit seinen Künsten an und nimmt sie im Körper jener Mutter mit all seinen Kräften in Besitz. Deshalb geht jener Verderber aus dem Körper seiner Mutter hervor, besudelt mit teuflischem Geist. Danach vermeidet sie die gewöhnliche Unzucht und sagt offen zu dem törichten und unverständigen Volk, dass sie keinen Mann habe und den Vater ihres Kindes nicht kenne. Die Unzucht, die sie verübt hat, nennt sie heilig. Darum hält auch das Volk sie für heilig und bezeichnet sie so.

So wird der Sohn des Verderbens durch teuflische Künste bis zum kräftigen Alter genährt. Währenddessen entzieht er sich dem ihm bekannten Volk. Aber eine Mutter zeigt ihn mit gewissen Zauberkünsten dem Volk, und zwar dem Teil davon, der Gott verehrt, wie auch dem anderen, der ihn ablehnt. Dies macht sie so, dass er von ihnen gesehen und geliebt wird. Sobald er das volle Alter erreicht hat, wird er öffentlich eine feindliche Lehre verkünden. Auf diese Weise kämpft er gegen mich und meine Auserwählten an. Dabei gewinnt er eine solche Stärke, dass er mit seiner großen Macht versucht, sich über die Wolken zu erheben. Denn nach meinem gerechten Gericht lasse ich ihn an verschiedenen Wesen seine Macht ausüben. Wie der Teufel nämlich gefallen ist, als er am Anfang der Welt gesprochen hat: »Ich werde dem Allerhöchsten ähnlich sein!«, so werde ich zulassen, dass derselbe Teufel in der letzten Zeit fällt, wenn er zu seinem Sohn sagt: »Ich bin der Erlöser der Welt!« Da die ganze Welt erkannt hat, dass Luzifer ein Lügner gewesen ist, als er zu Beginn der Tage Gott ähnlich sein wollte, so soll auch jeder gläubige Mensch sehen, dass dieser Sohn der Bosheit ein Lügner ist, wenn er sich vor dem letzten Tag dem Sohn Gottes ähnlich macht.

Denn er ist das schlechteste Tier, das Menschen tötet, die ihn verleugnen. Er schließt sich den Königen, Herzögen, Fürsten und Reichen an, unterdrückt die Demut und richtet den Stolz auf und unterwirft sich den Erdkreis durch teuflische Begierden. Denn seine Gewalt schreitet bis zum Rand des Windes vor, sodass er die Luft zu erregen und Feuer vom Himmel zu holen und Blitze, Donner und Hagel hervorzubringen, auch Berge wegzuschaffen, Wasser auszutrocknen, den Wäldern das Grün zu nehmen und ihnen ihren Saft wiederzugeben scheint. Solche Täuschungen macht er bei verschiedenen Geschöpfen. Auch hört er nicht auf, an den Menschen seine Betrügereien zu verüben. Auf welche Weise? Er scheint nämlich Gesunden Krankheit und Kranken Gesundheit zu bringen, den Teufel auszutreiben und bisweilen auch Tote zu erwecken. Wie? Wenn jemand einmal sein Leben verloren hat, dessen Seele in der Gewalt des Teufels ist, dann nimmt er mit meiner Erlaubnis an dem betreffenden Leichnam seine Täuschungen vor. Er lässt dann den Leichnam bewegen, als ob er lebe. Dies wird ihm aber nur während einer kurzen Stunde und keinesfalls auf längere Dauer gestattet werden, damit er durch solche Handlungen nicht die Ehre Gottes verspotte. Manche Menschen, die dies sehen, vertrauen ihm. Andere wollen ihren früheren Glauben behalten, aber dennoch soll er ihnen gewogen sein. Da er sie nicht schwer verletzen will, bringt er gewisse Krankheiten über sie. Wenn sie nun bei den Ärzten Heilmittel suchen, aber damit nicht geheilt werden können, kommen sie zu ihm und wollen wissen, ob er sie heilen kann. Bei ihrem Anblick nimmt er das Übel weg, das er über sie gebracht hat. Deshalb lieben sie ihn sehr und glauben an ihn. Auf diese Weise werden viele getäuscht, weil ihr innerer Mensch umnebelt wird, durch den sie auf mich hätten schauen sollen. Sie wollen eine neue Erkenntnis von jenen Dingen mit der Billigung ihres Verstandes erlangen, die sie mit den äußeren Augen sehen und mit den Händen betasten. Sie verachten das Unsichtbare, das in mir ist und nur durch den wahren Glauben erfasst werden kann. Ihre sterblichen Augen können mich nicht sehen. Auserwählten zeige ich meine durch Schatten verdunkelten Wunder. Keiner wird mich sehen, solange er in einem sterblichen Körper ist, außer in der Umschattung meiner Geheimnisse.

Übrigens verschafft sich der Antichrist viele Völker, indem er ihnen sagt, sie sollen frei nach ihrem Willen handeln und sich nicht viel mit Wachen und Fasten quälen. Indem er ihnen vorschlägt, sie sollen so ihren Gott lieben, wie er sich darstellt, damit sie auf diese Weise von der Hölle befreit werden und zum Leben gelangen. Deshalb sagen diese, die so getäuscht wurden: »Oh weh jenen Unglücklichen, die vor diesen Zeiten gelebt haben, weil ihr Leben durch schlimme Qualen gepeinigt wurde. Denn sie kannten nicht die Güte unseres Gottes.« Er zeigt ihnen nämlich Schätze und Reichtümer und lässt sie nach ihrem Willen üppig speisen. Durch trügerische Zeichen bekräftigt er seine Lehre, sodass sie glauben, sie hätten es nicht nötig, sich einzuschränken und ihren Körper abzutöten. Er befiehlt ihnen auch die Beschneidung und das Judentum gemäß der Gebräuche der Juden zu beobachten. Aber die wichtigen Vorschriften der Gesetze, die das Evangelium mit würdiger Buße in Gnade verwandelt hat, stellt er gemäß ihrem Wille als unbedeutend hin. Und er spricht: »Wer sich zu mir bekennt, dessen Sünden werden ausgelöscht werden, und er wird mit mir leben in Ewigkeit!« Auch die Taufe und das Evangelium meines Sohnes verwirft er und verspottet alle Vorschriften, welche meiner Kirche überliefert sind. Mit teuflischer Verhöhnung sagt er zu diesen, die ihm dienen: »Seht, was das für ein Unsinniger gewesen ist, der das zu beachten durch seine Lügen dem einfachen Volk befohlen hat.«

Ich will für euch und für eure Ehre sterben, von dem Tod auferstehen und auf diese Weise mein Volk von der Hölle befreien, damit ihr fortan in meinem Reich ruhmreich lebt. Jener Betrüger hat den Glauben erweckt, dies getan zu haben. Dann sagt er zu seinen Freunden, sie möchten ihn mit einem Schwert erschlagen und in ein reines Gewand bis zum Tag seiner Auferstehung einhüllen. Sie sind auf diese Weise getäuscht worden und meinten, sie erfüllten seine Vorschriften, indem sie ihn töteten. Indem er daraufhin vorgibt, aufzuerstehen, bringt er eine Schrift als Rettung für ihre Seelen hervor, die aus einem grauenhaften Fluch besteht. Diese Schrift übergibt er den Menschen als Zeichen und befiehlt ihnen, dass sie ihn anbeten sollen. Wenn dies ein Gläubiger aus Liebe zu meinem Namen verweigert, dann wird er von ihm durch schreckliche Folterqualen vertilgt werden. Deshalb werden alle, die dies hören, von einem sehr großen Staunen der Verwunderung erfüllt, wie es auch meinem geliebten Johannes widerfuhr, indem er spricht: »Und ich sah eines seiner Häupter wie zum Tod hingeschlachtet, aber wurde von der Todeswunde befreit. Die ganze Erde folgte mit Verwunderung dem Tier nach.« Das will ich sagen: »Ich, der Verehrer der Geheimnisse Gottes, sah, wie der Betrüger und der Verfluchte die ganze Heiligkeit der Heiligen mit unzähligen der größten Verbrechen einhüllte und durch zahllose Laster erschöpfte.« Er gibt vor, durch die Künste seiner Lügen sein Blut bei seiner Tötung zu vergießen und so zu sterben. Dabei fällt er nicht in seinen Körper hin, sondern man glaubt, er sei in einem trügerischen Schatten erschlagen worden und gefallen. Durch seine trügerischen Wunden wird der Irrtum hervorgerufen, er sei gestorben und wieder aus dem Todesschlaf erweckt worden. So werden alle Menschen auf Erden von einem merkwürdigen und schreckliches Erstaunen und Schrecken gepackt werden. In derselben Weise hat das Volk Goliath angestaunt, als es ihn bewaffnet vor sich stehen sah. Und so werden auch die Säulen meiner Auserwählten sowohl von jenen Plagen als auch von den feindlichen, merkwürdigen und schrecklichen Zeichen, die der Sohn des Verderbens hervorbringen wird, in Erstaunen und Schrecken versetzt werden. Wegen ihrer erbärmlichen Angst werden sie Seufzer ertönen lassen.

Aber meine beiden Zeugen, die ich für die Zeit im Geheimnis meines Willens aufbewahrt habe, nämlich Henoch und Elias, werde ich dann aussenden, damit sie Widerstand leisten und die Irrenden auf den Weg der Wahrheit zurückführen. Sie werden den Gläubigen die gewaltigsten und stärksten Kräfte zeigen, weil ihre Zuhörer ihnen Glauben schenken werden. Denn die Beweise, die beide vorbringen, stimmen überein. Ich habe die beiden Zeugen der Wahrheit so lange absichtlich aufbewahrt, damit ihre Worte in den Herzen der Auserwählten festgehalten werden, wenn sie hervortreten. Dadurch wird der Stamm meiner Kirche in großer Demut bleiben. Und sie werden zu den Kindern Gottes, deren Namen im Buch des Lebens stehen, sagen:

»Oh Ihr Gerechten und Auserwählten, deren Leben das ruhmreiche Lob der glückseligen Gnaden besitzt, hört und versucht zu verstehen, was ich euch im Vertrauen sage. Dieser Verfluchte ist vom Teufel geschickt, um die Seelen in ihrem Irrtum zu unterstützen, die sich seinen Geboten unterwerfen. Wir waren nämlich in dieser Welt abgeschlossen und aufbewahrt in den Geheimnissen Gottes, die den Menschen verborgen sind. Deshalb litten wir nicht unter Besorgnis und Angst der Menschen. Denn dazu sind wir aufbewahrt und zu euch geschickt worden, damit wir den Irrtümern des Verderbers widersprechen. Seht also zu, ob wir euch in der körperlichen Gestalt und im Alter ähnlich sind. Wir alle, die wir den wahren Gott erkennen und bekennen wollen, folgen diesen zwei Greisen und wahren Zeugen, welche die Fahne der Gerechtigkeit Gottes tragen, und verlassen den gottlosen Irrtum. Denn jene werden in großem Lob sowohl vor Gott als auch vor dem Volk glänzen.« Wenn sie die Dörfer, die Straßen, die Städte und andere Orte durcheilen, wo nur immer der Sohn des Verderbens seine feindliche Lehre ausgehaucht hat, und dort viele Zeichen im heiligen Geist verrichten, dann gerät das ganze Volk, das sie sehen, in große Bewunderung. Es werden die großen Zeichen, die über den großen Felsen befestigt sind, ihnen gegeben, damit jene entgegengesetzten und falsche Zeichen verworfen werden. Denn wie der Blitz anzündet und verbrennt, so macht es auch der Sohn des Verderbens mit seiner verworfenen Ungerechtigkeit und Bosheit. Die Völker nämlich verbrennt er wie der Blitz mit seinen Zauberkünsten. Aber Henoch und Elias setzen mit der gerechten Lehre wie mit einem Donnerschlag seine ganze Heerschar in Schrecken und werfen sie nieder. Hierdurch unterstützen sie gleichzeitig die Gläubigen. Jedoch mit Zustimmung meines Willens werden sie vollendet und erlangen den Lohn für ihre Arbeiten im Himmel. Wenn ihre Stimmen bereits auf der Erde verschwunden sind, dann werden die zur Erde fallenden Blumen ihrer Lehre in den Auserwählten aufblühen. Sie werden nämlich die Worte und die Raserei der teuflischen Kunst verachten, weil sie durch die Hoffnung auf das himmlische Erbe gefestigt sind.

Der Sohn des Verderbens, das Haupt der Gottlosigkeit, erhebt sich mit stolzer Anmaßung und gibt sich einem noch größeren Irrtum hin, da er sich über alle erheben will. Wenn seine Täuschungen ihr Ende erreichen sollen, dann wird die ganze Kirche in all ihren Söhnen, sowohl den größeren als auch den kleineren, in große Furcht versetzt und erwartet seinen Wahnsinn. Er erhebt sich über einen Berg und versucht so, die Höhe des Himmels zu ersteigen. Denn die übergroßen Künste der teuflischen Hinterlist, die den Sohn des Verderbens unterstützen, verleihen ihm Flügel des Stolzes und wecken in ihm eine solche Maßlosigkeit, dass er glaubt, in die Verborgenheit des Himmels einzudringen. Weshalb? Wenn er nämlich alle Wünsche des Teufels erfüllt hat, gewährt er ihm nach seinem gerechten Gericht keine weitere Macht, um eine Bosheit und Grausamkeit zu verüben. Dann versammelt der Teufel seine ganze Heerschar und sagt zu ihnen, die an ihn glauben, dass er zum Himmel gehen wolle. Wie der Teufel nicht wusste, dass der Sohn Gottes zur Erlösung der Seelen geboren wurde, so weiß auch dieser gewaltige Bösewicht nicht, dass er einen Schlag mit der gewaltigen Hand Gottes erhält, wenn er sich in das todbringende Verderben stürzt. Und siehe, wie ein Donnerschlag kommt sie und schlägt sein Haupt mit solcher Kraft nieder, dass er von dem Berg fällt und seinen Geist aufgibt. Denn die Macht Gottes, die sich offenbart, schmettert den Sohn des Verderbens mit einer solchen Kraft zu Boden, dass er von jenem Stolz, mit dem er sich gegen Gott erhoben hatte, in einem gewaltigen Sturz seiner Vermessenheit hinsinkt. So erreicht er sein Ende, indem er seine Lebenskraft in den Tod der ewigen Verdammnis ausspeit. Ebenso endete die Versuchung meines Sohnes, als er zu dem Satan sprach: »Weiche von mir!«; dieser floh dann erschreckt. Auch jene Versuchung, die der Sohn des Verderbens der Kirche bereitet, wird durch meinem Eifer ein Ende nehmen.

Nach der Vernichtung des Sohnes des Verderbens wird ein sehr unreiner und höllischer Geruch den Ort seiner Erhebung erfüllen, wo sich der schlechteste Verleumder mit seiner so großen Unreinheit erhob. Nach dem gerechten Gericht Gottes soll weder sein Anfang noch sein Ende im Gedächtnis erhalten bleiben. Denn jene Völker, die sehen, wie sein Leichnam, auf die Erde niedergeschmettert, von gewaltiger Fäulnis vernichtet wird, werden erkennen, dass sie getäuscht worden sind. Das anwesende Volk, das dies sieht, wird von einer großen Furcht gepackt, sodass die Leute Trauertöne, Weinen und Klagen ertönen lassen. Sie werden sagen, sie haben sich sehr geirrt.

Dagegen scheinen die Füße der Gestalt, welche die Kirche darstellen, in weißer Farbe zu schimmern und geben einen Glanz von sich, der den Glanz der Sonne übertrifft. Nachdem nämlich der Sohn des Verderbens niedergeworfen ist, sind viele, die sich geirrt hatten, zur Wahrheit zurückgekehrt.

Wann aber nach dem Fall des Gottlosen der letzte Tag mit der Auflösung der Welt eintritt, das kann der sterbliche Mensch nicht erforschen, weil dies der Vater in der Verborgenheit seines Geheimnisses aufbewahrt.

Hildegard ermahnt die Priester und Ordensleute

Der Antichrist wird inmitten der Kirche geboren werden und sich lange in ihrem Schoss verbergen. Irrlehren werden entstehen und »falsche Brüder« werden Unruhe in die Klöster bringen. Hildegard machte es große Sorge, dass die Lehren der Katharer sich immer weiter ausbreiteten, besonders im Rheintal. Die Katharer, die »Reinen«, deren Hauptverbreitungsgebiet im 11. und 12. Jahrhundert Südfrankreich und Oberitalien war, lehrten, dass es gleichberechtigt neben Gott noch eine Macht des Bösen gab, deren Inbegriff die sichtbare, materielle Welt ist. Da der Mensch aber einen »göttlichen Funken« in sich trägt, kann er sich aus der Welt des Bösen befreien, wenn er die Lehren der Katharer übernimmt. Sie lehnten die Kirche, ihre Organisation, Gebräuche und Sakramente ab. In Südfrankreich war diese Sekte so mächtig geworden, dass sie die Existenz der Kirche in Frage stellte. Durch einen sehr blutigen Krieg (1209–1229) und durch die Einsetzung einer Behörde, der Inquisition, die systematisch alle verdächtigen Anhänger der Sekte aufspürte, gelang es der Kirche und dem französischen König, diese Sekte zu unterdrücken. Seit 1143 trat diese Sekte in Köln in Erscheinung, wo sie auch Schulen gründete. Zu dieser Sekte bekannten sich u. a. Geistliche und angesehene Bürger.

DER BRIEF AN DIE KÖLNER GEISTLICHKEIT (AUSZUG)

Dieser Brief wurde nach 1162 verfasst. Nach ihrer Rheinfahrt, bei der sie auch Köln besuchte, richtete der Erzbischof von Köln, Philipp von Heinsberg, ein Schreiben an Hildegard, in dem er sie bat, zu den religiösen Unruhen Stellung zu nehmen, die durch die Sekte der Katharer verursacht wurden. In ihrem Antwortschreiben geht Hildegard unter der Überschrift »Die künftige Unruhe unter den Klerikern« auch auf das künftige Schicksal der Kirche ein.

Das geistliche Volk stand einst in großer Ehre vor Gott. Aber wie Adam wich es ab von dem Vertrag mit Gott. Man entfernte sich vom guten Wandel und den Geboten. Man begann, nach dem Willen des Fleisches zu leben. Auch die Kirche leuchtete nicht mehr so, wie sie früher geglänzt hatte. Wie Adam als Folge seines Ungehorsams umnebelt wurde, wandelte die Kirche in Finsternis dahin.

Ich vernahm wiederum eine Stimme von lebendem Licht, die sprach: Oh Tochter Zion [Anm. Bezeichnung für Jerusalem], die Ehrenkrone auf dem Haupt deiner Kinder wird sich neigen und der Mantel ihrer weiten Reichtümer wird verkürzt werden, weil sie die Zeit nicht erkannt haben. Obwohl ihnen die Brust gegeben worden ist, um meine Kinder zu ernähren, geben sie diese nicht zur rechten und angemessenen Zeit. Deshalb sind viele Söhne wie Fremde durch Hunger umgekommen, weil sie mit der rechten Lehre nicht erquickt worden sind. Sie haben zwar eine Stimme, aber rufen nicht. Auch Werke sind ihnen gegeben, aber sie wirken nicht. Sie wollen den Ruhm ohne Verdienst haben. Und den Verdienst ohne das Wirken. Wer Ruhm mit Gott haben will, soll sein eigenes Wesen abschneiden. Wer aber verlangt, vor Gott Verdienste zu haben, soll sein Wirken danach richten. Weil ihr dies aber nicht tut, werdet ihr unter die Knechte der Knechte gerechnet werden. Und sie selber werden eure Richter sein. Eure Freiheit wird sich von euch abwenden, wie der Segen von Kanaan. Diese Geiseln werden vorausgehen. Hierauf werden andere und noch schlimmere erscheinen. Bei sich sagt der Teufel über euch: »Speisen zum Schlemmen und Gastmähler nach meinem Willen findet man bei euch. Aber auch meine Augen, meine Ohren, mein Leib und meine Adern sind von ihrem Schaum erfüllt und meine Brust ist voll von ihren Fehlern. Sie wollen sich nicht für ihren Gott Mühe geben, sondern sehen diesen gleichsam als ein Nichts an. Deshalb will ich anfangen, mit ihnen zu streiten und scherzend mit ihnen spielen, weil ich sie nicht auf dem Feld ihres Gottes arbeiten sehe, wie es ihnen ihr Herr befohlen hatte. Aber ihr, meine Jünger und Untergebenen, seid vielmehr im Vergleich zu dem Volk gut erzogen. Weil ihr so seid, so richtet euch auf über sie und entzieht ihnen allen Reichtum und alle Ehre. Beutet sie völlig aus und erwürgt sie!« Dies sagt der Teufel zu sich. Beim Gericht Gottes wird er dies bei vielen verwirklichen. Ich aber, der ich bin, sage zu diesen, die mich hören: Zu der Zeit, wo dies geschehen wird, fällt ein irrendes Volk, das noch schlimmer sein wird als das jetzt irrende Volk, über euch, Übeltäter, her, um euren Sturz herbeizuführen. Es wird euch überall verfolgen und eure Werke nicht verbergen. Nein, es wird sie aufdecken und von euch sprechen: »Das sind Skorpione ihren Sitten nach und Schlangen in ihren Werken.« Gleichsam wie im Eifer des Herrn ruft man euch zu: »Der Weg der Übeltäter wird zum Verderben führen. Eure Wegen wird man verhöhnen und verspotten, weil sie wegen ihrer Ungerechtigkeit zum Untergang führen.« Aber auch das Volk, das dies tun wird, verführt der Teufel und sendet es aus. Es erscheint mit einem bleichen Gesicht, stellt sich mit aller Heiligkeit dar und verbindet sich mit den größeren weltlichen Fürsten. Wenn sie von euch reden, sagen sie: »Weshalb gebt ihr diesen einen Aufenthalt? Weshalb duldet ihr, dass sie bei euch sein dürfen, obwohl sie die ganze Erde mit ihren Ungerechtigkeiten besudeln? Sie sind dem Trunk und dem Wohlleben ergeben. Wenn ihr es nicht von euch aus tut, wird die ganze Kirche untergehen.« Das Volk aber, das von euch sprechen wird, ist mit schlechten Mänteln bekleidet, durch deren Farbe sie sich unterscheiden, geht in richtiger Weise geschoren daher und zeigt sich in seinem ganzen Benehmen sanft gegenüber den Menschen. Auch liebt es den Geiz nicht, besitzt kein Geld und gibt sich im Geheimen so sehr der Enthaltsamkeit hin, dass kaum einer von ihnen wird getadelt werden können. Der Teufel ist mit diesen Leuten. Er zeigt sich ihnen aber nur mit verborgenem Leuchter, und zwar genauso wie er bei der Erschaffung der Welt vor seinem Sturz war. Er macht sich den Propheten ein wenig ähnlich und spricht: »Das Volk scherzt, wenn es sagt, ich zeige mich ihm in der Gestalt von wilden und unreinen Tieren und wie Fliegen. Nun aber will ich auf den Flügeln der Winde unter Donner und Blitzen umherfliegen und ihnen auf jegliche Weise eingeben, dass sie meinen ganzen Willen erfüllen. Auf diese Weise will ich meine Zeichen vor den Menschen dem allmächtigen Gott ähnlich machen.«

Dasselbe macht der Teufel durch die Luftgeister, die im Wind und in der Luft in großer Zahl umherschwärmen, damit sie den Menschen helfen, schlechte Werke zu vollbringen. Sie sind wie Mücken und Fliegen, die bei einer großen Hitze den Menschen anfallen. So dringt er in diese Menschen ein, dass er ihnen nicht die Keuschheit nimmt, sondern ihnen gestattet, keusch zu sein, wenn sie die Keuschheit haben wollen. Er sagt zu sich: »Gott liebt Keuschheit und Enthaltsamkeit. Deshalb will ich sie bei den Menschen nachbilden.« Auf diese Weise gibt dieser alte Feind den Menschen durch die Luftgeister ein, dass sie sich der Sünde der Unzucht enthalten sollen. Deshalb lieben sie auch die Frauen nicht, sondern fliehen vor ihnen. So zeigen sie sich den Menschen in aller Heiligkeit und sagen höhnisch: »Die anderen Menschen, die von uns Keuschheit haben wollten, wurden so dörr wie ein gebratener Fisch. Bei uns aber tritt keine Beschmutzung des Fleisches und Begehrlichkeit heran, weil wir heilig sind und vom heiligen Geist durchströmt sind. Ach, die irrenden Menschen, die jetzt da sind, wissen nicht, was sie tun, und ebenso wenig diese, die vor uns lebten.« Die anderen Menschen, die mit dem katholischen Glauben nicht zurechtkommen, werden jene Leute fürchten und ihnen wie Knechte ergeben sein. So sehr es ihnen möglich ist, werden sie ihnen nachfolgen. Dann wird sich das Volk an ihrem Wandel erfreuen, weil sie ihm als Gerechte erscheinen werden. Wenn sie nun auf diese Weise in ihrem Irrtum sich verfestigt haben, werden sie die Weisen und Lehrer, die noch im katholischen Glauben treu ausharren, überall vertreiben. Aber nicht alle müssen dieses Schicksal erleiden, weil einige überaus starke Streiter für die Gerechtigkeit Gottes sind. Aber auch einige Vereinigungen der Heiligen, deren Wandel heilig ist, werden sie nicht bewegen können. Deshalb werden sie den Fürsten und Reichen den Rat geben, dass sie jene Leiter der Kirche und die übrigen geistlichen Menschen, die ihre Untergebenen sind, mit Knüppel und Peitsche angreifen, damit sie gerecht werden. Bei einigen werden sie dieses Ziel erreichen, sodass die Übrigen erschreckt werden und anfangen zu zittern. Viele unter den Gerechten, wie dem Elias gesagt worden ist, werden bewahrt werden, die sich in jene Irrtümer nicht eingelassen haben. Sie haben nämlich die Grundlagen ihres Glaubens nicht verloren. Jene Verführer aber werden zu Beginn ihrer Verführung zum Irrtum zu ihren Frauen sagen: »Es ist euch nicht erlaubt, bei uns zu sein! Weil ihr aber keine guten Lehrer habt, so sollt ihr uns gehorchen. Was wir euch sagen und vorschreiben, müsst ihr tun und ihr werdet gerettet sein.« Auf diese Weise werden sie die Frauen an sich ziehen und sie in denselben Irrtum führen. Deshalb sprechen sie überheblich und übermütig: »Wir haben alle überwunden!« Nachher wollen sie mit diesen Frauen die Wollust genießen. So wird ihre Ungerechtigkeit und ihre Sekte ans Tageslicht kommen.

Ich aber spreche: Also wird die Ungerechtigkeit, welche die Ungerechtigkeit reinigen wird, über euch kommen wie im Psalm [17,12] geschrieben steht: Die Finsternis schlug er um sich als Hülle; sein Zelt waren das Wasserdunkel und dichte Wolken. Denn Gott wird für eure schlimmen Werke, denen das Licht fehlt, Rache nehmen. Dabei wird er sich vor euch verbergen und euch ohne Hilfe lassen. Nicht Gerechtigkeit wird er euch zugestehen, sondern euch seine Feinde nennen. Lehre und Gesetz sind vom Himmel. In diesen würde er bei euch wohnen müssen, wenn ihr eine Zierde der Tugend und duftender Lustgarten wärt. Ihr aber seid für die Herzen der Menschen ein schlimmes Vorbild, weil von euch nicht einmal ein Bächlein des guten Rufes ausgeht. Bei der Einnahme der Nahrung und bei der Kleidung fehlt euch das rechte Maß. Eure Handlungen begeht ihr ohne ein gutes Gewissen. Deshalb wird eure Ehre zugrunde gehen und von eurem Haupt wird euch die Krone genommen werden. So fordert die Gerechtigkeit die Gerechtigkeit heraus und erforscht und untersucht alle Ärgernisse, wie es in der Bibel geschrieben steht: »Wehe dem Menschen, durch den Ärgernisse kommen.« [Mt 18,7] Es ist allerdings notwendig, dass durch Unruhe und Kummer die schlechten Werke der Menschen gereinigt werden. Mit viel Kummer werden die überhäuft, die durch ihre Bosheit andere ins Elend stürzen. Diese unglücklichen und vom Teufel verführten Menschen werden ein Besen sein, um euch zu züchtigen, weil ihr Gott nicht in Reinheit anbetet. So lange werden sie euch peinigen, bis ihr von eurer Ungerechtigkeit und euren bösen Taten befreit seid. Diese Betrüger werden aber nicht diejenigen sein, die vor dem jüngsten Tag kommen sollen, wenn der Teufel zum Himmel hinauffliegt, um wie am Anfang der Welt gegen Gott zu kämpfen. Nein, es sind nur die Vorläufer von jenen! Wenn sie aber entdeckt werden bei den Widerwärtigkeiten Baals [Anm. Bezeichnung für einen falschen Gott in der Bibel] und anderen bösen Werken, werden die Fürsten und andere Angesehene auf sie eindringen und sie wie wütende Wölfe töten, wo immer sie angetroffen werden. Dann wird das Morgenrot der Gerechtigkeit erglühen und eure letzten Dinge werden besser sein als die früheren. Von allen Dingen der Vergangenheit gesäubert werdet ihr wie reinstes Gold glänzen und lange in diesem Zustand bleiben. Das erste Morgenrot der Gerechtigkeit wird bei dem geistlichen Volk aufgehen, wie es am Anfang mit einer kleinen Zahl begann. Diese wollen kein großes Vermögen und keine Reichtümer besitzen, die Seelen töten. Sie werden sagen: »Wehe uns, denn wir haben gesündigt!« Nach der überstandenen Furcht und dem Schmerz werden sie für die Gerechtigkeit gestärkt, wie die Engel beim Sturz des Teufels ihre Stärkung fanden. Von nun an werden sie in Demut leben und nicht mehr den Wunsch haben, mit bösen Werken gegen Gott zu kämpfen. Wenn sie von den zahlreichen Irrtümern gereinigt sind, werden sie eine große Kraft besitzen.

DER BRIEF AN DIE TRIERER GEISTLICHKEIT

Als Hildegard zum Pfingstfest 1160 in Trier zur Geistlichkeit und zum Volk sprach, war die Wirkung ihrer Worte so gewaltig, dass sie von der Geistlichkeit gebeten wurde, ihr ihre Predigt zuzusenden. Hildegard erfüllte diesen Wunsch.

Ich armes Wesen, dem es an Gesundheit, Kraft, Stärke und Bildung fehlt und das von ihren Lehrern abhängig ist, habe im geheimnisvollen Licht der wahren Vision für die Oberen der Trierer Kirche und Geistlichkeit folgende Worte vernommen:

Die Doktoren und Magister wollen nicht mehr in die Trompete der Gerechtigkeit stoßen. Aus diesem Grund ist das Morgenrot der guten Werke bei ihnen verschwunden, das die ganze Welt erleuchtet und gleichsam ein Spiegel des Lichtes ist. Jenes Morgenrot müsste mit der Lehre in ihnen leuchten, das verschiedene Gebote unter ihre Leitung stellen sollte, wie auch die Sphäre der Sonne mannigfaltig ist. Auch der Mittagswind der Tugenden, der sonst so warm ist, erscheint in ihnen zum Winter erstarrt. Denn es fehlen ihnen die guten und vom Feuer des heiligen Geistes durchglühten Werke. Da ihnen das Grün fehlt, stehen sie verdorrt dar. Auch das Abendrot der Barmherzigkeit hat sich in die schwarze Farbe eines Wollsacks verwandelt, weil sie in ihrem üppigen Leben das Leiden Christi nicht ehren. Er nämlich stieg aus Demut in die Menschheit hinab und verbarg seine Gottheit, wie sich auch die Sonne bisweilen versteckt. In ihnen herrscht und wirkt dagegen die Mitternacht zusammen mit dem Nordwind. Jeder ist bestrebt, sein ganzes Eigentum zum Verderben der Seele hinzugeben. Sie erheben sich nicht zu guten Werken mit der Morgenröte. Sie brennen nicht bei der Glut der Sonne, lassen auch am Abend vom Schlechten nicht ab, sondern verstecken mit dem mitternächtlichen Nordwind ihre eigenen Herzen. Gerade deshalb lässt der Teufel drei schwarze Winde mit höhnischem Gezische von Mitternacht ausgehen. Den ersten mit dem Hochmut und dem Hass gegen den Morgen, der erloschen ist, den zweiten mit dem Vergessen Gottes gegen Mittag und den dritten mit dem Unglauben gegen Abend.

Denn solange die Magister und Doktoren auf dem richtigen Weg Gott nachfolgten, hat der Morgenwind den Nordwind so eingeschränkt, dass er nicht wehen konnte, und der Südwind ihn in guten Werken verbrannte. Der Abendwind aber stürzte dessen Kräfte in die Finsternis, als jene die Welt und sich selbst verließen und dem Lamm folgten. Jetzt aber ist die Stärke männlicher Kraft zu weiblicher Schwäche herabgekommen, die nicht mit männlicher Stärke kämpfen soll, weil der Mann das Haupt ist. Jene Zeit der Frau begann mit einem Tyrannen, als alles Böse seinen Anfang nahm.

Ich aber habe in einer wahren Vision vernommen, wie sehr oft ein Hausvater, der ein kraftvoller Herr ist, seinen Kindern und Dienern seine eigene Rechtschaffenheit, seine Macht und sein Vermögen vorhält, wenn sie ihm wegen Übertretung seiner Gebote missfallen. Nachher aber streckt er seine Hand mit der Rute aus und beugt sie oder jagt sie je nach ihrem Verhalten auseinander. Dann spricht er: »Woher kommt ihr? Was seid ihr ohne mich?«

Was den Eifer des Herrn anbelangt, so habe ich gehört, dass Gott eine Übertretung seiner Gebote nie ungerächt lässt. Adam verlor, nachdem er Gottes Gebote übertreten hatte, den Anblick der himmlischen Dinge, sein leuchtendes Gewand und wurde an den Ort des Elends verstoßen. Durch den Eifer des Herrn wurde Kain vertrieben, weil er das Blut seines Bruders durch dessen Tötung vergossen hatte. Aus Adams Söhnen entstanden viele, ja sehr viele Völker, die an Gott nicht mehr dachten. Sie vergaßen auch, dass sie Menschen waren, sodass sie schmählich sündigten und wie das Vieh lebten. Eine Ausnahme machten nur die Söhne Gottes, die sich von jenen Menschen und ihrer tierischen Lebensweise fernhielten. Aus ihrem Geschlecht wurde Noah geboren. Dann erhob sich der Eifer des Herrn und der Geist des Herrn schwang sich über das Wasser empor, zerriss die Wolken und ergoss die Wasser in die Sintflut. So wurde die Erde von den Sünden, Verbrechen und dem Blut Abels, das sie getrunken hatte, gesäubert. Dies hatte Gott veranlasst. Auch wurde der begierige Hals der alten Schlange zerquetscht. Nun brachte die Erde, die vorher durch das Blut Abels verletzt worden war, den neuen Saft des Weines hervor. Die Weisheit begann ihre Tätigkeit von Neuem. Aber der Teufel verübte höhnisch im Sohn des Noah ein Verbrechen. Deshalb verstieß der Eifer Gottes den Sünder in die Knechtschaft, entzog ihm den Segen und gab die Sünder dem Fluch der Knechtschaft hin. Und so wirkte die neue Gerechtigkeit im Himmel und auf der Erde. Danach zeigte die heilige Dreieinigkeit an Abraham ein mächtiges Werk, indem sie den Gehorsam vorbildete und erscheinen ließ, als er sein Vaterland verließ, die Beschneidung an sich vornahm und im Gehorsam diese bestimmte, von denen gesagt wurde: »Wer sind diese, die fliegen wie Wolken?« [Jes 60] Bei der Beschneidung empfing die alte Schlange die Wunden des Schreckens. Die Frau jedoch folgte mit Gelächter der Torheit der ersten Frau, während in ihrer Fruchtbarkeit der Sohn Gottes vorgebildet wurde. Denn im Gehorsam Adams verändert Gott die Übertretung Adams, durch seine Beschneidung aber brachte er dem Tod eine Wunde bei. Bei der Fruchtbarkeit der unfruchtbaren Frau sah er im Voraus, dass eine andere Frau einen anderen Sohn gebären würde. Der Sohn Gottes erfüllte all jene Vorbedeutungen durch seine Geburt. Moses aber trat als Gesetzgeber zur Unterstützung der Beschneidung auf. Er gab das Gesetz, das ebenfalls von Gott gegeben worden war. Sein Volk aber übte wegen der vielen Übertretungen der Gebote Gottes den Götzendienst und andere Sünde aus. Der Eifer des Herrn wird solche Säuberungen bis zum Ende der Welt wiederholen. Wenn Gott seine Rache ausübt, so verkündet er sie häufig vorher durch einen Menschen oder ein anderes Geschöpf, damit die Menschen für ihre bösen Taten keine Entschuldigung haben. Deshalb erheben sich häufig viele unter ihnen und treiben zur Buße an, wie dies bei Jona der Fall war [Anm. einer der zwölf kleinen Propheten]. So wird Gott durch seine Freunde gelobt und durch seine Feinde verkündet. Denn bei der eben genannten Vorausankündigung berührt Gott mit seinem Finger oft Männer und Frauen, wie geschrieben steht [Joel 2]: »Eure Söhne und Töchter werden weissagen.« Nachdem aber Gott vorgebildet hatte, was er machen will, hat er sich erinnert, wie er gesagt hatte, er werde das Haupt der Schlange zertreten. Deshalb stattete er eine Frau, die noch jungfräulich war, mit Gehorsam und Keuschheit aus und mit allem Guten, sodass der Hochmut Evas in ihr erlosch. Diese Jungfrau empfing vom heiligen Geist den Sohn Gottes, der in wunderbarer Weise hervortrat und mit Wundern in die Welt kam. Nun ließ Gott von dem Werk ab, das er jetzt im Fleisch vollendet hatte. Diesem Sohn übergab er das Amt, alles Fleischliche ins Geistige zurückzurufen. Denn jener ist das Fleisch der Heiligkeit, das aus einer anderen Natur seinen Ursprung ableitete. Diese Natur hat der Rat der Schlange niemals verletzt. Daher belebte dieser Sohn Gottes auch das alte Gesetz. Denn er zeigte in der Taufe durch den Glauben, den Gehorsam und die Enthaltung von den sexuellen Gelüsten den Weg der Heiligkeit. Weiterhin gab er den Menschen die Buße und er bestätigte dies alles an seinem sterblichen Körper bei seinem Tod. Seinen Jüngern zeigte er Zeichen und Wunder, wie sie ihm sein Vater auch gegeben hatte, als Gott als Mensch erschien und der Blitz der Gottheit auf seine Jünger ein neues Feuer herabkommen ließ, das vorher noch nie erschienen war. Die Jünger erhielten neue, feurige Zungen. Es wurde ihnen eine Wissenschaft eingegossen, die den Menschen lehrte, mit Gott in Harmonie zu leben. Da erglänzte der Morgen in seiner Kraft und der Mittag entbrannte in seiner Glut. Auch der Abend war nicht schädlich. Die Mitternacht tobte nicht mit ihrem Nordsturm, denn sie war durch das Leiden Christi bezwungen worden. Nur ein Tyrann blieb übrig, von dessen Zeit an alles Böse, jede Ungerechtigkeit und Übertretung ihren Anfang genommen haben. Aber auch diesen ist durch Hungersnot und Pest das Leben genommen worden.

Sie sind durch Krieg und Schlachten niedergebeugt und durch die Strafen der Reue gereinigt worden.

Jetzt aber wird das Gesetz von den Gläubigen vernachlässigt, die Gutes zu tun und zu lehren verachten.

(Beginn des Textauszuges von Gebeno.)

Auch die Magister und die geistlichen Vorgesetzten haben die Gerechtigkeit verlassen und schlafen. Deshalb vernahm ich folgende Stimme vom Himmel: Oh Tochter Zion [Anm. Bezeichnung für Jerusalem), die Krone wird dir vom Haupt genommen, der Mantel, auf dem du deine Reichtümer auslegst, wird verkürzt. Die Reichtümer selbst werden auf ein kleines Maß verringert. Du aber wirst von Land zu Land gejagt werden. Mächtige Menschen werden Städte und Klöster entvölkern. Die Fürsten aber werden sagen: »Lasst uns die Bosheit, welche in ihnen die ganze Welt untergraben hat, entfernen.«

Ich habe geschaut und vernommen, dass diese Gefahren und diese Not den Ländern und Klöstern wegen Verletzung des Gehorsams, der Übertretung der Gebote und anderer gesetzlicher Verordnungen bevorstehen werden. Ich habe aber auch gesehen, dass bei diesen Übertretungen einige bei Gott bleiben und nach ihm sich sehnen werden, wie dies zu Zeiten des Elias [Anm. Name eines Propheten] geschah. Diese werden mit großer Ehre weiterleben und als ein Brandopfer Gottes angesehen werden, weil sie sich von der Sünde frei gehalten haben, wie Noah und Lot [Anm. der Neffe Abrahams]. Diese Läuterung wird im Zeitalter der Frau bald beginnen und nach und nach weiter fortschreiten. Dann kommt ein männliches Alter, wo sich nach den gerechten Urteilen Gottes große Kriege und Schlachten ereignen werden. Jene Zeit der Frau wird aber nicht so lange dauern, wie sie bisher schon andauerte. Dann werden sich die Gerechtigkeit und die Gerichte Gottes erheben. Unter dem Volk wird Zucht und Gottesfurcht sein. Gute und gerechte Menschen werden unter der Geistlichkeit hervortreten, aber wegen ihrer Demut wird ihre Zahl nur klein sein. Beim ersten Morgenrot werden sie wie Einsiedler zurückkehren. Dies machen sie auch aus Furcht vor der Vergangenheit, die nach ihrer Erkenntnis für sie widerwärtig war. Die werden sich nicht mehr wie Knaben der Torheit eines leichtfertigen Wandels hingeben, sondern sie werden über die bevorstehende Zeit trauern. Danach werden starke Männer auftreten und weissagen, die alle alten und neuen Schriften und alle vom heiligen Geist ausgegossenen Reden sammeln. Deren Sinn werden sie wie ein Halsband mit köstlichen Edelsteinen schmücken. Auf diese und andere Weise werden auch viele Leute, die dem Stand der Weltleute angehören, gut werden und heilig leben. Dieses Streben nach Heiligkeit wird nicht so bald nachlassen, sondern lange andauern. Dies alles wird wegen der Zeit des Irrtums geschehen, in der viele durch den Glauben Märtyrer werden. Der Mann, der Kämpfer, wird dies machen, der den Anfang und das Ziel seiner Werke darin erblickt, dem Volk, das im Irrtum versunken ist, beizustehen. Er hat zuerst die Propheten aufgestellt, gleichsam als das Haupt, dann die Weisen als die Augen und die Lehrer als den Mund. So ist denn durch das Wort Gottes alles gemacht worden. Weil die übrigen Glieder, nämlich die Gläubigen, gute Werke verrichten werden, stellt Gott das Haupt in die Mitte, was aber bedeutet, er wird ihrem Geist die Weissagung zugänglich machen. Sodann werden auch die Angesehenen die Zithern und Trommeln in Kummer und Trauer verwandeln, wie es die Kinder Israels taten, als sie in Gefangenschaft gerieten.

[Ps 136] Danach wird alles Geistige ohne Ekel und Mangel gestärkt werden und die Menschen werden dem lebenden Buch ins Auge schauen. Es werden Kraft, Stärke und Gesundheit im Volk sich zeigen, weil der Mann des Streitens die Luft mit Gesundheit erfüllen wird. Auch die Tugenden wird er mit grünender Kraft ausstatten, damit die Seelen in der Zeit des Irrtums an der Seele und am Leib keinen Schaden nehmen. Das alles wird bis zur Zeit des Irrtums andauern, in der sich das gläubige Volk zum Tod wie zum Gastmahl hindrängen wird. Diese Zeit wird den Irrtum auf ihre Weise festhalten, bis Gott sie gnädig und barmherzig in seinem Eifer vertreiben wird. Bei all diesem wird der Gärtner das Nutzlose aus seinem Garten hinauswerfen und das Gute um sich sammeln, wie geschrieben steht: »Der Gott der Rache ist der Herr. Der Gott der Rache handelt frei.« [Ps 93,1] Das heißt: Gott zertritt in seinem Eifer das Haupt der Ungerechtigkeit und stürzt es in den Abgrund hinab, denn alle Ungerechtigkeit kommt vom Teufel, der in der Hölle begraben liegt. Er selbst ist der Gott der Rache, weil er keinen ansieht oder zurückblickt, dem er etwas abnehmen könnte, um es sich hinzuzufügen. Von sich selber nimmt er alles, was er spendet, anordnet und tut. Dies geschieht auf ganz freie Weise, weil er der einzige Gerechte, Gute und in all seinen Gerichten der Gefürchtete ist. Gott nimmt Rache an den Verlorenen, weil sie das Gute nicht gewollt haben. Deshalb verdammt er sie mit dem Teufel. Viele beugt er nach seinem Belieben auch mit Schmerzen nieder und erhebt sie danach wieder, sodass sie wegen ihrer guten Werke gleichsam die Säulen des Himmels sind. Auch viele Zöllner und Sünder hat er zu Heiligen gemacht. Sodann wird der Teufel im verlorenen Sohn auferstehen und auf den Flügeln der Winde fliegen wollen. Gott aber ordnet bei sich selber an, was er will, weil ihn niemand übertreffen kann. Alle Gewalt des Teufels vernichtet er, wie der Künstler, der alles Nutzlose aus seiner Werkstatt entfernt. In seinem Eifer streckt er seine Hand aus, wie er es damals gemacht hatte, als er den Satan nach der ersten Liebe in den Abgrund stürzte. Gleichsam wie eine Schlange, die in die Höhle kriecht, versteckt er sich im Abgrund. Er wird sich nicht wieder aufrichten, weil er gänzlich verschlungen ist. Danach wird die Gottheit tun, was kein Wesen weiß, denn keinem Menschen ist bekannt, wann die Reinigung der Welt durch das Feuer sich ereignen wird.

Ich sah auch, wie Trier anfangs mit dem neuen Feuer, das den Jüngern in feurigen Zungen erschien, unter den Gläubigen schön ausgeschmückt war, sodass all seine Straßen vom goldenen Glauben und seinen Wundern erfüllt waren. Jetzt aber, wo sich darin schmutzige Sitten ausbreiten und es von Ekel umgeben ist, gleichsam als ob ihm Gott unbekannt sei, scheint es von einem vielfältigen Bösen besudelt zu sein. Darin hat sich ein Ekel und Mangel an Lieblichkeit und Schönheit der wichtigsten Einrichtungen festgesetzt. Man neigt dazu, viele Sünden zu vergessen. Daher werden feurige Strafgerichte von den Feinden über sie kommen, wenn auf andere Weise nicht die Sünde durch die Buße wie bei Jona ausgelöscht werden kann. Amen

DER BRIEF AN WERNER VON KIRCHHEIM

Auf ihrer Reise 1170/71, die Hildegard auch nach Schwaben führte, besuchte sie den Abt Werner von Kirchheim (in der Nähe von Reutlingen). Sie hielt vor den Mönchen dieses Kloster eine Ansprache. Werner von Kirchheim bat sie in einem Schreiben, ihr diese Ansprache zuzusenden.

Als ich im Jahre 1170 der Menschwerdung Christi lange auf dem Krankenbett lag, aber geistig und körperlich wach war, erblickte ich eine weibliche Gestalt. Es war ein wunderbares Bild, so schön, so lieblich und so reizend, dass sich der menschliche Verstand davon keinen Begriff machen kann. So groß war die Gestalt, dass sie von der Erde bis zum Himmel hinaufreichte. Ihr Antlitz leuchtete mit höchstem Glanz und ihre Augen schauten zum Himmel. Sie war bekleidet mit einem sehr hellen Gewand aus weißer Seide und mit einem Mantel, der mit den kostbarsten Steinen, nämlich Smaragden, Saphiren und kleinen und großen Perlen verziert war. An den Füßen hatte sie Schuhe wie aus Onyx. Ihr Gesicht war mit Staub bestreut und ihr Kleid an der rechten Seite zerrissen. Hier hatte auch der Mantel seine liebliche Schönheit eingebüßt und das Schuhwerk war schwarz geworden. Mit lauter und trauervoller Stimme schrie sie zum Himmel empor und sprach: Höre es, Himmel, dass mein Gesicht besudelt ist! Erde, trauere, dass mein Kleid zerrissen ist! Abgrund erzittere, dass meine Schuhe schwarz geworden sind! Die Füchse haben ihre Höhlen und die Vögel des Himmels ihre Nester. Ich aber habe keinen Helfer und Tröster, auch keinen Stab, auf den ich mich stützen und mich halten könnte. Und sie rief weiter: Im Herzen des Vaters lag ich verborgen, bis der Menschensohn, der von der Jungfrau empfangen und geboren wurde, sein Blut vergoss. Durch dasselbe Blut vermählte er sich mit mir und stattete mich mit der Gabe aus, dass ich diejenigen, die durch das Gift der Schlange verkrüppelt und besudelt wurden, in der reinen und einfachen Wiedergeburt durch Wasser und Geist neu gebäre. Aber meine Pfleger, die Priester, die mein Gesicht leuchtend wie das Morgenrot, mein Gewand schimmernd wie der Blitz, meinen Mantel strahlend wie Edelsteine und meine Schuhe glänzend machen sollten, haben über mein Gesicht Staub gestreut, mein Kleid zerrissen, meinen Mantel dunkel und meine Schuhe schwarz gemacht. Obwohl sie überall meinen Schmuck hätten erhöhen sollen, haben sie mich in allem im Stich gelassen. Mein Gesicht aber besudelten sie dadurch, dass sie den Leib und das Blut meines Bräutigams durch die Unreinheit und Schlüpfrigkeit ihrer Sitten, durch den Schmutz der Hurerei und des Ehebruchs, durch schlimmen Raub, Geiz und durch Kauf und Verkauf entweihen und niederträchtig behandeln, was sie empfingen. Und sie hüllen es so in Schmutz ein, gleichsam als ob ein Kind vor die Schweine in den Kot geworfen würde. Wie nämlich der Mensch, nachdem Gott ihn aus Erde gemacht und seiner Gestalt den Atem des Lebens eingeblasen hat, bald zu Fleisch und Blut wurde, so verwandelt dieselbe Kraft Gottes das auf dem Altar dargebrachte Brot, den Wein und das Wasser auf die Worte des Priesters hin in das wahre Fleisch und das wahre Blut Christi, der mein Bräutigam ist. Aber der blinde Mensch, der durch den Fall Adams das Gesicht verloren hat, kann dieses nicht mit den fleischlichen Augen schauen. Frisch und offen klaffen die Wunden meines Bräutigams, solange die von den Sünden verursachten Wunden der Menschen offen sind. An diesen Wunden

Christi tragen die Priester die Schuld, die mich rein halten und mir in Reinheit dienen sollten, wenn sie aus Habsucht von Kirche zu Kirche laufen. Mein Gewand zerreißen sie dadurch, dass sie das Gesetz, das Evangelium und die Pflichten des Priestertums übertreten. Meinen Mantel verdunkeln sie, indem sie ihre Pflichten gänzlich vernachlässigen. Sie erfüllen sie auch nicht durch Enthaltsamkeit, die der Smaragd unter den Pflichten darstellt. Sie geben auch keine Spenden und Almosen, welche die Bedeutung des Saphirs haben. Aber weder mit ihrem guten Willen noch durch eine vollendete Tätigkeit verrichten sie andere gute und gerechte Werke, durch die Gott gleichsam wie durch andere Arten von Edelsteinen verherrlicht wird. Sie überziehen meine Schuhe mit Schwärze, weil sie den zwar rauen und harten, aber geraden Wege der Gerechtigkeit nicht gehen. Auch für ihre Untergebenen sind sie kein gutes Vorbild, obwohl ich doch unten an meinen Schuhen, gleichsam wie für mich im Geheimen, das Leuchten der Wahrheit finde. Die falschen Priester täuschen sich selber, weil sie die Ehre des Priesteramtes ohne dessen Mühe haben wollen. Dies ist unmöglich, weil niemand seinen Lohn bekommt, bevor er nicht seine Arbeit verrichtet hat. Wo aber immer die Gnade Gottes den Menschen berührt, da treibt sie ihn an, auch den Lohn zu empfangen. Aber Gott schickt zur Strafe verschiedene Schmerzen herab, die den Menschen widerwärtig sind; und Nebel bedeckt die ganze Erde, sodass das Grün verdorrt und der Schmuck der Erde sich verdunkelt. Auch der Abgrund [Anm. die Hölle] wird erzittern, weil er aus Rache und Schmerz mit dem Himmel und der Erde in eine wütende Raserei gebracht wurde. Fürsten und das verwegene Volk werden auf euch einstürmen, ihr Priester, die ihr mich bisher vernachlässigt habt.

Sie werden euch hinauswerfen und fortjagen und euch auch den Reichtum nehmen, weil ihr die Zeit eueres Priestertums nicht wahrgenommen habt. Von euch werden sie sagen: »Lasst uns diese Ehebrecher und Räuber, die nur aus Bosheit bestehen, aus der Kirche hinauswerfen!« Mit dieser Tat wollen sie Gott einen Dienst geleistet haben, weil sie sagen, die Kirche sei durch euch befleckt. Deshalb sagt die Bibel [Ps 2,1]: »Warum wüten die Heiden und planen wertlose Dinge? Es stehen die Könige der Erde auf und es kommen die Fürsten zusammen.« Mit der Erlaubnis Gottes werden viele Nationen in ihren Ratsversammlungen gegen euch zu wüten anfangen und viele Völker gegen euch Nutzloses ersinnen, weil sie euer Priesteramt und eure Weihen für wertlos halten. Diese werden, um euch zu stürzen, den Königen Beistand leisten. Dabei aber werden sie nach irdischen Dingen trachten. Die Fürsten, die über euch herrschen, vereinigen sich nur mit der Absicht, euch über ihre Grenzen hinauszujagen, weil ihr durch die schlimmsten Schandtaten das Lamm von euch vertrieben habt.

Ich höre eine Stimme vom Himmel, die sprach: »Dieses Bild stellt die Kirche dar!« Deshalb verkünde du, oh Mensch, die Klageworte, die du vernimmst und hörst, den Priestern, die eingesetzt sind, das Volk Gottes zu leiten und zu belehren. Ihnen wurde wie den Aposteln gesagt [Mk 16,15]: »Gehet hin in alle Welt und predigt der ganzen Schöpfung das Evangelium!« Denn als Gott den Menschen schuf, drückte er der ganzen Schöpfung das Sigel auf, wie man die Zeit und die Zahl eines ganzen Jahres auf ein kleines Stück Pergament schreibt. Deshalb hat auch Gott den Menschen als die »ganze Schöpfung« bezeichnet.

Wiederum erblickte ich arme Frau, ein anderes Mal ein aus der Scheide gezogenes Schwert, das in der Luft schwebte. Eine Seite der Klinge war gegen den Himmel, während die andere gegen die Erde gewandt war. Dieses Schwert war über die Geistlichkeit ausgestreckt, die einst der Prophet vorausgesehen hatte, als er verwundert aussprach: »Wer sind diese, die wie die Wolken fliegen und gleichsam wie Tauben zu ihren Schlägen? Diese Menschen, die über die Erde erhoben und von dem gemeinen Volk getrennt sind und heilig leben und gleichsam in Taubeneinfalt wandeln und wirken sollten, führen jetzt einen schlechten Lebenswandel und vollbringen böse Taten.«

Und ich sah, wie das Schwert einige Orte dieser Geistlichkeit so zerstörte, wie einst Jerusalem nach dem Leiden des Herrn zerstört wurde. Aber ich sah auch, wie viele Priester, die Gott fürchteten und rein und einfältig lebten, vor diesem Unglück so geschützt wurden, wie Gott dem Elias antwortete: »Ich will übriglassen siebentausend in Israel, die vor Baal [Anm. phönizische Gottheit, der Menschenopfer dargebracht wurden] sich nicht gebeugt haben.« [1 Kön 19,18].

Jetzt aber möge das unauslöschliche Feuer des Hl. Geistes sich in euch ergießen, damit ihr euch dem besseren Teil zuwendet. Amen

DER BRIEF AN DIE GRAUEN MÖNCHE

Die Bezeichnung »graue Mönche« bezieht sich auf die Zisterziensermönche. Mit großer Wahrscheinlichkeit ist dieser Brief an die Mönche des Zisterzienserklosters Eberbach in der Nähe von Eibingen geschrieben. Dieses nahegelegene Kloster hat Hildegard oft besucht. Während der Kirchenspaltung ergriffen die Mönche unter ihrem Abt Eberhard Partei für den Papst Alexander und widersetzten sich den Anordnungen und Befehlen des Kaisers Friedrich Barbarossa. Die Reaktion des Kaisers bestand in einer Strafaktion, die sich gegen alle Ortschaften und Klöster des Rheingaus mit Ausnahme des Rupertsberger Klosters der Hl. Hildegard richtete, die einen Schutzbrief des Kaisers besaß. Ein Teil der Mönche rettete sich vor den kaiserlichen Soldaten nach Clairvaux, während der Abt Eberhard in Rom Zuflucht suchte. Nachdem die kaiserlichen Soldaten vertrieben worden waren, leitete während der Abwesenheit des Abtes Eberhard der Prior Meffrid das Eberbacher Kloster.

Ich armes Geschöpf, das ich länger als zwei Jahre auf dem Krankenlager zubringe, habe Folgendes geschaut und eine Stimme vom Himmel vernommen, die zu mir so sprach:

Schreibe, was du siehst und hörst, an die Geistlichkeit, die Gott in seiner Voraussicht mit den Wundern der Weissagung nach seinem Wohlgefallen vorher gekannt hat! Fange so an:

Gott hat einige tugendhafte Werke, die er in seinen Heiligen und Auserwählten gewirkt hatte, durch vier lebende Wesen der Geheimnisse Gottes vorgebildet. Er offenbarte den Menschen durch diese Tiere und die übrigen Wunder seine verborgenen Geheimnisse, wie er dem

Ezechiel [Anm. Prophet im AT] und seinem geliebten Johannes [Anm. der Apostel des NT] durch die lebenden Wesen selbst zeigte, dass er aus dem gemeinen Haufen ein geistliches Volk aussondern und versammeln wollte.

Johannes sagt: »Rings um den Thron waren vier lebende Wesen voller Augen, die nach vorne und nach rückwärts blickten.« [Offb 4,6] Was heißt das? In der Stärke der Macht Gottes, der da Gott ist und Mensch überall, wohin sich seine Macht verbreitet, sollen die Gläubigen, die mit den vier Evangelisten erfüllt sind, die Gebote Gottes ständig überdenken und reichlich mit der Weitsicht der Tugenden versehen sein. So können sie erkennen, wo sie erschaffen wurden, woher sie gekommen und was sie werden sollen. Gott ist ein Feuer, und die Engel verkünden häufig den Menschen seine Wunder und die Wunderwerke seines Thrones. Es handelt sich um glühende Geister, die vor seinem Angesicht leuchten und in seiner Liebe so entbrennen, dass sie nichts anderes wollen, als was er selbst will. Von Ihnen heißt es: »Der du deine Engel zu Winden und deine Diener zu brennendem Feuer machst!« [Ps 103,4]. Was heißt das? Allmächtiger, du bist der, der das machte, dass deine Boten, nämlich diejenigen, die zum Heil der Menschen zu dir gesandt wurden, Geister sind. Sie ruhen im unerschöpflichen Leben unter deinen Augen. Diese Geister sind deine Boten, wenn sie abgesandt werden, um deine Befehle durchzuführen. Denn die Engel sind Boten, weil sie jede Regung des Lebensgeistes, den Gott in die Menschen legte, Gott melden. In dieser Weise sind sie wegen der Menschen Diener, um deren Werke zu sammeln und abzusondern. Wegen der Werke der Menschen, die durch den Geist vollbracht werden, werden sie Geister und Engel genannt, weil sie vom höchsten Lenker entsandt werden, um seine Ratschlüsse zu vollziehen. Du machst deine Gehilfen, die überall deinem Willen dienen, zu deinem brennenden Feuer, wenn sie in deiner Liebe glühen. In dieser Glut wiederum dienen sie dir mit unermüdlichem Lob. Die Diener Gottes, die immer sein Angesicht schauen, glänzen wie eine Flamme, schauen in diesem Glanz seine Wunder und erkennen diese an, indem sie dieselben anstaunen und preisen. Deshalb sind sie auch ein brennendes Feuer und brennen durch Gott, der Feuer ist. Von einem anderen werden sie weder entzündet noch zum Erlöschen gebracht. Sie brennen vielmehr unauslöschlich in seiner Liebe, weil er bekleidet mit dem Gewand der Menschheit sie ständig anleitet, seine Wunderwerke zu bewundern. Gott hat den Mantel seiner Stärke angezogen, durch den er den Menschen als Spiegel seiner Ehre und seiner Wunder hingestellt hat. Der Mensch soll gegen den Teufel kämpfen, ihn besiegen und so ständig Gott loben.

Auf dieselbe Weise schafft sich Gott diejenigen Geister, die seine Boten sind, um den Kindern der Kirche die Worte des Heils zu verkündigen, indem er ihnen den Befehl erteilt, dem Fleisch zu widerstehen und dem Geist zu dienen. So weckt er in ihnen eine geistliche Gesinnung und weist sie an, mit einer umso größeren Treue seine Gebote dem Volk zu verkünden. Er entzündet auch in denjenigen, die Tag und Nacht ihm dienen und sich dabei abmühen, die Glut seiner Liebe. So werden sie ein brennendes Feuer. Wenn sie ein brennendes Feuer geworden sind, verrichten sie ohne Widerspruch seine Dienste.

Gott hatte in seinem Vorherwissen im Voraus angeordnet, dass seine Geheimnisse und Wunder, die unter den Engel bekannt sind, auch den Menschen gegenüber sichtbar werden. Deshalb ließ er seine Engel mit den Menschen reden, wie dies dem Abraham und dem Jakob [Anm. im AT Namen der Patriarchen; Jakob ist der Enkel von Abraham] widerfuhr. So hatte auch die Eselin zu Bileam [Anm. im AT ein heidnischer Seher] reden müssen. Seine Engel, die ihm dienen und sein Angesicht preisen und ehren, bedeckt er mit seinen Geheimnissen gleichsam wie mit einem Gewand. Deshalb werden sie auch ein brennendes Feuer genannt. Durch diese feurigen Diener, die mit den Geheimnissen Gottes wie mit einem Kleid bedeckt sind, werden die Einsiedler ausgewählt, die sich selber verleugnen und so leben, als ob sie keine Menschen wären, da sie die Gesellschaft der anderen Menschen meiden.

Große Wunder bewirkt Gott durch sein Werk dem Menschen, die er durch seine Engel vorausbestimmt hat. Sie glänzen vor ihm durch Lobpreisung und wundervolle Ehre. Rings um den Thron zeigen sich, wie schon vorher erwähnt worden ist, vier lebende Wesen voller Augen, die vorwärts und rückwärts schauen. Das sind alle heiligen Werke, die Gott in jenen Menschen wirkt, die ihn und seinen Thron im Auge haben. Sie schauen im Glauben nach dem Morgen, in der Hoffnung nach dem Mittag und in Erinnerung des Falles, der den ersten Eltern widerfuhr, nach dem Abend. Gleichsam als ob sie in der Vorzeit lebten und die Augen vorsichtig nach vorne bewegt hätten, schauen sie nach Mitternacht, damit sie der Krieger der Mitternacht nicht mithilfe der fallenden Krankheit des Übermutes und der glühenden Flamme der Unzucht zu Fall bringt. Mit den Augen, welche sie überall hinrichten, müssen sie nach Gott trachten, damit sie nicht im Glauben ausgelöscht und nicht vom Licht getrennt werden. Sie dürfen sich nicht der Mitternacht nähern und im ewigen Tod erstickt werden. Rings um den

Thron ist dies so, weil der Morgen, der Mittag und der Abend Gott zeigen. Die Mitternacht aber ist gänzlich von ihm überwunden worden und ist gleichsam wie ein Schemel unter seine Füßen geworfen.

Ferner steht geschrieben: »Und das erste lebende Wesen glich einem Löwen und das zweite lebende Wesen einem Stier und das dritte lebende Wesen hatte das Angesicht wie ein Mensch und das vierte lebende Wesen glich einem Adler.« [Offb 4,7] Was heißt das? Das erste Tier bezeichnet die mit einer Kapuze versehenen Menschen [Anm. die Mönche], die durch die Löwenstärke sich als erste von der Welt absondern. Sie gleichen jenen feurigen Dienern, die mit den Geheimnissen Gottes wie mit einem Gewand bedeckt sind und ständig das Angesicht Gottes schauen. Ihre Bekleidung stammt nicht aus der Welt, sondern in wunderbarer Weise von Gott. Denn er hat sie vorgeschrieben bei jenen, die diese zuerst sehen ließen und durch ihre Lehre hervorbrachten. Die Kapuze ihres Gewand ist von den Engeln vorbezeichnet, die in das Angesicht Gottes und in kein anderes schauen. Die Weite dieses Gewandes dehnt sich wie eine Wolke aus, da auch häufig Engel in den Wolken gesehen worden sind. Auch das Kleid der Unschuld Adams war eine leuchtende Wolke. Jene Leute bedecken ihr Haupt mit einer Kapuze, damit sie weder zur Linken noch zur Rechten im Drang ihres Geistes abweichen, sondern gerade vor sich hin schreiten und Gott immer vor Augen haben, damit sie von den guten Werken nicht abweichen. Dies alles muss in dem Gehorsam geschehen, den der Menschensohn durch sich selber zeigt, damit die Vorschriften der Meister aus Furcht vor Gott beachtet werden. Denn der Mensch soll wie beim Ertönen des Donners seine Furcht zeigen und Angst vor der Sünde haben. Denn wie der Löwe die anderen

Tiere an Stärke übertrifft, so stehen diese durch ihre sehr mächtige Kraft über den anderen Menschen. Obwohl sie Menschen sind, leben sie nicht wie Menschen. Denn wenn der Mensch, indem er der Welt entsagt hat, sich selber Gott dargebracht hat, klagt er die Welt an. Sie ist ihm nämlich in jeder Hinsicht wertlos. Folglich erhebt er seinen Sinn, wie Daniel [Dan 7,13] sagt: »Ich schaute in einer nächtlichen Vision und siehe, es kam in einer Himmelswolke des Menschen Sohn und kam bis zu dem Alten der Tage.« Was heißt das? Als ich meinen Sinn zum Himmlischen emporrichtete, bemerkte ich zwar viele Abscheulichkeiten, aber ich sah auch, wie Gott alle erhabenen und göttlichen Wunder, die er bei seinen Engeln hervorgebracht hatte, durch seinen Sohn in der Welt vorbildet. So kommt derselbe Sohn bis zu dem Alten der Tage, weil der Sohn Gott und Mensch ist. So ist Gott und Mensch ein und derselbe Gott. Denn Gott ist Mensch und dieser Mensch ist Gott. Aber auch die guten Werke der Menschen und das Lobpreisen der Engel verbinden sich miteinander und sind eins in Gott.

An die Seite dieser mit Kapuzen versehenen Menschen tritt die Schar der Jungfrauen, die den Mann, die Liebe, den Reichtum und die ganze Welt im Stich gelassen haben. Wie nun eine Jungfrau den Lüsten der Welt entsagt haben muss, damit sie nicht der Wollust verfällt, so muss auch die Schar der mit Kapuzen Versehenen der Welt entsagen, damit sie nicht die Geschäfte der Welt verrichten. Auch die Jungfrau ist vom Mann im Stich gelassen worden, damit sie nicht unter seiner Obhut und Gewalt steht. Wie sie von ihm frei ist, so ist auch der Mensch von der Welt verlassen und von ihr nicht unterjocht, sondern bleibt von ihr frei. Die Jungfräulichkeit bedeutet auch die Sonne, welche die ganze Welt erleuchtet. Denn Gott verband mit sich die

Jungfräulichkeit, die ohne Mitwirkung eines Mannes ihn hervorbrachte, durch den der Strahl der Gottheit sich ergoss und der auch alles beherrscht. Der König aber, der alles beherrscht, ist Gott und jene Jungfräulichkeit wurde verbunden, als Gott und Mensch von der Jungfrau geboren wurden. So stand [Ps 44,10] die Königin zu seiner Rechten in einem goldenen Kleid, einem prächtigen Gewand, weil die Jungfräulichkeit im Kampf mit dem Teufel die Kraft der Gottheit durch glänzende Werke unterstützt. Von allen Seiten wurde sie von einer Menge von Tugenden umgeben. Die Gottheit verlobte sich mit der Jungfräulichkeit, als der erste Engel zur Linken abfiel, und erwählte sich damals das Volk des Heils in der Person des Adams, den er seine Rechte nannte. Aus dieser Welt wählte er sich die Jungfräulichkeit, die das größte Werk hervorbrachte. Denn wie Gott durch sein Werk alles erschuf, so brachte auch die Jungfräulichkeit durch die Glut der Gottheit den Sohn Gottes hervor. So entbehrte auch die Jungfräulichkeit der Fruchtbarkeit nicht, denn die Jungfrau hat Gott und den Menschen, durch den alles erschaffen worden ist, hervorgebracht. So beschaffen sind alle Tugenden des Neuen und Alten Bundes, die Gott bei seinen Heiligen mit Gold verziert hervorbrachte, gleichsam wie ein mit Gold verziertes Kleid. Diese Tugenden wird die Jungfrau in freier Weise bei sich sammeln, weil sie das Band eines Mannes nicht fesseln wird. Auch das Rad, das Ezechiel [Ez 1] erblickte, bildet die Jungfräulichkeit vor, da dieselbe Jungfräulichkeit vor der Fleischwerdung Gottes im Gesetz vorgebildet worden ist. Nach seiner Fleischwerdung brachte sie in wunderbarer Weise viele Wunder hervor, weil Gott durch sie alle Strafen sühnte und allen Einrichtungen ihre Ordnung gab. Die Jungfräulichkeit erträgt das Alte und stützt das Neue. Sie ist die Wurzel und die Grundlage von allem Guten, denn sie ist von Ewigkeit zu Ewigkeit bei dem, der ohne Anfang und Ende ist. Die Natur des Menschen, die wegen der Sünden verloren war, lebte durch die Jungfräulichkeit wieder auf, da sie durch eine andere Natur die Sünden von den Menschen wegnahm.

Das zweite lebende Wesen aber glich einem Stier. Es symbolisiert diejenigen, die im geistlichen Gewand das göttliche Opfer darbringen. Es sind diese, die den Weinberg des Herrn Sabaoth durchgraben und den Acker der Gebote Gottes überall durch Pflügen umwenden. Ebenso werden diejenigen dargestellt, welche die Engel der Heerscharen des Herrn genannt werden. Diese müssen deshalb den Gürtel der Keuschheit umlegen, damit sie nicht in die Eitelkeit der menschlichen Lüste verfallen, sondern fleißig den Acker mit dem Pflug bearbeiten. Sie werden auch mit der Beschneidung der Nüchternheit versehen sein, weil durch sie die Sünden der Menschen abgewaschen werden. Dies wird aus Erbarmen geschehen, weil sie in sich selbst die Sünden fühlen.

Diese herrlichen Geschlechter der Menschen, die durch den Löwen und den Stier bezeichnet werden, ziehen wieder andere Gattungen von Menschen an sich, die sie Zugewendete nennen. Von diesen wenden sich aber sehr viele in ihren Sitten nicht auf Gott, weil sie mehr den Widerspruch als das Recht lieben. Ihr Werk verbringen sie mit dem Ton der Verwegenheit. Von ihren geistlichen Vorgesetzten sagen sie:

(Hier beginnt der Textauszug von Gebeno.)

Wer und was sind diese? Und was waren und sind wir? Weil sie dies tun, gleichen sie dem falschen Propheten besonders deshalb, weil sie nicht recht erkennen, welche Ordnung Gott seinem Volk gegeben hat. Ihr aber, die ihr Gott fürchtet, hört, wie der Geist des Herrn zu euch spricht: »Nehmt diese Übel von euch und reinigt euch vor den Tagen dieser Not und Schmerzen, wenn nämlich die Feinde Gottes und die unsrigen euch in die Flucht schlagen. Sie werden euch an den richtigen Ort der Demut und Armut hinführen, wo ihr nicht mehr den bisherigen Spielraum haben werdet. Denn Gott wird auch das alte Gesetz aus seinem Brauch in ein neues geistliches Leben umgewandelt, alle früheren Einrichtungen gereinigt und ihr größere Nützlichkeit gegeben haben.«

(Hier endet der erste Teil des Textauszuges von Gebeno.)

m ersten Anbeginn ließ Gott zu, dass Adam die Erde bebaute, Abel opferte und Noah den Bau führte. So ging es fort bis zum höchsten Priestertum, das mit der Fleischwerdung Christi hervortrat und das früher Abraham durch die Beschneidung und Moses durch die Gesetzgebung vorgebildet hatte. Das alles hat derselbe Sohn Gottes nachher in seiner Menschheit vollendet. Deshalb können dies die Menschen verstehen. Nach Adams Fall hat Gott seinen Ratschluss sowohl bei den Menschen als auch bei den Engeln richtig im Voraus angedeutet. Es würde sich aber durchaus nicht ziemen, wenn der Priester die Arbeiten des Bauers und der Schüler das Amt des Lehrers wahrnehmen würde, da der Bauer dem Priester und der Schüler dem Lehrer in Furcht und demütiger Geduld nachahmen soll. Der allmächtige Gott wird aus seinen Werken erkannt. Bei Adam veranlasste er, dass er die Erde bebaute und für die Bevölkerung sorgte, während er selbst alles erschuf. Ebenso deutete er durch das Opfer Abels im

Voraus an, wie er seinen Sohn für die Erlösung des Volkes opfern würde. Ebenso gab er durch Noah, der die Arche erbaute, im Voraus zu erkennen, dass über die Geistlichkeit auch Vorgesetzte eingesetzt werden müssten.

(Fortsetzung des Textauszuges von Gebeno.)

Wohlan ihr Vorgesetzten, bringt diese Menschen, besonders die Ordensangehörigen in eine richtige Ordnung und tadelt sie. Der größte Teil von ihnen ist weder bei Tag noch in der Nacht tätig, weil sie weder Gott noch der Welt vollkommen dienen! Weckt sie aus ihrer Unwissenheit auf gleichsam wie der Hersteller von Balsam, der seinen Garten durch die Entfernung des Unkrautes säubert. Für euch selber aber sorgt, wie es euer Orden vorschreibt! Erkennt richtig, damit ihr nicht ungerecht urteilt! Es würde widersinnig sein, wenn Löwe, Stier, Mensch und Adler in ihrer Bedeutung sich einander widersprechen würden. Jeder von ihnen soll gegenüber dem anderen gerecht sein und soll diese Bedeutung annehmen, wie sie bestimmt sind, die Menschen zu heilen. Sie können heilen, salben und die Taufe durch demütigen Gehorsam weihen. Jeder Priester, den Gott gesalbt hat und der zum Priester ernannt wurde, wird die Wunden der Sünder mit der richtenden Gerechtigkeit heilen können, weil er dieses Amt von Gott hat. Deshalb darf er es auf keinen Fall vernachlässigen.

Ich armes und ungelehrtes weibliches Wesen habe ein Tier geschaut, dessen Antlitz und Vorderfüße einem Bär ähnlich waren. Der übrige Körper hatte Ähnlichkeit mit einem Stier, wenn man von den Hinterfüßen absieht, die denen eines Esels glichen. Auch fehlte ihm der Schwanz. Drei Hörner hatte er am Haupt, von denen zwei, die Stierhörnern glichen, neben den Ohren standen. Das dritte stand mitten auf der Stirn und glich dem Horn des Steinbocks. Das Angesicht dieses Tieres war nach Osten, sein Hinterteil aber nach Westen gerichtet. Dies ist so zu verstehen:

Dieses Tier, dessen Gesicht und Vorderfüße einem Bären glichen, bezeichnet viele Menschen, die heimlich die Sitten von Tieren haben. In ihren Worten legen sie zwar Sanftmut an den Tag, aber an den Beispielen ihrer Füße, mit denen sie zum richtigen Handeln voranschreiten sollten, lassen sie Unordnung und die Härte eines verkehrten Sinnes sichtbar werden. Der übrige Körper zeigt Ähnlichkeit mit einem Stier, abgesehen davon, dass die Hinterfüße denen eines Esel gleichen und der Schwanz fehlt. Dies bedeutet, dass jene Menschen sich den Anschein geben, als ob sie das Joch Gottes wie ein Stier tragen würden, obwohl sie hinterher das Bild eines Esels abgeben, der unter der Last niedersinkt. Sie zeigen sich auch schwanzlos, weil ihnen etwas fehlt, da der Herr befohlen hat, dass Tiere mit dem Schwanz geopfert werden müssen. Dies bedeutet: Sie führen das Gute, obwohl sie es in Demut und Armut begonnen haben, nicht bis zum Ziel der Seligkeit hin. Wenn es aber drei Hörner auf dem Haupt hat, von denen zwei mit Stierhörnern eine Ähnlichkeit haben und neben den Ohren stehen, so werden dadurch drei Leben der Menschen bezeichnet. Zwei von ihnen stellen das Bild der auf dem Acker des Herrn Arbeitenden dar, die auf die Worte des Herrn zu hören scheinen. Das dritte Horn, das sich mitten auf der Stirn erhebt, gleicht dem Horn des Steinbocks, weil dies mit der Stärke seiner Zuversicht jene geistlich gesinnten Menschen offenbaren will, die im Schmutz eines Steinbocks ängstlich sich abmühen, jene Höhen zu erklimmen, wo sie sich aber nicht aufhalten können. Auf

dieser Höhe verachten sie das übrige Volk, wie die Phari-
säer die Zöllner verachten. Sie sehen auf jene wie auf nutzlose Menschen herab. Sie geben sich aber mit gewissen
weltlichen Geschäfte der Gegend ab, um dadurch für besser und trefflicher gehalten zu werden, als sie die beiden
anderen Hörner dazu für berechtigt halten würden. Auf
diese Weise gewinnen sie den Anschein, als ob sie die Höhe
der Heiligkeit erklimmen würden. Auch den weltlichen
Sorgen widmen sie sich und versuchen sich auf vielfache
Weise zu bereichern. Sie wenden gleichsam die ganze Erde
mit ihren Bemühungen um und verschaffen sich auf diese
Weise einen größeren Reichtum, als sie nötig haben. Sie
handeln so wie jener Jüngling [Mt 19], zu dem der Sohn
Gottes sagte, er solle alles, was er habe, verkaufen und den
Armen geben. Er ging traurig davon, weil er Reichtum und
ewiges Leben zugleich haben wollte, was aber schwer zu
erlangen ist. Jene Menschen wollen Himmel und Erde zugleich erlangen, was unmöglich ist. Wenn sie nämlich nach
Reichtum greifen und denselben besitzen, dann können
sie sich nicht vom Hochmut der Erhebung und der eigenen
Lust freihalten. Denn es ist unmöglich, dass sich ein
Mensch auf dem Gipfel eines Berges aufhält, ohne dass er
vom Sturm weggerissen würde. Sie haben weder die Liebe
noch die Furcht, welche der Bedürftige hat, der seine Hand
nach Hilfe und Almosen ausstreckt, sondern sie hüllen
sich in die Torheit des Esels ein, der sich mit schweren
Lasten beladen lässt, bis er darunter zusammenbricht. Neben dem geistlichen Leben wollen sie auch die Sorgen der
Welt beibehalten. Sie können aber auf eigenen Füßen nicht
stehen und sinken wie der Esel nieder. Deshalb ist auch
das Angesicht dieses Tieres nach Osten, der hintere Teil
aber gegen Westen gewandt. Wenn sie nämlich sich den

Anschein geben, nach dem geistlichen Leben zu trachten, halten sie sogleich an den weltlichen Dingen fest und gleichen den verlorenen Engeln, die im Vertrauen auf sich selbst aus der Herrlichkeit des Himmel herabstürzten.

(Hier endet der Textauszug von Gebeno.)

Das dritte lebende Wesen, welches das Gesicht eines Menschen hat, stellt diejenigen weltlichen Menschen dar, die ihre Werke mit dem Fleiß des Körpers und der Seele verrichten. Sie haben die gute Absicht, sich zu Gott zu erheben, gleichsam als ob sie auf Flügeln fliegen würden. Denn jedes gute Verlangen geht aus den Herzen der Gerechten wie ein Strahl der Sonne hervor, sodass er gleichsam wie eine Feder aussieht. Aber auch, um die Vorschriften des Gesetzes und des Priesters zu beachten, beeilen sie sich eifrig. Sie werden durch die Barmherzigkeit zu Spenden von Almosen veranlasst. Sie richten ihren Blick auf die Erde, um zu sehen, wie sie darauf wachsen. Wenn sie Nachkommen erzeugen, meinen sie, sie seien dem Staub der Erde gleich und sie nennen sich Sünder. Folglich empfinden sie im weltlichen Leben mehr Schmerz als Freude bei der fleischlichen Lust. So kommen sie auch zu ihren Oberen, den Priestern, und verändern ihr Angesicht, mit dem sie sich der Sünde erfreut hatten. Durch die Gnade des Hl. Geistes bekennen sie reumütig ihre Sünden. Sie werden erneuert, wie geschrieben steht [Ps 103]: »Du erneuerst das Angesicht der Erde!«

Das heißt aber: Oh Gott, in einem neuen Geist wirst du den Willen des Menschen erneuern, weil er sich der Sünde ergeben hatte. So wirst du ihn vom bösen Treiben zur Neigung zum Guten hinführen. Durch die Reuigen wirst du das Angesicht erneuern, wenn der Mensch sich fühlt und weiß, er ist von Sünden umstrickt, sodass er sich nicht der Sünde zu enthalten vermag. Aber gleichsam durch Reue wendet er sich zur Erneuerung hin. Denn wenn der Mensch nicht sündigt, muss er nicht erneuert werden. Andere werden auf andere Weise erneuert, wenn sie wegen der Strafen die Sünden meiden, sodass sie nicht die Sünden wollen. Aber es gibt auch eine weitere Möglichkeit. Wenn Menschen die Sünde in sich fühlen und meinen, sie könnten sie begehen, wird sie von ihnen aus Liebe zur Tugend vermieden. So erreichen diese Menschen auch die Erneuerung durch den Hl. Geist. Denn wie die Erde zur Zeit des Keimens und des Grünens Früchte hervorbringen muss und wie sie in der Zeit der Dürre verwelkt und dürr wird und dann dennoch wieder ergrünt, so hat auch Gott den Menschen hingesetzt, damit er sich in seinen Werke wiederum erneuere. Die Hl. Schrift muss richtig auf alle Werke der Menschen so verteilt werden, wie sich das Wasser in viele Gewässer verteilt und Gott auf dem ganzen Erdball das Wasser aufgeteilt hat. Jene Menschen in der Welt blicken immer auf sich selber und betrachten, was sie sind, wie sie leben und wie sie die Sünde von sich entfernen. Da sie in Furcht vor Gott leben, sind sie zwar mit dem Irdischen verhaftet, aber sie entfernen sich nicht vom Himmlischen. Sie opfern Gott in ihrem Inneren, wenn sie ihn anbeten. Folglich glänzen sie wie der Mond, wenn sie aus den Tiefen ihrer Herzen zu ihm ihre Seufzer erheben. Wenn sie aber in den Sünden abgenommen haben wie der Mond, erheben sie sich bald durch die Reue wieder. Denn auch der Mond nimmt nach seiner Abnahme durch die Sonne wieder zu. Sie schlafen auch unter den Federn der versilberten Taube. Denn wenn sie schlafen, um nicht zu sündigen, sind sie in der Mitte der fliegenden Meister mit der Einfalt eines reinen Gewissens. Dies machen sie, wenn sie von der angefangenen Sünden ablassen und sich von ihnen enthalten, gleichsam wie der Vogel seinen Kopf unter seinen Flügel steckt, um zu ruhen. Denn sie lieben das Himmlische und bekennen in irdischen Dingen reuig ihre Fehltritte. Deshalb sind auch die Toten selig, die im Herrn sterben [Offb 14], nachdem sie in der Welt nach dem Gesetz gelebt haben. Welch ein Wunder vollzieht sich an ihnen, dass sie noch zu Lebzeiten durch die Bitterkeit der Reue die Sünden aufgeben und Menschen werden! Sie werden aber auch dem lebenden Wesen ähnlich sein, welches das Antlitz eines Menschen trägt. Denn wenn sie sich den Sünden der Erde durch die Reue widersetzen, dann halten sie sich auch von ihnen fern, gleichsam wie auch die Natur der Tiere derjenigen der Menschen fremd ist. In dem Bewusstsein der guten Werke scheinen sie wie versilbert. Sie haben nämlich das einfache Wesen eines Kindes, das die Sünde nicht kennt. Weder umfassen sie die Sünde noch wollen sie diese unterstützen. Wenn sie sich bemühen, in dieser Einfalt zu leuchten, dann wird ihre Kehrseite im blassen Glanz des Goldes erscheinen. Diese Seite nämlich, die früher ihre Stärke im Sündigen hatte, als sie nämlich noch sündigten, ist jetzt von hinten niedergestürzt und stellt in der Furcht vor dem Herrn die Weisheit dar, da sie von guten Handlungen vergoldet umherleuchtet.

Das vierte Wesen gleicht einem fliegenden Adler. Es stellt einige Menschen dar, die sich der Sünde enthalten und unter den oben genannten Weltmenschen sich zur Enthaltsamkeit erheben, wie dies bei Maria Magdalena geschah, die all ihre Sünden wegwarf und sie als Schmutz ansah. So erwählte sie den besten Teil und nahm Platz in der Morgenröte der Heiligkeit. Schon im alten Bund gaben viele aus Überdruss an dieser Welt die Sünden auf. Viele enthielten sich der Sünden auch aus Liebe zur Gerechtigkeit. Nun aber unter der neuen Sonne, d. h. vor Jesus Christus, werden sie Enthaltsame genannt, weil sie sich zur Einfalt des Kindes hingewandt haben, das die Sünden nicht kennt. Sie weisen nämlich die Sünden von sich ab und ihr Wille kennt sie nicht. In zweierlei Weise steigen sie zum Himmlischen empor. Erstens lieben sie mit guter Absicht und heiligem Verlangen dasjenige, was da oben ist, mehr als die übrigen Menschen, welche die Welt zuvor nicht kannten. Zweitens fliegen sie wie der Adler, der vor den anderen Vögeln die Höhen erstrebt, so hoch empor, dass sie in den Glanz des ewigen Lebens verwandelt werden. Sie können überhaupt nicht genug davon bekommen. Sie zertreten nun in der Glut der wahren Sonne, was sie früher, in Sünde gehüllt, getan haben. In der Heiligkeit mächtiger Kraft betrachten sie, wie viele Schmerzen und Lasten die Sünde umfasst, die sie vorher mit schmeichelnder Hand berührt hatten. Sie töten die Sünden in sich wie einen Leib, der den Tod bringt. Ihren Körper binden sie wie ein getötetes Schaf und verfolgen ihn. So blicken sie in die glühende Sonne. Alles Irdische, dessen Bekanntschaft sie früher gemacht hatten, werfen sie hinter sich und sehen es für Staub an. In der brennenden Liebe zu Gott verachten sie die Ängste der Hölle und versuchen im Vertrauen auf den Glauben und die Hoffnung auszuharren. Sie machen es auf dieselbe Weise wie die Seraphim [Anm. eine Klasse von Engeln], von denen Jesaja [Jes 6] erzählt, sie hätten mit zwei Flügeln ihr Gesicht verhüllt. Diese Flügel bedeuten Glaube und Hoffnung, weil gläubige Menschen im Glauben Gott schauen und in der Hoffnung nach ewigem Leben verlangen. Mit zwei Flügeln bedecken sie ihre Füße, welche die Sinnlichkeit und den Verstand bedeuten. Bisweilen bedecken diese Menschen die Nacktheit ihrer Sünden, um nicht die sexuellen Wünsche ihres eigenen Willens zu vollziehen. Mit zwei anderen Flügeln fliegen sie. Diese stellen die Liebe Gottes und des Nächsten dar. Dadurch dass sie Gott über alles lieben, helfen sie ihrem Nächsten in seinen Nöten. So fliegen sie in der Stärke Gottes über alles hin, weil sie sich über alles Irdische hinaus erheben. Da ihnen jeder Punkt der Sünde bewusst ist, leiden sie durch die Zurückhaltung von der Sünde. Aber mit dem Übermaß ihres Verlangens und den Edelsteinen der guten Werke schmücken sie das himmlische Jerusalem. Auf dem fröhlichen Weg der Gebote Gottes schlafen sie nicht, sondern lassen ständig das neue Verlangen der Seele wie eine tönende Trompete erschallen. Es sind die glühenden Seufzer, die sie, die in Sünde Geborenen, in der Dunkelheit der Nacht zu Gott hinaufsenden, wenn sie ihn in Liebe und Furcht erkennen. Dabei bekennen sie: Er ist der Heilige, der alles erschaffen hat, der Heilige, der niemals sterblich gewesen ist, und der Heilige, der die Hölle aufgesprengt und die Auserwählten herausgeführt hatte. Die seligen Menschen werden niemals aufhören, gute Werke zu vollbringen und Gott zu loben. Auch wenn sie zu wirken aufgehört haben, werden sie nach ihrem Tod nicht aufhören, den Schöpfer zu loben.

Ich arme Frau, die ich von Jugend an schwach und krank gewesen bin, wurde in einer wahrhaften, geheimnisreichen Vision zu dieser Schrift gezwungen. Ich habe sie bei einer schweren Erkrankung im Krankenbett auf Gottes Befehl und mit seiner Hilfe aufgeschrieben, um sie den geistlichen Vorstehern und Meistern, die zum Dienst an Gott vorbestimmt sind, vorzulegen. Sie sollen sie wie in einem Spiegel betrachten, wer und wie beschaffen sie sind. Auch sollen sie diese Schrift denen zeigen und eröffnen, die ihnen zu Gehorsam verpflichtet sind. Und ich vernahm eine Stimme vom Himmel, die sprach: »Niemand soll diese Worte verachten, damit sie nicht, wenn sie dies tun, die Strafe Gottes auf sich ziehen.«

BIBLIOGRAFIE

DEUTSCHE WERKAUSGABEN

Wisse die Wege (Scivias). Übers. von Maura Böckler. 6. Aufl. Salzburg 1976.

Welt und Mensch (Liber divinorum operum, Das Buch von den göttlichen Werken). Übers. H. Schipperges. Salzburg 1965.

Mensch in der Verantwortung (Liber vitae meritorum, Das Buch von den menschlichen Verdiensten). Übers. von H. Schipperges. Salzburg 1972.

Heilkunde. Übers. von H. Schipperges. 4. Aufl. Salzburg 1881.

Naturkunde. Hrsg. von H. Schipperges. Salzburg 1965.

Briefwechsel. Übers. von A. Führkötter. Salzburg 1965.

Lieder. Übers. von M. I. Ritscher u. J. Schmidt-Görg. Salzburg 1969.

Das Buch von den Steinen. Übers. von P. Riethe. Salzburg 1979.

AUSGEWÄHLTE LITERATUR ÜBER LEBEN UND WERK HILDEGARDS

Beltz, Otto: *Hildegard von Bingen. Gestalt und Werk*. München 2000.

Berndt, Rainer (Hrsg.): *Im Angesicht Gottes sucht sich der Mensch selbst*. Berlin 2001.

Brandl, Ellen: *Das Große Buch der Heiligen Hildegard von Bingen*. Berlin 2004.

Clausberg, Karl: *Kosmische Visionen*. Köln 1980.

Diers, Michaela: *Hildegard von Bingen*. München 1998.

Feldmann, Christian: *Hildegard von Bingen. Nonne und Genie.*
Freiburg 2008.

Förster, Edeltraud: *Hildegard von Bingen: Prophetin durch die Zeiten.* Freiburg 1997.

Führkötter, Adelgundis: *Kosmos und Mensch aus der Sicht Hildegards von Bingen.* Mainz 1987.

Gössmann, Elisabeth: *Hildegard von Bingen. Versuch einer Annäherung.* München 1995.

Horst, Eberhard: *Hildegard von Bingen. Die Biografie.*
Berlin 2002.

Kastinger Riley, Helene: *Hildegard von Bingen.* Hamburg 1997.

Kotzur, Hans-Jürgen (Hrsg.): *Hildegard von Bingen. 1098–1179.* Mainz 1998.

Liebschütz, Hans: *Das allegorische Weltbild der heiligen Hildegard von Bingen.* Leipzig 1930.

Meyer, Christel: *Text und Bild im überlieferten Werk Hildegards von Bingen.* Berlin 1980.

Newmann, Barbara: *Hildegard von Bingen. Schwester der Weisheit.* Freiburg 1997.

Reichel, Ingrid: *Hildegard von Bingen. Die Prophetin der kosmischen Weisheit.* Stuttgart 2005.

Saurma-Jeltsch, Liselotte E.: *Die Miniaturen im* Liber Scivias *der Hildegard von Bingen.* Wiesbaden 1998.

Schipperges, Heinrich: *Hildegard von Bingen.*
München 1995.

Schipperges, Heinrich: *Die Welt der Hildegard von Bingen.*
Freiburg 1997.

Schrader, Marianna u. Adelgundis Führkötter: *Die Echtheit des Schrifttums der Heiligen Hildegard von Bingen.* Köln, Graz 1956.

Termolen, Rosel: *Hildegard von Bingen. Biografie.*
Augsburg 1990.
Wolf, Dieter (Hrsg.): *900 Jahre Hildegard von Bingen.*
Wiesbaden 1998.